KB177247

영어 수업 놀이

놀이로 디자인하는 영어 수업 시크릿

영어 수업 놀이

발행일	2019년 10월 30일 초판 1쇄 발행
지은이	가인숙
발행인	방득일
편 집	신윤철, 박현주, 문지영
디자인	강수경
마케팅	김지훈

발행처	맘에드림
주 소	서울시 도봉구 노해로 379 대성빌딩 902호
전 화	02-2269-0425
팩 스	02-2269-0426
e-mail	momdreampub@naver.com

ISBN 979-11-89404-26-0 93370

놀이로 디자인하는 영어 수업 시크릿

영어 수업 놀이

가인숙 지음

맘에드림

배움이 쑥쑥 성장하는 재미있는 영어 수업,
누구나 디자인할 수 있습니다!

초등학교에서 영어를 가르치는 많은 선생님들이 다음과 같이 하소연합니다.

"영어, 어떻게 가르쳐야 할지 감도 안 와요."

실제로 이 말은 어느 신규교사에게 직접 들었던 말이기도 합니다. 솔직히 예전에 저도 비슷한 처지였죠. 어디서부터 어떻게 가르쳐야 하는지, 어떤 활동이 효과적인지 몰라 막막했으니까요. 한 시간, 한 시간 교과서에 의지해서 겨우 버텨내기에 바빴습니다. 하지만 꾸준한 수업연구를 통해 스스로 부족한 점이 무엇인지 깨닫고, 각종 영어연수와 공개수업에도 적극 참여하면서 하루하루 부지런히 배웠습니다. 그리고 배우고 익힌 것을 현장에 적용해보면서 학생들이 재미있어 하며 적극적으로 참여하는 활동은 무엇인지를 하나씩 찾아갔죠.

당시 가장 아쉬웠던 점은 현장 맞춤형 지도서를 찾기가 어려웠다는 점입니다. 물론 학교에는 교사용 지도서가 있었지만, 의외로 실제 수업에 적용하기에는 뭔가 불편하고 어려운 활동들이 많았죠. 무엇보다 가장 큰 문제는 학생들이 재미없다고 외면하는 것이었습니다. 이에 이 책은 제가 수년간 영어를 가르치면서 교육적 효과는 물론, 학생들이 좋아하며 적극적으로 참여했던 활동들을 선별해서 담아본 것입니다. 그러다 보니 잘 알려진 활동들도 일부 포함되어 있지만, 그만큼 수업에서 학생들의 반응이 좋았던 활동들이라서 꼭 소개하고 싶었습니다.

　가장 고민한 부분은 크게 두 가지입니다. 우선 준비물이 많이 필요하지 않아야 한다는 것이었습니다. 안 그래도 바쁜 교사들인데, 매번 준비물이 많이 필요한 수업을 준비하는 건 부담스러우니까요. 또 하나 고심한 부분은 활동이 복잡하지 않고 교실에서 쉽게 실천할 수 있는 것이어야 했습니다. 아무리 좋은 활동이라도 실제 수업에서 적용하기 까다롭다면 외면당할 수밖에 없으니까요. 이 책을 쓸 때, 교사들에게 정말 도움을 줄 수 있는 좋은 책을 만들고 싶다는 생각에 여러 가지로 정성을 다했습니다. 하지만 이 책에 수록한 내용이 전부는 아니라고 생각합니다.

　가장 좋은 활동은 교사와 가르치는 학생들에게 잘 맞아야 하고, 또 교사와 학생 모두 즐길 수 있을 때 가장 좋은 수업이 만들어진다고 믿습니다. 여기에 있는 활동을 적용해보고 여러분 자신에게 맞는지, 또 활동을 하는 동안 교사 스스로도 학생들만큼 즐겁게 몰입할 수 있는지 확인해보았으면 합니다. 이 책이 교사들은 물론, 자녀의 영어 학습을 돕고 싶은 학부모에게도 유용한 지침서로 활용되기를 기대합니다.

가인숙

※ 본문에서 언급하는 모든 자료는 블로그에 있습니다.

차 례

Chapter 01 | "영어 수업 어떻게 준비하면 좋을까요?"

좋은 수업은 철저한 준비에서 시작된다

영역별 활동 시크릿

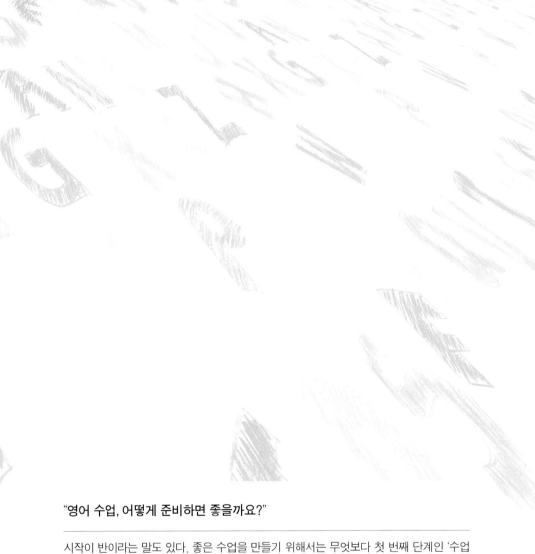

"영어 수업, 어떻게 준비하면 좋을까요?"

시작이 반이라는 말도 있다. 좋은 수업을 만들기 위해서는 무엇보다 첫 번째 단계인 '수업 준비'가 잘 이루어져야 한다. 준비가 제대로 갖춰지지 않은 채 수업에 임하게 되면 자칫 원래 의도했던 수업목표를 제대로 달성하기는커녕 교사와 학생 모두 우왕좌왕하다 끝나버릴 가능성이 높다. 이에 1장에서는 실제 영어 수업 활동에 들어가기 전에 어떤 준비가 꼭 필요한지를 중심으로 이야기해보려 한다. 본격적인 영어 수업 활동을 진행하기에 앞서 여기에서 제시하는 내용들을 통해서 수업 준비 상태를 스스로 점검해볼 수 있기를 바란다.

Chapter 01

좋은 수업은
철저한 준비에서 시작된다

영어 수업 효과를
최대한 이끌어내는 환경을 만들자

우리나라 학생들에게 영어는 외국어다. 글로벌시대에 영어회화 하나쯤은 필수라며, 요즘에는 아주 어린 시절부터 부모들이 자녀의 영어 교육에 열을 올리고 있다. 하지만 자유자재로 영어를 구사할 수 있는 아이는 극히 일부에 불과하다. 몇몇 아는 단어나 문장을 제외하면 대부분의 아이들에게 영어는 여전히 낯선 외국어라는 뜻이다.

사실 언어라는 것은 일상 속에 녹아들어 자연스럽게 습득하는 것이 가장 이상적이다. 그렇게 볼 때, 일상적인 모든 대화를 영어로 주고받을 수 있다면 가장 좋겠지만, 이는 현실적으로 불가능하다. 그렇다면 최대한 영어 수업의 효과를 높이려면 어떤 준비가 필요할까?

영어
수업 놀이

• 영어와 친해지는 환경을 만들 때 자주 범하는 실수

영어와 자연스럽게 친해질 수 있는 환경을 만드는 것은 참으로 중요하다. 사실 이는 모두가 잘 알고 있는 바다. 그런데 영어와 친해지는 환경을 만든다면서 교사 또는 부모들이 자주 범하는 실수가 있다. 바로 아이의 일상을 영어로 채워보겠다는 의욕이 앞선 나머지 이곳저곳에 뭔가를 잔뜩 붙여놓는 것이다. 오며가며 보면서 자연스럽게 배우게 하려는 의도일 것이다.

하지만 이것저것 할 것 없이 덕지덕지 붙여놓다 보면 정작 아이들의 주목을 이끌어내기 어렵다는 점에서 효과가 반감될 수밖에 없다. 이런저런 자료를 찾아서 만들어 붙이느라 애쓴 보람도 없이 말이다. 필자 또한 신규교사 시절에는 의욕만 앞선 나머지 영어 자료들을 잔뜩 만들어서 벽에 빈틈없이 덕지덕지 붙이기 바빴다. 그때 썼던 양면테이프만 해도 어마어마할 지경이다. 지금 생각하면 부끄럽기만 하다.

• 핵심은 바로 최대한 적게 붙이는 것!

요점은 과유불급. 뭔가 붙여야 한다면 잘 선별해서 최대한 적게 붙이는 것이 좋다. 또한 붙인 자료가 현재 배우고 있는 수업 주제와 관련이 있으면 더욱 좋다. 1년 내내 바꾸지 않아도 되는 자료 외에 학생들의 결과물이나 활동지를 붙였다 떼었다 반복해야 한다면 재접착풀을 이용해보자. 재접착풀의 장점은 붙였던 곳에 흔적이 남지 않는다는 것과 여러 번 떼었다 붙였다 할 수 있다는 점이다. 단 접착력이 약해 무거운 자료는 붙이기 어렵고, 가벼운 종이 정도만 붙일 수 있으므로, 자료를 만들 때 감안해야 한다.

수업에 집중하게 만들려면
어떻게 해야 하나?

아이들은 기본적으로 구속을 싫어하는 자유로운 영혼들이다. 교사가 지켜야
할 여러 가지 규칙을 제안할 때 군말 없이 반기는 학생은 아마 세상에 없을 것
이다. 우리 어른들도 여러 가지 규칙에 얽매이는 게 불편한 마당에 하물며 어린
학생들이야 오죽할까?

또 학생들은 이미 학교나 학급에서 여러 가지 규칙들에 시달리고 있다. 영어
시간마저 규칙을 길게 설명한다면 학생들은 수업을 시작하기도 전에 질리고 말
것이다. 아마 교사가 규칙 설명을 다 끝내기도 전에 이미 주의는 저만치 딴 곳
으로 흘러가버릴 게 뻔하다. 따라서 규칙은 무조건 간단해야 한다.

필자의 경우도 다르지 않았다. 첫날에는 무조건 영어로 규칙을 자세히 설명

영어
수업 놀이

해주어야 한다고만 생각했다. 아예 규칙을 정성스럽게 자료로 만들어 나름 게시판에 멋지게 게시하기도 했다. 하지만 안타깝게도 공들인 시간에 비하면 학생들의 주의를 끄는 데는 별로 좋은 효과를 거두지 못했다.

그러다가 좀 더 발전한 것이 유튜브에서 규칙을 찾아서 보여주는 것이었고, 지금은 아예 규칙에 대해 설명하지 않는다. 왜냐하면 영어 시간은 무엇보다 자유롭게 말하고 활동할 수 있는 분위기가 만들어지는 게 중요하다고 생각하기 때문이다. 복잡한 규칙을 대신해서 다음과 같은 몇 가지 수업 집중 방법(attention grabbers)을 학생들에게 소개하고 자주 활용하고 있다.

박수

주의를 집중시키는 방법 중에서 박수(Clapping)를 빼놓을 수 없다. 장황한 잔소리 없이 빠르게 학생들의 주의를 모으는 데 박수만큼 효과적인 방법도 없을 것이다. 교사가 박수를 한 번 치면 학생들은 "원(one)"을 말하면서 박수를 한 번 친다. 교사가 박수를 두 번 치면 학생들은 "원·투"라고 말하면서 박수를 두 번 친다. 세 번이든 다섯 번이든 얼마든지 위와 같은 원리로 응용할 수 있다.

간단하지만 학생들이 의외로 호응해주고 또 주의를 확실히 끄는 효과도 있어서 몇 년째 꾸준히 사용하고 있다. 여기에서 교사는 박수를 다양한 방법(빠르게 또는 느리게, 아니면 적당히)으로 칠 수 있는데, 학생들은 교사의 속도에 맞춰 빠르게 또는 느리게 치게 된다.

여기에서 응용 가능한 부분은 박수치는 것을 생략하고 "clap one, clap two, clap three"라고 말로만 전달하는 것이다. 특히 교사의 손이 바쁜 경우에 활용하면 좋다.

Let's learn a new attention grabber(수업 집중 방법).
When I clap my hands once, you should say, "one" while clapping your hands once. When I clap my hands twice, you should say, "one, two" while clapping your hands twice. When I clap my hands three times, you should say, "one, two, three" while clapping your hands three times. Let's try it.

참고로 앞으로 제시하는 모든 영어표현은 해당되는 활동을 안내할 때 사용할 수 있다는 하나의 예시일 뿐이다. 따라서 반드시 위에서 정리한 것처럼 말을 해야 하는 것은 아니다. 아울러 구어체와 문어체 간에 다소 차이가 있다는 점도 고려했으면 한다.

파워 티칭

모두 함께 같은 말을 외치거나 같은 행동을 하는 것도 주의를 환기시키는 데 좋은 방법이다. 여기에 추천할 만한 것이 파워 티칭(Power Teaching) 전략이다. 교사가 "Class"라는 말을 하면 학생들이 교사의 억양이나 속도 등을 그대로 흉내내며 "Yes"라고 말하는 것이다. 교사가 'Class'를 세 번 말하면 학생들은 'Yes'를 세 번 말한다. 교사의 역량에 따라 동물의 소리를 흉내내거나 목소리를 변조하는 등으로 얼마든지 재미있게 응용할 수 있다.

또 다른 방법 중 하나는 교사가 박수를 한 번(때에 따라 여러 번) 치고 제스처(양손을 앞으로 또는 옆으로)를 한 후에 "Teach"라고 말하면 학생들은 교사를 따라 박수를 치고 제스처를 따라 한 후 "Okay"라고 말한 다음 짝이나 모둠원에게 배운 것을 설명한다. 필자는 영어로 활동을 말한 후 짝이나 모둠원에게 활동 방법을 설명하라고 할 때, 이 방법을 주로 사용하고 있다.

적절한 타이밍에서 파워 티칭 전략을 활용한다면 학생들의 수업 집중력을 크게 향상시킬 수 있다. 그뿐만 아니라 영어를 즐겁게 배우도록 도울 수 있다. 'Whole Brain Teaching: The Basics'이라고 입력하면 아래 동영상에서 파워 티칭 6가지 전략을 확인할 수 있다.

https://www.youtube.com/watch?v=eBeWEgvGm2Y&list=PLF6D01726A970C905

❈❈ 교사를 위한 영어 말하기 SECRET

> When I say, "class," you say, "yes." When I say, "class, class, class," you say, "yes, yes, yes." When I clap my hands once and say, "teach," you clap your hands once and say, "okay," and then turn to your neighbors to teach what you've learned. Let's practice.

Eyes on me 박수 두 번/ Eyes on you 박수 두 번

모두 함께 같은 목소리를 내며 행동함으로써 주의를 환기시키는 또 다른 방법을 소개하려 한다. 교사가 학생들의 눈을 손바닥으로 가리키며 'eyes'를 말한 다음 손바닥을 자신에게로 가져가 'on me'를 말하고 박수를 두 번 친다. 이번에는 학생들이 손바닥을 자신의 눈으로 가져가 'eyes'를 말한 후 교사에게로 가져가 'on you'를 말한 다음 박수를 두 번 친다.

Listen/ Listen up 1,2,3

이 방법은 교사가 "Listen(리~슨)"이라고 말하면 학생들은 "Listen up(리~슨 업)"이라고 말한 후 박수를 세 번 치는 것이다. 이때 교사가 리듬감 있게 'Listen(리~슨)'을 말하는 것이 포인트다.

그 외에도 교사가 왼손을 왼쪽 귀 높이만큼 올리고 오른손의 검지는 입으로 가져가면, 학생들이 교사의 이러한 행동을 그대로 따라하게 하면서 주의를 환기시키는 방법도 있다.

이상에서 설명한 방법 중 어떤 것을 주로 사용할지는 교사의 선호도에 좌우될 것이다. 다만 무엇보다 중요한 것은 실제로 얼마나 자주 활용하느냐에 있다.

만약 'attention grabbers(수업 집중 방법)'을 학생들에게 안내만 하고 실제 수업에서 거의 사용을 하지 않거나 지나치게 자주 변경한다면 자칫 학생들에게 혼동만 초래할 뿐 집중을 이끌어내기 어려울 수 있다. 따라서 잘 맞는 것으로 한 가지, 많으면 두 가지 정도의 수업 집중 방법을 꾸준히 사용해볼 것을 추천한다.

추가로 학생들에게 attention grabber(수업 집중 방법)에 대해 설명을 할 때는 "We have one attention grabber." 또는 "We have two kinds of attention grabbers."라고 말하면 된다.

간단하지만 유용한
수업 자료를 준비하자

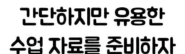

프롤로그에서도 언급했지만, 필자는 너무 많은 수업 자료가 필요한 활동들은 그리 선호하지 않는 편이다. 수업 자료를 준비하는 데 너무 많은 시간을 쓰다 보면 정작 수업을 시작하기도 전에 지쳐버릴 수 있기 때문이다.

나아가 자료를 준비할 엄두를 내지 못해 아예 활동 자체를 포기해버릴 수도 있다. 그렇지만 몇 가지 기본 자료를 준비해두면 분명 수업 활동을 더욱 풍성하고 재미있게 만들어줄 뿐만 아니라, 아이들의 관심을 불러일으키는 데도 효과적이다. 여기에서는 바쁜 교사들을 위해 최대한 간소하고 또 일회용으로 쓰고 버리는 자료가 아니라 두고두고 지속적으로 활용할 수 있는 수업 자료들을 중심으로 몇 가지 소개하려고 한다.

• 펠트 볼

1년 내내 활용할 수 있는 수업 자료로 볼, 즉 공을 빼 놓을 수 없다. 특히 천으로 만든 부드러운 공이 필요한데, 이런 부드러운 공을 마련해두면 '공'을 활용한 다양한 재미있는 놀이를 수업시간에 적용해볼 수 있다.

• 넘버 볼

넘버 볼은 학생들의 수업 참여를 이끌어내는 데 탁월한 수업 자료 중 하나이다.

넘버 볼(Number Ball)은 풀 볼을 재활용하여 만들었는데 한 번 만들어놓으면 오래도록 유용하게 쓸 수 있다. 학생들이 수업시간에 자발적으로 참여하는 것이 가장 이상적이지만 현실적으로 교사가 지명하지 않으면 일 년 내내 말 한마디 또는 발표 한 번 하지 않고, 활동에도 참여하지 않는 학생이 있다. 그럴 때 넘버 볼을 활용해서 발표나 활동에 참여시켜보자. 의외로 발표 기회를 흔쾌히 받아들이고 적극적으로 참여하는 모습을 볼 수 있을 것이다.

• 컵 스택킹

스택킹컵(Stacking Cup)은 일반 컵과는 다르다. 가장 큰 특징이라면 컵의 밑 부분에 홈이 있어 쉽게 끼우거나 뺄 수 있다는 점이다. 컵타(컵송)를 하기 위해 이런 종류의 컵은 꼭 마련해놓는 것이 좋다.

• 스펀지 주사위

다양한 크기와 소재의 주사위를 준비해두면 수업시간에 두루 활용할 수 있다. 그중 가로·세로 약 5.5cm 크기의 스펀지 주사위가 모둠활동을 할 때는 가장 유용하다. 특히 푹신한 소재인 스펀지 주사위는 책상에 굴렸을 때 시끄러운 소리가 나지 않고, 만질 때 촉감도 좋다. 참고로 전체 활동을 위해서는 좀 더 큰 사이즈인 가로·세로 약 14cm의 천으로 된 주사위를 준비해두면 좋다.

• 허니컴보드

작은 육각 칠판이라고 이름을 붙이면 잘 어울릴 것 같은 허니컴보드는 썼다 지우기를 손쉽게 반복할 수 있고, 뒤에 자석 기능이 있어 따로 접착테이프나 고정용 도구를 준비하지 않고도 칠판에 붙일 수 있어 편리하다. 허니컴보드를 활용하여 학생들의 다양한 생각을 이끌어낼 수 있고, 학생들이 쓴 단어나 표현을 공통점이나 차이점 등에 따라 분류할 수도 있어 한번 마련해놓으면 여러모로 두루 활용할 수 있다.

• 화이트보드

화이트보드도 수업 자료로 빼놓을 수 없는 것 중 하나이다. 두꺼워서 구겨지지 않고 잘 지워지는 종류가 있는가 하면, 얇고 가벼워 개별활동 시 활용하기 좋은 종류도 있다. 참고로 교실에서 활용하기 좋은 화이트보드는 가로 38cm, 세로 30cm 또는 가로 43cm, 세로 28cm 정도 크기가 적당하다.

• 바나나그램스

최근에 바나나그램스를 구입하게 되었는데 써보니 매우 만족스럽다. 색깔도

요란하지 않고 깔끔한데다 알파벳도 선명하게 씌어 있다. 또 타일 형태라 촉감도 좋다. 게다가 들려주는 알파벳 소리를 듣고 해당되는 철자를 찾는 활동부터 워드 퍼즐 활동까지 다양하게 이용할 수 있는 것이 큰 장점이다. 알파벳 소리를 익히거나 단어를 만드는 놀이 활동과 연결시키면 효과적이다.

• OHP필름

OHP필름은 영어 문구나 좋아하는 인물을 따라 그릴 때 매우 유용한 자료이다. OHP필름을 이용해서 학생들이 만든 캘리그래피나 롤 모델 그리기 등 학생들의 활동 결과물로 어학실을 꾸며보는 것도 재미있을 것이다.

투명한 OHP 필름은 다양한 활동에 두루 응용할 수 있는 유용한 아이템이다.

• 보드 게임

보드 게임은 진도를 마치고 학생들에게 한 시간 정도 쉬는 시간을 주고 싶을 때 활용하면 좋다. 영재 활동에 사용했던 여러 가지 보드 게임을 포함하여 학생들이 집에서 가지고 온 다양한 게임 자료 중 가장 인기가 있었던 자료는 할리갈리, 블로커스, 루미큐브, 블록버스터, 다빈치코드, 인생게임 등이었다.

긍정적 행동을
강화하는 보상을 준비하자

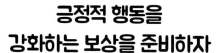

최근에는 내적 동기유발을 강조하며 외적 보상을 통한 피드백에 다소 부정적인 입장을 가진 사람들도 많다. 하지만 보상 그 자체가 목적이 아니라 마치 놀이 규칙의 하나처럼 보상을 곁들이면 거부감 없이 적용해볼 수 있을 것이다. 게다가 확실히 아이들의 관심을 이끌어내는 데 매우 효과적이다.

보상 방법은 다양하지만, 여기에서 소개하고 싶은 것은 최근에 사용했던 스탬프이다. 주로 본 수업을 시작하기 전 수업 준비물을 모두 가지고 온 경우, 기분이나 주말 이야기를 물었을 때 적극적으로 참여한 경우, 선행을 보여준 경우에 찍어주었는데, 영어로 생각하고 말하도록 유도하는 데 꽤나 효과적이었다. 더불어 자연스럽게 인성 교육도 이루어지는 긍정적인 효과도 거두었다.

이 스티커는 수업참여 및 과제와 준비물 수행 여부로 주어집니다.

외적 보상에 부정적인 시각을 가진 의견도 많지만, 적절한 외적 보상은 분명 적극적인 수업 참여를 이끌어내는 데 효과적이다.

일반적으로 아낌없이 스탬프를 찍어주되 만약 과제를 해오지 않거나 준비물을 잘 챙겨오지 않는 경우에는 스탬프를 하나씩 뺐다. 일종의 게임 벌칙처럼 적용한 것이다. 그리고 가끔씩 초콜릿을 나눠주기도 했는데, 예컨대 다른 친구들은 망설이는 와중에 솔선수범하여 활동에 참여한 경우에 주는 식이었다. 그리고 가끔 음료권과 외식상품권(컵라면)을 주어 재미를 더하기도 했다.

하지만 보상으로 매번 초콜릿을 주는 것과 같은 방법은 별로 권하고 싶지 않다. 왜냐하면 학생들이 간식에 대한 기대가 높아지면 주지 않을 때 교사에게 불만을 품는 경우도 종종 있기 때문이다. 그에 대한 대처 방법으로 몇 개 이상의 스탬프를 모은 경우에 이를 초콜릿으로 바꿔주면 좋다.

또한 팁으로 제시하고 싶은 것은 학생들이 준비물을 안 가지고 오거나 수업에 집중을 안 할 때 또는 게임에서 질 때 마이너스(-) 포인트를 주는 방법보다 플러스(+) 포인트를 주어 긍정에너지를 만들어내는 것이다. 예를 들어 게임을 하기 전 하트를 10개씩 그려놓고 시작하는 방법이 있다. 이후 4장에서 소개하는 스펠링 비(158~161쪽)와 눈치 게임 2(214~217쪽)를 참고하기 바란다.

스스로 깨달음을 주는
아름다운 종이를 준비하자

우리가 꿈꾸는 이상적인 수업은 교사가 최선을 다해서 수업을 디자인하여 칭찬과 격려, 웃음을 담아 열심히 가르치면 학생들은 적극적으로 참여하며 즐겁게 배우는 것이다. 하지만 현실은 그렇지 않을 때가 많다. 뭔가 활동을 하다가 급작스레 중단되기도 하고, 잔소리가 길어질 때도 있으며, 때론 화를 내거나 언성을 높이는 상황도 생긴다. 아무 말이나 쏟아내는 학생들부터 산만하게 수업분위기를 흐리는 학생들, 소리를 지르며 말다툼을 하거나 때론 몸싸움까지 벌이는 학생들 때문이다. 마음은 긍정적인 피드백만으로 수업을 진행하고 싶지만, 질책이나 벌칙을 병행할 수밖에 없는 것이 어쩔 수 없는 현실이다.

이에 필자는 몇 년 전부터 '아름다운 종이'라는 벌칙을 사용하고 있다. 아름다

영어
수업 놀이

운 종이는 학생들이 싫어하는 쓰기를 활용한 방법이다 보니 학생들이 그걸 쓰지 않으려고 노력하게 만든다. 대충 쓰면 절대 통과되지 않기 때문이다. 즉 바른 글씨로 쓰고, 맞춤법과 띄어쓰기도 잘해야 한다. 특히 좋은 점은 학생들에게 직접 싫은 소리를 하지 않아도 되고, 무엇보다 학생들은 아름다운 종이를 쓰는 동안 스스로를 되돌아보고 향후 어떻게 행동할 것인지 다짐하게 된다. 학생을 직접 혼내다 보면 상당한 에너지의 소모는 물론 자칫 학생들에게 상처를 줄 뿐만 아니라 교사 또한 스트레스를 받게 된다.

방법은(오른쪽 그림 참고) '내가 한 일'의 빈칸을 모두 채우게 할 수도 있지만 상황 설명이

스스로 깨달음을 주는 아름다운 종이

_____ 초등학교 ____ 학년 ____ 반 ____ 번 이름 _____	
언제	20 년 월 일
어디에서	
내가 한 일 (자세히 쓰세요)	
아차! 이렇게 했으면 좋았을 걸!	
앞으로는 이렇게 말게요.	

아름다운 종이를 사용하면 불필요한 감정 소모를 줄이고 학생 스스로 쓰면서 깨닫게 하는 장점이 있다.

충분하고, 쓴 글에 진정성이 녹아 있다면 통과시켜준다. 다만 학기 초에 아름다운 종이를 보여주면서 지적 몇 번(교사의 재량에 따른다)이면 아름다운 종이를 쓴다는 점을 미리 안내해주자.

코티칭을 하는 경우에는
어떻게 하나?

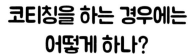

최근에는 학교에서 교사와 특정 분야의 전문가가 함께 가르치는 코티칭(협력수업) 방식을 적용하는 수업이 더러 있다. 특히 영어와 같은 외국어 수업의 경우는 과목의 특성상 원어민 교사와 함께 코티칭 방식으로 수업이 이루어지는 경우가 많다.

만약 코티칭을 적용하고도 교사 혼자 가르칠 때와 큰 차이가 없거나 때로는 코티처와의 불협화음으로 인해서 학생들에게 혼란만 야기한다면 곤란할 것이다. 코티칭의 효과를 극대화하려면 교사들 간의 호흡도 중요하지만, 적절한 전략도 필요한 것이 사실이다.

예전에 필자는 코티칭을 할 때, 주로 코티처(co-teacher)에게 수업의 주도권을

영어
수업 놀이

넘겨주고 보조자의 역할을 담당하곤 했다. 그래야 학생들이 영어에 조금이라도 더 노출되고 원어민 교사와 더 많은 의사소통의 기회를 가질 수 있다고 믿었기 때문이다. 다만 이러한 방식은 전제가 필요하다. 즉 원어민 교사의 수업 진행 능력이 우수하거나 학생들을 관리하는 능력이 좋은 경우에 한해서 추천할 만한 방법이라는 뜻이다.

그런데 지난해 함께 수업했던 원어민 교사는 한국에서 학생들을 가르쳐본 경험이 전혀 없었다. 그래서 원어민 교사에게 주도권을 넘겨주기보다는 활동 준비와 수업을 나누어 진행하였는데, 예를 들면 다음과 같은 식이다.

우선 한국인 교사가 교과서의 'Look and Speak' 부분을 보며 다음과 같이 다양한 질문을 던진다.

Who do you see? What is it in the second picture?
Can you guess what it is in the third picture?
Where are they? What are they talking about?

다음에는 이미지 없이 대화를 듣고 질문한다.

What words and sentences do you remember?

마지막으로 이미지와 함께 들어본 후 교과서에 제시되어 있는 질문에 대해 묻는다. 예를 들어 다음과 같이 말이다.

What's the matter with Alice? What did Alice's mom say when she was giving Alice the medicine?

한국인 교사의 질문에 학생들이 대답을 하고 나면 원어민 교사가 추가로 심화된 질문을 몇 가지 던진다. 예를 들면 다음과 같다.

Was she okay after she took the medicine? What did Alice's mother suggest Alice to do tomorrow?

한국인 교사가 진행한 교과서 위주의 활동이 끝나면 나머지 시간은 원어민 교사가 준비한 활동으로 진행하면 된다. 필자의 경험상 이런 이유 때문인지 몰라도 학생들은 주로 놀이 활동을 진행하는 원어민 교사를 더 좋아하는 것 같았다.

여기에서 중요한 것 하나는 코티칭을 어떤 방법으로 하느냐 하는 구체적인 방법론보다 어떻게 하면 원어민 교사가 수업에 적극적으로 도움을 줄 수 있는지 고민하여 수업을 디자인하는 것이 좋다는 점이다.

배움의 씨앗이 되는 동기를
최대한 이끌어내자

교사가 아무리 야심차게 유익한 수업을 준비했다고 해도 이것만으로는 학생들을 배움에 이르게 할 수 없다. 무엇보다 학생들은 스스로 '재미'를 느끼지 못하는 것에 대해서는 관심이나 흥미를 아예 보이지 않는 경우도 많다. 내적인 동기유발이 그만큼 중요하다는 뜻이다. 그렇기 때문에 수업을 본격적으로 진행하기에 앞서 그들의 관심이나 흥미를 자극할 수 있는 재미있는 활동을 몇 가지 준비해두는 것이 좋다. 학생들이 좀 더 수업에 집중하게 만들어줄 뿐만 아니라 수업의 원활한 진행을 돕기 때문이다.

최근에는 비교적 다양한 동기유발 방법이 소개되고 있다. 그중 개인적으로도 선호하는 것이 바로 유튜브이다. 유튜브는 무엇보다 콘텐츠에 쉽게 접근할 수 있기 때문에 추천할 만하다. 최근에는 더욱 다양한 콘텐츠들이 나와 있기 때문에 잘 검색해서 선별한다면 분명 자기 수업에 도움이 될 만한 유용한 자료들을 찾아낼 수 있을 것이다.

그렇다고 너무 유튜브에만 의존해서 학생들의 동기를 유발하려고 해서는 곤란하다. 아래와 같은 방법을 병행해서 사용한다면 학생들의 학습 흥미를 유발하고 집중도를 높이는 데 분명 도움이 될 것이다.

문장 뽑기

문장 뽑기는 학생들에게 또는 모둠별로 문장카드를 무작위로 나눠준 다음 교사가 임의로 고른 문장과 똑같은 문장을 가진 개인이나 모둠에 보상을 해주는 방식이다. 마치 복권에 당첨된 것처럼 작은 행운을 만끽하게 해준다. 문장을 나눠주고 뽑는 과정 자체가 기대감을 불러일으켜서 자연스럽게 학생들의 집중을 이끌어낼 수 있다.

✿✿ 교사를 위한 영어 말하기 SECRET

I have prepared two sets of sentence cards that will get you excited. Each sentence card has a number on it. It's kind of like a raffle ticket. One set is mine. Let's get started. I wish you win the prize.

이때 사용하는 문장카드는 학습 주제와 관련이 있는 것으로 선정하자. 주요 표현을 자연스럽게 상기시키고 익힐 수 있게 도와주므로 더욱 유용하다. 학습자가 어리다면 문장카드 대신 단어카드나 알파벳을 이용하는 것이 좋다.

영어
수업 놀이

팝 퀴즈

팝 퀴즈는 수업을 진행하는 동안 학생들에게 예상하지 못한 돌발 질문을 던지는 것이다. 작게는 교과서의 그림에 대한 것, 동영상과 관련된 것, 나아가 다른 과목, 예컨대 수학이나 과학, 컴퓨터 등과 관련지어서 낼 수도 있으니 던질 수 있는 질문의 종류는 무궁무진하다. 쉽게 실천해볼 수 있는 팝 퀴즈를 하나 소개하면 작은 통에 캔디를 넣어두고 개수를 맞추게 하는 것이다. 정확히 맞춘 모둠 또는 학생에게는 보상을 하면 된다. 숫자나 시간 표현 등을 배울 때 또는 어린이날 또는 캠프가 끝나는 날, 할로윈데이에 추천하고 싶은 활동이다.

> ✳✳ 교사를 위한 영어 말하기 SECRET
>
> I have a jar full of candy. Can you guess how many candies are inside? Write your guess on the post-it note.

또 다른 예는 '네모 만들기'인데 질문은 "How can you make two squares using each on the screen?"이다.

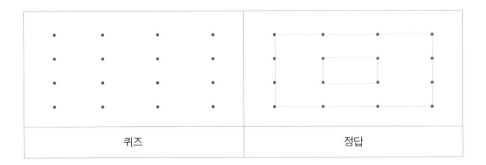

| 퀴즈 | 정답 |

Look at the screen. (점 하나를 가리키며) Do you know what it is? It's a dot. How many dots are there? Can you make two squares using all the dots?

학생들과 답을 나눈 후에는 네모의 개수가 몇 개인지 묻는다. 이 동기유발 활동 은 물건의 개수를 묻고 답할 때, 모양에 대해 배울 때 활용하면 좋다.

동기유발, 어렵지 않아요!

수업 중 동기유발과 관련하여 도움이 될까 싶어 재한몽골학교*에서의 수업 내용을 간략하게 소개한다. 수업을 준비할 시간이 2일로 짧았지만 수업 내용이나 흐름을 보았을 때 매우 자연스러웠고, 수업 만족도도 높았다. 이처럼 준비시간이 짧아도 자 신 있게 할 수 있는 활동을 몇 개 기억해두면 어떤 상황에서, 어디에서 수업을 하게 되더라도 실천할 수 있다. 아래에서 동기유발 활동은 3,4,5,6번이며, 참고로 수업 대상은 중2로 음악과 영어 80분 통합수업이었다. 학생들의 영어 수준은 낮은 편이 었고, 가끔 영어를 잘하는 학생이 몽골어로 통역을 해주었다.

1. 교사: 몽골어로 인사하고 이름말하기
2. 학생: 볼 게임(이 책에 소개)을 하며 자신의 이름말하기

....
*. 100% 몽골학생으로 구성됨

3. 교사: 좋아하는 영어 노래 묻기

4. 학생: 좋아하는 영어 노래 하나를 생각하고 이면지에 쓰기

5. 학생: 이면지로 종이공을 만들어 교실 앞으로 던지기

6. 교사: 이면지에 적은 영어 노래 칠판에 쓰기

      (이면지는 학생들의 도움을 받아 다시 말아 놓는다.)

7. 교사: 가르칠 영어 노래 소개하기

8. 학생: 노래를 듣는 동안 영어 공책에 들리는 단어, 구, 문장쓰기

9. 교사: 가르칠 단어를 쓴 사람이 있는지 묻기

      (이 단계를 위해 교사는 가르칠 단어를 미리 적어 두어야 한다.)

10. 교사: 가사를 잘라 주기

11. 학생: 노래를 들으며 순서대로 배열하기

12. 학생: 노래를 다시 들으면서 가사 확인하기

13. 교사: 컵타(컵송) 하는 방법 소개하기

14. 학생: 컵타 연습하기

15. 학생: 노래를 부르며 컵타하기

16. 교사: 이면지로 만든 종이공을 뽑아 노래 들려주기

※ 수업 전 판서의 예

학생들이 이면지에 적은 영어 노래는 음표 옆 오른쪽과 왼쪽 빈 곳에 적는다.

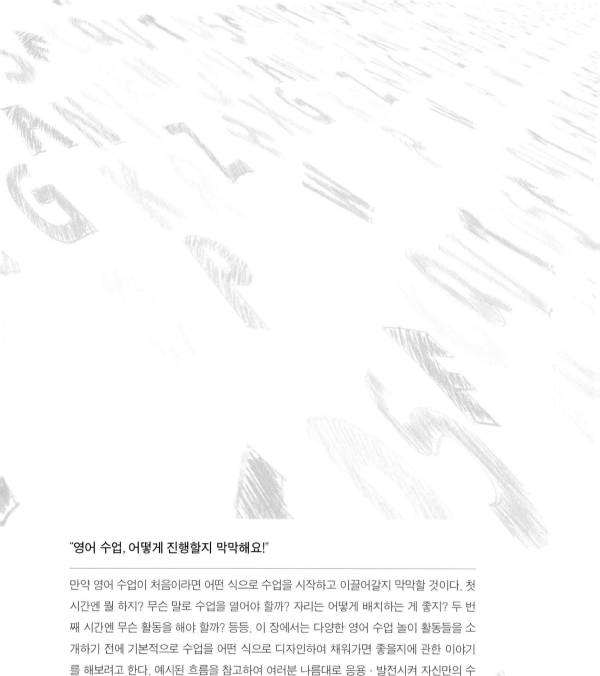

"영어 수업, 어떻게 진행할지 막막해요!"

만약 영어 수업이 처음이라면 어떤 식으로 수업을 시작하고 이끌어갈지 막막할 것이다. 첫 시간엔 뭘 하지? 무슨 말로 수업을 열어야 할까? 자리는 어떻게 배치하는 게 좋지? 두 번째 시간엔 무슨 활동을 해야 할까? 등등. 이 장에서는 다양한 영어 수업 놀이 활동들을 소개하기 전에 기본적으로 수업을 어떤 식으로 디자인하여 채워가면 좋을지에 관한 이야기를 해보려고 한다. 예시된 흐름을 참고하여 여러분 나름대로 응용ㆍ발전시켜 자신만의 수업을 만들어가기를 바란다.

Chapter 02

**성공적인 수업 진행을
돕는 차시별 수업 예시**

첫 번째 수업,
기분 좋은 출발을 위하여!

옷을 입을 때 첫 단추를 잘못 끼우면 마지막에 가서 모든 단추를 다시 풀어헤쳐야 한다. 그만큼 시작이 중요하다는 뜻이다. 이는 수업도 마찬가지이다. 학생들과 만나는 모든 수업이 다 중요하겠지만, 첫째 날은 특히 중요하다. 앞으로 1년간 어떤 활동을 할지 안내하고, 어떤 방식으로 수업을 진행할지 보여주며, 교사의 개성이나 성향을 드러낼 수 있는 날이기 때문이다.

첫째 시간에 가장 유념할 사항은 수업을 느슨하지 않게 알차게 준비하는 것이다. 알차게 수업이 이루어지도록 하는 방법 중 하나는 주어진 시간보다 가르칠 것을 좀 더 여유 있게 준비하는 것이다.

우선 첫날이니 만큼 반가운 인사로 시작하면 좋다. 그리고 서먹함을 풀어주면서 학습분위기를 조성하는 데 도움이 될 만한 활동 몇 가지를 준비해두자. 이를 간단히 정리해보면 다음과 같다.

Greeting

학생들이 어학실로 들어섰을 때 밝은 목소리로 간단하게 "Hi!" 또는 "Good morning!"이라고 건네며 인사를 대신했다.

Activity 1. Seat Arrangement

키순으로 자리를 배치할 계획이었기 때문에 수업 전 담임교사에게 남녀 키순으로 한 줄씩 세워서 어학실로 데려와 달라고 메시지를 미리 보냈다. 사실 학생들은 이 방법을 썩 좋아하지는 않지만, 학기 초 학습분위기를 잡기에는 나쁘지 않은 방법이다. 만약 키 순서로 줄을 세울 때는 이렇게 말해보자.

"Stand in your height order from shortest to tallest."

남10	여10
남7	여7
남4	여4
남1	여1

남11	여11
남8	여8
남5	여5
남2	여2

남12	여12
남9	여9
남6	여6
남3	여3

칠판

자리를 안내하며 진단평가 후 자리를 재조정하겠다며 다음과 같이 말했다.

"Some of your seats will be changed after the diagnostic test(진단평가)."

Activity 2. Making Name Cards

자리 배치 후 학생들과 함께 이름표를 만드는 시간을 가졌다. 학생들이 이름표를 만드는 동안 교사는 교사를 위한 자리 배치도(Name Table)를 만들었다.

김○지	○○○	○○○	○○○	○○○	○○○	○학년 ○반
○○○	○○○	○○○	○○○	○○○	○○○	
○○○	○○○	○○○	○○○	○○○	○○○	
○○○	○○○	○○○	○○○	○○○	○○○	

이름표를 만들 때 사용하는 종이는 약간 두껍고 색깔이 들어간 고급스러운 종이를 사용해도 되지만, 사실 어떤 종이를 사용하건 크게 상관없다. 필자도 올해는 평범한 하얀색 A4용지를 사용했는데, 종이가 헤지기 전에 가능한 빨리 학생들의 이름을 외우고 싶은 마음에서였다. 이름표 만들기와 관련하여 학생들에게 강조할 것은 너무 예쁘고 화려하게 꾸밀 필요가 없다고 미리 말해주어야 한다는 점이다. 그렇지 않으면 이름표를 만드는 데 필요 이상으로 많은 시간이 소요되어 정작 수업 활동을 진행하는 데 지장을 초래할 수 있다.

이름 카드를 만들어 책상 위에 올려놓게 한 다음에 자신의 이름을 활용하여 공놀이를 하게 했다. 4장의 공놀이를 활용한 단어게임을 소개하였다. 하지만 약간 복잡한 것 같아 여기에 우리말로 다시 설명해놓았다. 공놀이를 위해서 학

영어
수업 놀이

> You are going to make a name card. (샘플을 보여주며) This is a sample. I will pass out papers. Don't fold it and please wait. (종이를 나눠준 후) Everybody has it? OK, then I will show you how to make a name card. Fold the paper twice so that you have three equal parts. This part is one third. Don't fold it in half. You are almost done. (대부분의 학생들이 종이를 두 번 접었을 때) Then write your name in the middle of the paper like so. Your names have to be written in big letters.

생들이 알아야 하는 것은 오직 자신의 이름이고, 교사가 준비할 것은 천으로 만든 부드러운 공뿐이다. 공을 던질 때는 두 손을 사용하고 자신의 이름을 말한다 (성과 이름을 말해도 되고 이름만 말해도 된다). 모두 일어나서 공놀이를 하는데 아웃되면 자리에 앉는다. 아웃에 해당되는 경우는 다음과 같다.

- 한 손만 사용한 경우
- 이름을 말하지 않은 경우
- 공을 피하거나 못 잡은 경우
- 짧게 던진 경우
- 너무 낮거나(상대방의 무릎 밑) 못 잡을 만큼 높이 던진 경우

위의 경우만 보면 얼핏 규칙이 많다고 생각할 수도 있지만, 학생 한두 명과 시범을 몇 번 보이면 학생들도 금세 이해한다. 규칙을 안내할 때는 볼게임을 시작하기 전에 모두 설명할 수도 있고, 앉아 있는 학생들과 공을 주고받으면서 예를 들어서 설명해도 좋다. 참고로 필자는 날짜, 예를 들어 3월 5일이라면 5번 학생에게 공을 주고 시작하라고 했지만, 무작위로 지목하는 방법도 있다.

공놀이는 학생들의 이름을 외울 때 특히 유용하다. 공놀이를 하다 보면 7~8개 반의 학생들 이름도 짧은 시간에 자연스럽게 익힐 수 있기 때문이다. 그러나 이 공놀이는 교사에게만 유익한 것은 아니다. 학생들이 써낸 교원평가 자료를 참고하면 학생들이 얼마나 공놀이를 좋아하는지 알 수 있다. '재미있다', '자주 하고 싶다' 등이 학생들의 평가에서 자주 나오는 반응이다.

Activity 3. Self-Introduction

첫 시간에 빼놓을 수 없는 것이 바로 '자기소개'이다. 2018년에는 필자의 책 《영어 말하기, 하루 10분 입에 거미줄을 쳐라》를 활용했는데, 학생들의 이해를 돕기 위해서 영어표현을 한글로 바꾸어 제시했다. 또 거미줄을 채울 때는 자신의 수준을 고려하여, 필요하면 우리말을 섞어서 써도 괜찮다고 말해주었다.

🧩🧩 교사를 위한 영어 말하기 SECRET

It's time for self-introduction. I will give a spider web worksheet. (다 받았는지 확인하고) How many numbers are there? What's no.1? No.1 is name. How can you ask someone for his/her name? For no.2, family, how can you ask someone about his/her family? You can ask: How many people do you have in your family? The answer should be: "There are four people in my family. My mom, my dad, my brother, and me." If you think it is hard to ask this way, then you can use a simple sentence. You can ask: "Tell me about your family." In this case, you should answer: "I live with my parents and a dog."(어려워하는 질문에는 설명해주었다. 예컨대 What's 특기? 특기 is talent in English. If you say, "She is a talent," then it is wrong.

학생들이 거미줄을 거의 다 채울 즈음 원어민 교사와 번호 1~10번까지 질문하고 대답하면서 활동하는 방법을 보여주었다. 만약 원어민 교사의 도움 없이 교사 혼자서 진행한다면 영어 교사가 1~10번까지 읽어주면 된다.

NT: What's your name?

KT: My name is OOO.(I am OOO)
How many people do you have in your family?

NT: There are four people in my family. My mom, my dad, my brother and me. Tell me about your family.(참고로 이런 질문을 받으면 두 가지 경우로 답을 할 수 있는데 아래를 참고하기 바란다)

KT: There are four people in my family. My husband, my two sons and me.(또는 I live with my husband and my two sons. Who sits next to you?)

NT: OOO sits next to me. Who sits next to you?

KT: OOO sits next to me. What's your dream?

NT: I want to become a good teacher. What's your dream?

KT: I want to be a good mom. What's your hobby?

NT: My hobby is playing the piano. What's your hobby?(What do you do in your free time?)

KT: I like outdoor activities, such as riding a bike and hiking. What's your talent?

NT: My talent is swimming. What's your talent?(What are you good at?)

KT: I am good at swimming. What's your favorite subject?

NT: My favorite subject is English and math. What's your favorite subject?

KT: My favorite subject is English and Korean. What's your favorite food?

NT: I like all kinds of Korean food. What's your favorite food?

KT: I am not a picky eater. I like all kinds of food especially Japchae. Who's your closest friend?

NT: My closest friend is Maria who is far away in America.
Who is your closest friend?

KT: My closest friend is Ms. Lee, who is a teacher like me.

※ KT: 한국인 교사/ NT: 원어민 교사

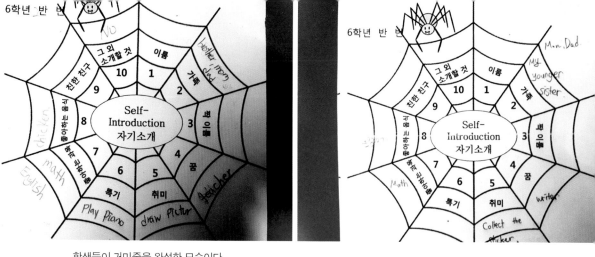

학생들이 거미줄을 완성한 모습이다.

활동을 시작하기 전에 교사가 먼저 활동 방법을 직접 보여주고, 빈칸으로 되어
있는 마지막 10번을 어떻게 하는지 다음과 같이 안내한 후 학생들에게 짝과 묻
고 대답하는 시간을 주었다.

> There is no.10, but you can skip it or you can make a sentence. For
> example, when is your birthday?

영어를 잘해서 활동을 빨리 끝낸 학생 몇 명에게는 심화활동으로 자기소개 내
용을 참고로 하여 참(3문장)과 거짓(1문장)을 쓰도록 안내해주었다. 다음 시간
에 오늘 한 활동을 상기시킬 겸 퀴즈로 내라고 할 예정이었기 때문이다. 첫째
시간의 활동이 끝나고 학생들을 교실로 돌려보내기 전 준비물 5가지(책, 공책,
필통, L자 파일, 이름 카드)를 안내해주었다. 이 내용은 담임교사에게 알림장을 통
해서 다시 한 번 안내해주실 것을 부탁했다.

학생들을 돌려보낼 때는 수업을 종료하기 약 3분 전에 다음의 노래를 틀어주
면서 자연스럽게 수업이 종료되었음을 알려주었다.

https://www.youtube.com/watch?v=OLDArAJf7-c

검색어-Goodbye Song for kids | The Singing Walrus

노래에 익숙해지고 나면 학생들은 따로 말해주지 않아도 노래가 들리면 알아서 하던 활동을 마무리하고 자리에서 일어나 의자를 밀어 넣고 자기 물건을 챙기기 시작한다. 어학실을 나가는 순서는 점수가 많은 분단부터이며, 방법은 앉아 있었던 그대로 복도로 나가 두 줄씩 서는 것이다. 분단별 점수는 다음과 같은 기준에서 종합적으로 관찰해서 평가했다.

- 수업 집중 방법을 잘 따라했는가
- 이름 카드나 영어 공책 등을 가지고 왔는가
- 활동하면서 분단별 또는 모둠점수를 받았는가
- 수업태도는 좋았는가 등

이러한 마무리 활동 없이 수업 끝나고 그냥 교실로 돌아가라고 하면 자칫 난장판이 되기 쉽다. 굿바이 송과 관련하여 한 가지 팁을 소개하면 만약 컵송(Cups)을 원하지 않는다면 수업 시작 즈음 헬로우 송(Hello Song)을 틀어 수업의 시작을 알리고 노래가 나오는 동안 학생들이 수업을 준비하게 하는 방법도 있다. 다음은 헬로우 송을 검색할 수 있는 사이트이다.

https://www.youtube.com/watch?v=iqiexEwMp7g

검색어-Hello Song for Kids | Popular Nursery Rhymes for Kids | BeeBo World

첫 날 위에서 제시한 세 가지 활동을 다 실천한다면 시간이 부족할 수 있다. 아래의 내용은 첫 날 실제로 세 가지 활동을 진행한 수업을 마치고 쓴 소감문이다.

 수업성찰

준비한 활동에 비해 시간이 부족하다 보니 너무 서두른 것 같다. 그러다 보니 활동을 제대로 정리하지 못하고 다음 활동으로 바로 넘어가야 했다. 다행히 원어민 교사가 나의 부족한 부분을 살뜰하게 챙겨주었다.

두 번째 수업,
좀 더 깊이 있게 들어가 볼까요?

첫 번째 시간을 마치고 나면 나름대로 부족한 점이나 아쉬운 점을 깨닫게 된다. 이에 두 번째 시간에는 첫 번째 수업에서 성찰한 점들을 토대로 보완하고, 활동들의 수준을 약간씩 높여서 진행할 것을 권한다. 지나치게 비슷한 수준의 활동만 반복할 경우 학생들이 수업에 흥미를 잃어버리기 쉽기 때문이다.

Greeting

첫 번째 시간과 마찬가지로 학생들에게 "Hi!" 하며 밝은 목소리로 가볍게 인사를 건네는 것으로 대신하였다.

Activity 1. Self-Introduction Quiz

첫 번째 시간에 간략하게 자기소개를 했다면, 두 번째 시간에는 지난 시간 친구들의 자기소개 내용을 기억하고 있는지 확인해보는 것도 좋다. 지난 시간에 활동을 빨리 끝낸 학생들을 위한 일종의 심화활동으로 안내했던 참(3문장)과 거짓(1문장)을 이용하여 퀴즈를 내게 했다. 올해 3·4학년에게는 우리말로 자기소개 퀴즈를 만들어 오라고 모두에게 숙제를 내주고 시간이 날 때마다 몇 명씩 발표를 시켰다. 학생들은 저마다 자기소개 퀴즈를 내고 싶어서 영어 시간을 무척 기다렸다고 말하기도 했다. 퀴즈에 관심이 많은 만큼 친구들이 발표를 할 때도 집중해서 귀를 쫑긋 세우고 경청하는 모습이었다. 교사의 입장에서는 학생들에 관해서 좀 더 잘 알게 된다는 점에서 좋은 기회가 되었다.

> ✿✿ 교사를 위한 영어 말하기 SECRET
>
> 00 wrote four sentences about him/her. Three sentences are true and one sentence is false. 00, can you come to the front and read them? Everyone, guess which one is wrong while listening to the sentences.

Activity 2. Cups & Dance 안내

두 가지 활동을 소개하려고 한다. 바로 컵송과 댄스이다. 학생들이 스스로 수업을 준비하게 만드는 데 컵송만한 것이 없다고 생각한다. 아울러 댄스는 자칫 지루하고 딱딱하게 흘러갈 수 있는 수업에 활력을 불어넣어줄 것이다.

• 수업을 준비하는 컵송

컵송 'When I Am Gone'을 틀어주고 학생들이 노래를 듣는 동안에 가사(해석 포함)를 나눠주었다. 오늘은 수업시간에 틀어주었지만, 다음 시간부터는 학생들이 교실로 들어오는 순간부터 틀어줄 예정이다.

> ※ 컵타 기본동작을 가르칠 때 활용한 사이트:
> https://www.youtube.com/watch?v=Y5kYLOb6i5I
> 검색어는 'The Easiest Cup Song Tutorial'이다. 필자의 경우는 동영상에서 보여주는 말을 아래와 같이 조금 변형하여 가르쳤다.
>
> "Clap Clap Cup Cup Clap Up Down
> Clap Sweep Bottom Table Top Hand Down"
>
> 변형하게 된 이유는 책상 대신 컵을 치는 것이 자연스러웠고, 컵을 세 번 치는 것보다 두 번 치는 것이 더 편해서였다.

아래 학생들이 제출한 교원평가자료를 보면 컵송도 학생들이 꽤 좋아하는 활동 중 하나라는 것을 알 수 있다.

- 컵타를 통해 영어 노래를 부르면서 영어 실력도 늘게 되어 좋아요.
- 선생님께서 영어를 쉽게 알려주시고 컵송, 노래, 게임 등으로 우리를 가르쳐주셔서 좋아요.
- 컵송이 재미있어요.
- 수업 시작하기 전에 하는 cups가 재미있어 영어 수업이 기대됩니다.

• Cups를 더 많이 해주시면 좋겠어요. ㅎㅎ

개인적으로 수업시간에 컵송을 자주 하는 편이다. 그 이유는 비단 학생들이 좋아해서만은 아니다. 컵송을 하는 동안 학생들의 수업 준비와 과제의 수행 여부를 확인할 수 있기 때문이다. 만약 컵송을 하지 않았다면 교사가 수업 준비와 과제를 확인하는 동안 학생들은 그저 우두커니 앉아서 교사의 일이 끝나기를 기다리거나 급우들과 잡담을 하거나 장난을 치기 바쁠 것이다.

컵송을 가르치면서 처음에는 학생들이 한 달에 노래 한 곡을 익히고 부르면 좋지 않을까 생각했다. 그러나 그건 교사인 내 생각에 불과했다. 현실적으로 한 달에 한 곡만 준비해서는 학생들을 만족시키기 어려웠기 때문이다. 가끔 "또 그 노래냐!" 하면서 거침없이 불만을 토로하는 학생도 있을 정도였다. 실제로 같은 노래를 한 달 내내 듣는 것은 분명 지루할 것이다. 그래서 대안으로 3월에 4월 또는 그 다음 달인 5월에 부를 노래를 미리 배우고 5월에 3월에 배운 노래를 다시 부르는 방식으로 운영했다. 또 학생들에게 좋아하는 영어 노래를 공책에 5가지 적어 오라고 한 후에 번호를 무작위로 뽑아서 듣고 싶은 노래가 무엇인지 물어보고 간간히 들려주었다. 다른 한 가지는 색종이를 한 장씩 나눠주고 좋아하는 영어 노래를 써서 던지게 한 다음, 그중에서 하나를 골라서 틀어주는 식으로 영어 노래를 다양하게 접할 수 있게 했다.

51~52쪽에 제시한 표에서 컵송으로 잘 어울리는 노래 목록을 정리하였으니 참고하기 바란다. 노래 선정은 학기가 시작되기 전에 해도 되고 학기 중에 해도 충분하다. 예를 들어 3월에 4월에 배울 노래를 고르면 된다.

학생들과 함께 컵송을 하면서 과제를 확인하고 있다.

❈❈ 교사를 위한 영어 말하기 SECRET

We will listen to this song all throughout March. I will give you another song in April. Please listen and practice singing at home. If you can sing like me, I will give you a cup.

▶ **월별 컵송 목록**

월	노래 제목	동영상
3	When I am Gone by Mariana Rios	https://www.youtube.com/watch?v=nv1nK_irDL0
4	Marry You by 보인고컵타	https://www.youtube.com/watch?v=YpwMRwwjdll
5	Uptown Funk by 가평초등학교	https://www.youtube.com/watch?v=QYmrookn70k

월	노래 제목	동영상
6	Call Me Maybe by 관양고등학교	https://www.youtube.com/watch?v=SjvYCJLh1Zg
7	Arirang by 강남 난타 연구소	https://www.youtube.com/watch?v=uosT2EGc_bs
9	Moves Like a Jagger by 동백중학교	https://www.youtube.com/watch?v=e4F-uubIN7Y
10	Cups! Halloween Special	https://www.youtube.com/watch?v=2muk3DJimsA
11	We Will Rock You by 한민고등학교	https://www.youtube.com/watch?v=yFPZo3eCUUg
12	I don't wanna live forever by Taylor Swift, Zayn I Sam, Kina, Madilyn, KHS	https://www.youtube.com/watch?v=97X-MF8BI2Q
2	독도는 우리 땅 by 성연중학교	https://www.youtube.com/watch?v=HcymDWWXA2s

만약 수업시간에 컵송을 할 때, 두 달에 한 곡만이라도 제대로 끝내고 싶다면 '보상'을 추천한다. 예컨대 노래를 잘 부르면 포인트를 부여하는 식이다. 학기 중에 배운 컵송을 활용하여 교내 영어 노래 부르기 대회를 계획해볼 수도 있다. 또 배운 컵송을 학예회 또는 축제 때 활용한다면 교사나 학생의 이런저런 수고를 덜 수 있을 것이다.

예전에 필자도 컵송으로 교내 영어 노래 부르기 대회를 진행한 적이 있다. 모둠원이 이미 구성되어 있었기 때문에 대회를 위해 따로 모둠원을 찾아야 할 필요가 없었고, 무엇보다 영어를 못하는 학생도 상장을 받을 수 있는 절호의 기회이다 보니 동기 부여는 물론 영어 자신감까지 높이는 좋은 계기가 되었다.

좋아하는 노래를 적고, 듣고 싶은 노래를 적어 던진 모습

 수업성찰

다음은 컵송을 하고 적은 글이다.

며칠 동안 "Cups: When I Am Gone"을 했더니 어학실에 들어올 때 몇몇 학생들은 '두두두두' 하고 멜로디를 따라 흥얼거리며 들어왔다. 이름 카드를 꺼내놓으라는 안내를 따로 하지 않았는데도 컵송만 들려주니 알아서 이름 카드를 책상에 올려놓고 악보를 보며 노래를 따라 불렀다. 수업 시작 전 컵송을 틀어준 후로는 어학실에 와서 장난을 치거나 빈둥거리며 돌아다니는 학생은 찾아볼 수 없게 되었다.

• 딱딱한 수업시간에 활력을 불어넣는 댄스

컵송과 함께 꼭 소개하고 싶은 특별한 활동이 바로 '댄스(Dance)'이다. 노래도 그렇지만 춤은 자칫 딱딱하고 지루하게 흘러가기 쉬운 영어 수업에 활력을 불러 넣는다. 춤은 학생들의 몸을 유연하게 만들어주는 것은 물론 몸을 움직이며 영어를 자연스럽게 구사하도록 돕는다. 더불어 춤을 추는 동안 교사와 학생이 가까워지는 효과도 얻을 수 있다.

교사가 솔선해서 춤을 추면 어느새 학생늘노 자연스럽게 춤을 추녀 수업에 잘 참여한다.

이렇듯 장점이 많은 댄스는 교사에게도 여러모로 편안한 활동이다. 그저 학생들이 좋아할 만한 댄스곡을 골라서 들어주고 춤을 출 수 있는 시간만 만들어주면 되기 때문이다.

여기에서 조금만 더 욕심을 내자면 움직이는 것을 싫어하는 학생에게 춤을 추라고 강요하기보다 교사가 직접 춤추는 모습을 보여주는 것이다. 교사가 솔선수범하면 모든 학생이 자연스레 일어나서 몸을 흔들기 시작한다.

댄스 활동은 태국 연수 때 영어 수준이 생각보다 부족했던 현지 학생들과 현지어를 전혀 구사하지 못했던 필자를 가깝게 만들어준 일등공신이기도 하다. 그런 점에서 댄스는 어느 나라에서, 어떤 수준의 학생들을 가르쳐도 성공할 수 있는 활동 중 하나이다. 일명 '나나' 영어 활동(세계 어디에서나, 누구에게나 통하는 재미있는 영어 활동)인 셈이다.

다만 교사와 학생 모두 음악에 맞춰 춤을 추다 보면 흥에 겨워 자연스럽게 분위기가 소란스러워질 수 있다. 따라서 댄스는 춤을 좋아하고 수업시간이 다소 시끌벅적거려도 감당할 수 있는 교사에게만 권하고 싶다.

▶ 저학년을 위한 댄스곡 모음

	노래 제목	동영상
1	Baby Shark (Dance)	https://www.youtube.com/watch?v=CaePHaV_iUk
2	Just Dance 2014 YMCA 설명: 좋아하는 캐릭터 골라서 춤추기	https://www.youtube.com/watch?v=0SG16_kWpe0
3	We No Speak Americano Alphabet Dance	https://www.youtube.com/watch?v=URfwmrnv2Ys

▶ 중 · 고학년을 위한 댄스곡 모음

	노래 제목	동영상
1	Kung Fu Fighting - Just Dance Summer Party 설명: 특히 남학생들이 좋아함. 2명이 짝지어 춤추면 더욱 재미있음.	https://www.youtube.com/watch?v=3blcf82Ck8A
2	Abba You Can Dance Dancing Queen	https://www.youtube.com/watch?v=S6AL0UZJGbk
3	Just Dance 2018 - Let It Go (Disney's Frozen)	https://www.youtube.com/watch?v=sC0JxUqCdXo
4	Just Dance Unlimited - Eye Of The Tiger	https://www.youtube.com/watch?v=_QV1xD8Fvf0
5	Just Danc 4 What Makes You Beautiful	https://www.youtube.com/watch?v=dpY4ZTV7Fm0

※ 단, 표의 학년 구분은 참고용으로 학생의 수준에 맞게 선별해서 사용하면 됩니다.

Activity 3. New friends + Ball Game

두 번째 시간부터 마침내 교과서 내용을 다루게 되었다. 우선 PPT를 활용하여 교과서에 나오는 캐릭터의 이름과 모습을 익혔다.

✿✿ 고사를 위한 영어 말하기 SECRET

We have new friends in our textbook. Let's meet them. Who is the boy wearing a blue hood with blond hair? Who is the girl wearing a yellow T-shirt with a pony tail?

교과서에 등장하는 캐릭터들에 대한 학생들의 이해를 돕기 위한 활동을 진행했다. 바로 '패스 더 볼(4장 210~213쪽 참조)'인데 공을 잡은 사람이 캐릭터에 대한 질문이나 답을 하게 하는 활동으로 학생들이 재미있게 캐릭터를 이해할 수 있게 도와줄 뿐만 아니라, 자연스럽게 영어 말하기를 이끌어낼 수 있다. 그냥 말로 지목해서 대답하게 하는 것보다 공을 던져서 지목할 때 학생들은 훨씬 재미있게 수업에 참여하는 모습을 보인다.

✿✿ 고사를 위한 영어 말하기 SECRET

When the music starts, pass the ball gently to anyone. When the music stops, everyone ask, "Who is he/she?" The person who has the ball should answer like this: "He/she is OOO." Do you understand?

만약 게임 방법을 제대로 이해하지 못한 학생이 있으면 이해할 때까지 계속 구두로만 설명할 것이 아니라 교사 또는 이미 방법을 이해한 학생이 직접 시범을 보여주는 것이 더 좋다. 관건은 더 많은 학생들이 수업에 적극적으로 참여하게 만드는 데 있다. 실제 수업에서 적용했을 때 이 게임은 다행히 많은 학생들이 잘 알고 있어서 바로 진행할 수 있었다.

 수업성찰

이 활동을 할 때 파워 티칭 전략 중 'teach-okay'를 활용할 계획이었는데, 실제 수업했던 학생들이 고학년인데다 '패스 더 볼'을 여러 번 해봐서 잘 알고 있는 상태였다. 게임을 시작한 학생은 수업하는 날짜와 같은 번호의 학생이었다.

세 번째 수업,
자발적 배움이 샘솟는 분위기를 만들어요!

세 번째 시간부터는 수업이 시작되기 전에 미리 컵송을 틀어놓고, 학생들이 자발적으로 수업을 준비하도록 분위기를 조성했다. 아울러 교과서에서 다루는 내용에 대한 동기유발에도 특별히 신경 쓰면서 활동을 진행했다.

Cups & Greeting

미리 컵송을 틀어놓은 상태에서 들어오는 학생들에게 가볍게 인사를 건넸다. 기특하게도 학생들은 컵송을 틀어놓은 덕분인지 시키지 않아도 자발적으로 수업을 척척 준비하는 모습을 보여주었다.

동기유발

어떤 수업이든 다 마찬가지겠지만, 학생들의 배우고자 하는 욕구를 제대로 이 끌어내지 못한 상태로 교사가 일방적으로 수업을 끌고 갈 때 좋은 결과를 기대 하기란 어렵다. 1단원의 동기유발(motivation)은 원어민 교사의 자기소개로 자 연스럽게 이끌어냈다. 참고로 1단원의 제목은 'What grade are you in?'이었다. 지나고 나서 조금 아쉬웠던 점은 조카나 이웃에 대한 소개를 의도적으로 넣어 "My nephew is 8 years old and he is in the first grade."라고 덧붙였더라면 관 련 단원의 주요 표현을 훨씬 더 자연스럽게 이끌어낼 수 있지 않았을까 하는 생 각도 들었다.

Activity 1. New Words

교과서에 새롭게 등장한 단어들을 학습하는 것은 중요하다. 다만 기계적으로 암기하게 하는 것보다는 재미있는 활동을 통해 좀 더 자연스럽게 익힐 수 있다 면 더욱 오래도록 기억에 남을 것이다. 새로운 단어를 익히는 방법은 여러 가지 가 있다. 실제 수업에서는 노래를 이용하여 새 단어를 소개했다.

• 노래를 이용하여 새로운 단어 익히기
고학년의 경우 노래를 통해 해당 단원의 새로운 단어를 소개하면 무척 흥미로 워한다. 중학년의 경우에도 노래를 활용하여 새로 나온 단어를 소개했는데 많 은 학생들이 답을 맞혔다. 이 활동에 대한 자세한 안내는 4장의 활동(138~141쪽 퐁당퐁당, 노랫말에 빠진 단어)을 참고하기 바란다.

Let's learn the new words from Lesson 1 through songs. I will show you how to do it. (빈칸이 한 개 있는 가사를 보여주며) In this slide, there is only one blank. (빈칸이 두 개 있는 가사를 보여줄 때는) In this slide, there are two blanks, but one word works for both blanks. You should fill in the blank or blanks while listening to the songs. (필요하다면 두세 번 더 들려준다) What's the answer?

Song #3	Every time you smile, angels cry	Song #1	_____ of stars
	Every time you walk on		Are you shining just for me?
	_____		_____ of stars
			There's so much that I can't see.
	'Walk on By' by Britney Spears		'Neon Lights' by Tribute Band

• 단어카드를 이용하여 새로운 단어 익히기

단어카드를 이용할 때는 처음에는 너무 느린 것 아닌가 싶을 정도로 카드를 천천히 넘기면서 학생들에게 새로운 단어를 읽게 했다. 그러다가 단어 읽기에 익숙해지고 나면 따라 읽을 수 없을 만큼 카드를 빠르게 넘겨보았다. 그랬더니 학생들이 훨씬 더 집중해서 단어카드의 단어를 읽으며 재미있어 했다.

Here are word cards for the new words from Lesson 1. 첫 번째 단어 읽기 방법: Please repeat the words after me. 두 번째 단어 읽기 방법: Let's read the words together. 세 번째 단어 익히기 방법: I will pick a number from this plastic jar. Who is no.11? Please read the words.

• PPT를 이용하여 새로운 단어 익히기

학생들이 재미있게 참여할수록 새로운 단어를 금세 익히고 또 오래도록 기억할 것이다. 먼저 새로운 단어를 한글과 영어로 소개해주고 주어진 시간 안에 한글을 영어로 또는 영어를 한글로 말하게 했다. 학생들이 얼마나 신나게 단어를 읽는지 학교에 학생들이 목소리가 쩌렁쩌렁 울릴 정도였다. 이 방법은 단어를 소개하는 가장 흔한 방법 중 하나이다.

> 🧩 교사를 위한 영어 말하기 SECRET
>
> Here are word cards for the new words from Lesson 1. Please repeat after me. (따라하고 나서) At first, you can only see the words in English, so you should say the words in Korean. This time, you can only see the words in Korean, so you should say the words in English. (함께 읽고 나서 개인별로 읽고 싶은 학생에게 따로 기회를 준다) Who wants to say the words in Korean? Who wants to say the words in English?

• 학습지를 이용하여 새로운 단어 익히기

학습지 하면 지루하고 재미없고 억지로 해야 한다는 이미지가 떠오른다. 그래서인지 수업시간에 학습지를 보고 반기는 학생들은 거의 없다. 하지만 시간이 없는 경우에 학습지를 활용하면 새로운 단어를 간단하게 익히고 넘어갈 수 있으므로 나름 편리하다. 다만 학습지만으로 활동을 끝내지 말고 후속 활동을 이어가 보자. 필자의 경우는 볼게임을 진행했다. 학생들이 자신의 이름 대신 지정하거나 선택한 새로운 단어를 말하면서 공을 던지는 방식이다. 이때 게임을 위한 단어는 분단별 또는 모둠별로 줄 수 있다.

Write your class number, your number, and your name on your worksheet. Look at the left side. There are new words. What is the meaning of 'grade'? What is the word for '~옆에' in English?

수업시간에 활용한 학습지의 예

Activity 2. Look and Listen

수업시간에 학생들이 교과서에 예시된 대화표현을 숙지하는 것은 중요하다. 하지만 학생들에게 무작정 교과서의 대화 내용을 반복해서 들려주며 기계적으로 외워서 표현하게 하는 것은 별로 추천하고 싶지 않다. 그렇게 외우기만 해서는 정작 교실 밖에서 제대로 쓰지 못하는 경우가 많기 때문이다. 따라서 문법적으로는 좀 서툴더라도 자연스럽게 영어로 생각하고 말할 수 있는 분위기를 만들어주는 것이 훨씬 더 중요하다고 생각한다. 이에 필자는 학생들에게 교과서의 대화를 들려주기 전에 그림을 보고 다양한 질문을 던져 학생들이 영어로 생각할 수 있는 기회를 주고자 했다.

• 깜깜히 기능으로 듣기

화면이 보이지 않는 깜깜히 기능을 처음 경험할 때, 학생들은 대체로 답답해하면서 질색한다. 특히 중학년의 경우 "왜요?" 하면서 노골적으로 불만을 드러내곤 한다. 그러나 우직하게 깜깜히 기능을 사용하니 수업을 거듭할수록 아이들이 달라졌다. 만약 실수로 화면을 함께 보여주기라도 하면 "선생님 깜깜히요."라며 먼저 알려주었으니 말이다. 굳이 깜깜히 기능을 사용하는 이유는 명백한 긍정적 효과 때문이다. 처음부터 이미지와 함께 영어 대화를 들으면 못 듣고 안 들리는 부분도 눈치껏 대충 파악할 수 있다. 그 결과 섣불리 대화의 내용을 이해했다고 착각하는 우를 범하기 쉽다. 깜깜히 기능으로 먼저 듣게 하자 대화 내용에 훨씬 더 집중하는 모습을 보여주었다. 깜깜히 기능으로 들려주고 난 후에는 들은 단어나 문장을 학생들에게 말해보게 하면 더욱 좋다.

• 화면과 함께 듣기

깜깜히 기능을 사용하여 들은 다음에 학생들에게 들었던 내용 중 기억하고 있는 단어와 문장을 물어본다. 그리고 나서 두 번째 들을 때는 어떤 것에 좀 더 집중해서 들어야 하는지 안내해주는 것이 좋다. 필자의 경우 주로 교과서에 제시되어 있는 질문을 사용하곤 한다. 예를 들면 다음과 같은 질문이다.

우빈이와 제임스는 몇 학년인가요? (What grade are Ubin and James in?)

• 학습지의 빈칸 채우며 듣기

필자의 경우 교과서의 1·2차시에 나오는 대화 내용이 학생들의 교과서에 제시되어 있지 않아서 학습지를 따로 준비한다. 그리고 세 번째 들을 때 학생들에게 학습지의 빈칸을 채우라고 한다. 사용한 영어표현은 "There are several blanks. Please fill in the blanks while listening to the dialog."이다. 이때 사용한 학습지는 해당 단원이 끝나고 복습할 때 활용할 수도 있다.

Activity 3. Listen and Do

교과서에 제시된 표현에서 벗어날 수 없는 영어 수업이라면 제자리만 맴도는 것이나 마찬가지이다. 학생들이 교과서의 표현을 확장시킬 수 있을 때 비로소 의미 있는 수업이 될 것이다. 따라서 이 활동을 할 때에는 대화를 듣고 곧장 맞는 그림을 찾거나 숫자를 쓰라고 하는 것보다 대화를 들려주기 전에 그림을 보면서 묻고 답하는 시간을 가져보자. 그래야 학생들의 영어가 진정한 생활영어로 확장될 수 있을 것이다.

> 🐷 **수업성찰**
>
> 세 번째 수업시간이지만, 교과서의 진도를 나간 건 처음이었다. 오늘 수업은 첫째, 둘째 시간과 같은 소란함과 번잡함 없이 차분하게 진행되었고, 학생들의 모습도 매우 안정적이었다. 오늘의 안정적인 모습을 위해 처음 두 시간의 준비시간이 필요했던 것처럼 말이다.

네 번째 수업,
배움을 더욱 확장시키자!

지금까지 진행해온 활동들을 토대로 학생들은 영어 수업의 진행 방식에 꽤 익숙해졌을 것이다. 이제 기존의 활동들을 응용, 확대함으로써 배움을 좀 더 심화시킬 수 있는 수업을 진행할 필요가 있다.

Cups & Greeting

컵송을 틀어놓은 채 학생들과 가볍게 인사하면서 학생들이 자연스럽게 수업 준비에 임할 수 있도록 학습분위기를 조성한다. 이제는 컵송만 들어도 학생들이 스스로 알아서 척척 수업 준비를 하는 모습을 보여준다.

Activity 1. Look and Say

1차시 듣기를 한 것처럼 그림을 보며 다양한 질문을 하고, 깜깜히 기능으로 한 번 듣고 하고 나서 두 번째 듣기를 하기 전에 교과서에 제시되어 있는 질문을 던졌다. 이것에 대해서는 코티칭 방법에서 언급했던 내용을 참고하기 바란다. 그리고 세 번째 들을 때는 학생들에게 따라 말하게 했다. 시간적으로 여유가 있다면 대화의 역할을 정한 후 소리 없이 역할극을 해보는 것도 의미 있다.

Activity 2. Listen and Repeat

교과서의 듣고 말하기 부분 대화는 대체로 2~3문장으로 짧은 편이다. 겨우 2~3 문장의 대화를 위해 영상을 찍은 것이 아깝다는 생각마저 들 정도이다. 그것을 보충하는 차원에서 사진을 보면서 학생들에게 여러 가지 질문을 통해 활동에 좀 더 의미를 부여할 수 있다. 예를 들면 다음과 같다.

"What's the matter with the boy? What did the boy on the right say to the boy on the left? What did Rora say when she was giving the medicine to the boy?"

Activity 3. Walk and Talk

자세한 활동 방법은 4장의 듣기 활동 중 '01. 몸으로 말해요'(162~165쪽)를 참고하기 바란다.

영어 수업 놀이

수업을 정리할 때 유용한 '두더지 발표'

수업실기발표대회 입상자 공개수업에 참석하여 두더지 발표를 알게 된 후부터는 수업 마무리로 줄곧 이 방법을 사용하고 있다. 예전에 사용하던 방식보다 훨씬 더 재미있고 자연스럽다고 생각하기 때문이다. 또 두더지 발표는 발표자의 표현을 누구나 들을 수 있다는 점에서도 의미가 있다.

활동순서를 간략히 정리하면 아래와 같다.

① 책을 덮는다. (Close your textbooks.)
② 오늘 배운 내용을 생각한다. (Think about what you learned today.)
③ 생각한 것을 공책에 쓴다. (Write your thoughts in your English notebooks.)
④ 모두 일어난다. (Everyone stand up.)
⑤ 쓴 문장을 말한다. (Say what you wrote.)
  -다음 영어시간-
⑥ 복습하는 시간에 자신이 쓴 문장을 읽는다. (What did you learn last class?)

 수업성찰

두더지 발표 때 생각보다 같은 표현을 쓴 학생들이 많았다. 같은 표현을 쓴 학생들 중 대부분이 잘 생각나지 않는다며 칠판에 있는 단원의 제목을 썼다. 그러면서 다른 사람과 쓴 내용이 같다는 말로 발표를 대신하려고 했다. 사회 같은 과목이었다면 같은 내용을 쓴 경우 발표한 것으로 인정해주고 그냥 앉으라고 했을 테지만, 영어라는 과목의 특성상 단 한 마디라도 말을 더 많이 해볼 기회를 주는 것이 의미 있다고 생각했다. 그래서 학생들에게 "한 마디라도 말해보는 것이 목표이므로 같은 문장이라도 직접 말해야 한다."고 안내해주었다.

"또 무엇을 알아두면 좋을까요?"

그저 가르치는 행위 자체로 만족하는 교사는 아마 없을 것이다. 교사는 열정적으로 수업을 진행하지만 정작 학생들이 따라주지 않는 것만큼 허무하고 맥빠지는 일도 없다. 수업이 그저 교사의 일방적인 교수행위에 머물지 않도록, 열심히 준비한 교사의 노력이 공염불로 끝나지 않도록 학생들이 수업에 좀 더 적극적으로 참여하고 더 많이 배우게 하려면 어떻게 수업을 만들어가야 할까? 그래서 이제 이 장에서는 배움의 효과를 높이는 데 도움이 될 만한 몇 가지 방법들을 소개하려고 한다.

Chapter 03

배움의 효과를
배가시키는 데 유용한 방법들

자리 재배치는
어떻게 해야 할까?

배움의 효과를 극대화하려면 수업의 큰 그림, 즉 전체적인 수업 디자인을 어떻게 구성할 것인지가 중요하다. 아울러 학생들이 좀 더 적극적으로 수업에 참여할 수 있도록 환경을 조성해야 한다. 특히 자리 배치는 생각보다 수업에 매우 큰 영향을 미친다. 때론 자리가 마음에 들지 않아서 수업 자체를 싫어하게 되는 경우도 종종 있다. 특히 교사가 학생들의 수준을 어느 정도 파악한 시점에서의 자리 재배치는 매우 중요하다.

대체로 진단평가 후 성적에 따라 자리를 바꾸게 되는데, 71쪽 그림은 이질집단으로 자리 배치를 다시 한 모습이다. 핵심은 학생들을 수준별로 골고루 섞어서 모둠을 구성하는 것이다. 또 다른 학생과 잘 어울리지 못하는 학생은 포용적인 성향의 학생과 앉도록 조정하는 배려도 필요하다.

모둠별 자리 배치도

I	I
B	A

〈Group 1의 예시〉

분단별 자리 배치도

I	A
I	A
I	I
B	A

〈1분단의 예시〉

A: Advanced (81~100점)
I: Intermediate (61~80점)
B: Beginner(60점 이하)

참고로 재미있는 방법을 추천하면 '가위바위보'를 활용하는 것이다. 남학생과 여학생을 모두 복도로 나가게 한 다음 각각 한 줄로 세우고 맨 앞에 서 있는 남학생과 여학생에게 가위바위보를 하게 한다. 그리고 이긴 모둠에게 교실로 가서 앉고 싶은 자리를 찜하고 다시 나오게 한다. 그러고 나서 진 모둠에게 앞에서 이긴 모둠이 한 것처럼 아무 자리나 찜하고 앉게 한다. 뭐랄까? 소개팅 같은 설렘을 준다고 해야 하나? 참고로 필자의 원칙은 남녀가 함께 앉는 것이다.

다만 이 방법의 단점은 모둠이 편향될 수도 있다는 점이다. 특히 잘하는 학생이 특정 모둠에 몰릴 가능성도 배제할 수 없다. 따라서 학생들의 수행 수준이 전반적으로 좋을 때에 한해 단기적으로 이용해볼 것을 추천한다. 또 다른 자리 배치 방법 중 하나는 번호표 뽑기로 같은 숫자를 뽑은 학생끼리 앉게 하는 것이다. 이 방법 역시 학생들에게 우연에 의한 설렘을 안겨준다.

자리 배치 후 너무 편향된 경우에는 교사가 개입해서 조절하는 것이 좋다. 단 교사가 개입할 수도 있다는 내용은 자리를 재배치하기 전 학생들에게 미리 안내해주자. 그래야 교사의 개입에 대한 불만을 줄일 수 있다.

학생들이 서로 대화하고
협동하게 만드는 활동은?

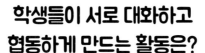

지식의 전달과 습득을 중심으로 한 과거 교육에서는 오직 결과 중심의 상대적 서열화로 학생에 대한 평가가 이루어졌다. 따라서 수업에서도 어쩔 수 없이 학생 개인 간 치열한 경쟁을 조장할 수밖에 없었다.

하지만 현재 세계의 교육은 역량 강화를 중심으로 이루어지고 있는 것이 큰 흐름이고, 이는 우리나라의 교육도 마찬가지다. 지식보다는 창의성, 의사소통, 협동 등의 역량이 강조되는 바, 이제는 개별 경쟁보다는 상호 간 대화와 협력을 통해 더 큰 교육적 시너지를 이끌어내는 것이 주목을 받고 있다. 이를 반영하듯 수업에서도 다양한 방식으로 협동학습이 이루어지고 있는데, 영어는 특히나 자유로운 대화를 중심으로 한 협력이 제대로 이루어졌는지가 배움의 질을 좌우하

영어
수업 놀이

는 주요 요인이다. 아래에 소개하는 몇 가지 활동들은 새로운 모둠을 구성한 후 서먹함을 없애고, 팀워크를 다지는 데 분명 도움이 될 것이다.

풍선 치기

이 활동은 모둠에 풍선을 나눠주고 풍선을 쳐서 바닥에 떨어지지 않도록 하는 것이다. 활동 방법은 모둠원끼리 손을 잡고·잡지 않고 또는 앉아서·서서 할 수 있다. 팀원들 사이의 관계가 아직 서먹서먹할 때 가벼운 신체 움직임이 포함된 이러한 놀이 활동을 적용한다면 함께 어우러져 움직이는 동안 친밀감을 높이고, 아울러 수업에 대한 열린 마음을 갖게 해주는 데도 도움이 된다.

> **✿✿ 교사를 위한 영어 말하기 SECRET**
>
> I will give a balloon to the first person in each group. When I say one, two, three, all of you toss it up gently. It has to be in the air. If your balloon falls before a given time, you will lose a point. If it stays in the air for a given time, I will give you a point. Do you understand? Show me your teamwork. Ready, go!

그림 맞추기

이 활동은 퍼즐을 응용한 것이다. 모둠에 그림 조각을 나눠주고 모둠원끼리 협력하여 그림을 맞추게 하면 된다. 힘을 합쳐 그림을 맞추면서 서로 의견을 주고받는 동안 친구들이 하는 말에 귀를 기울이게 해줄 것이다.

I will give each group a picture, but it is cut into pieces. You should put the pieces together to complete the picture. When you make it, put your hands on your head so that I can see who finishes first. The group that makes it the fastest will get 6 points.

알파벳 순서대로 늘어놓기

이 활동은 모둠에 알파벳 카드를 나눠주고 모둠원끼리 알파벳을 순서대로 배열하게 하는 것이다. 게임을 하듯 재미있게 알파벳을 다루며, 아직 알파벳을 제대로 외우지 못한 아이도 친구들의 도움을 받아 문제를 해결하면서 함께 성취감을 느낄 수 있다.

I will give each group a bag that has alphabets. When I say one, two, three, you should open the bag and put alphabets on the table from A to Z. When you have all the alphabets in order, put your hands on your head. The group that makes it the fastest will get 6 points.

모둠이 구성되고 나면 이 외에도 다른 여러 가지 방법으로 재미있는 활동을 하면서 팀워크를 기를 수 있다.

영어로 소통하는
교실을 만들어가자!

4차 산업혁명이 주도하는 글로벌시대의 인재에게 필요한 역량은 여러 가지가 있겠지만, 그중 대인관계 능력을 빼놓을 수 없을 것이다. 아울러 함께 협력함으로써 얻게 되는 시너지 효과가 큰 주목을 받고 있다. 그러한 차원에서 본다면 영어 교육의 중요한 목표 중 하나는 의사소통 능력의 향상일 것이다. 그렇다면 영어로 수업을 진행하는 것이 목표 언어의 충분한 'input' 제공이라는 측면에서 바람직하다. 그러나 현실적으로 볼 때, 영어 수업을 오직 영어로만 진행하는 데에는 여러 가지 어려움이 있다. 어려움은 크게 둘로 나눠볼 수 있는데, 교사의 영어가 대화를 주도하기에는 약간 부족하다거나 자신이 없는 경우와 반대로 학생들의 이해력이 부족한 경우이다.

• 시행착오와 실수를 두려워하지 말라

만약 교사 스스로 영어에 자신이 없거나 다소 부족한 경우라도 지레 겁먹고 포기하지는 않았으면 한다. 우선 교실영어와 관련된 표현을 익혀서 조금씩 사용하다가 사용량을 점차 늘려가면 된다. 무엇보다 실수를 두려워하지 않는 편안한 마음가짐이 중요하다.

아이가 처음 말을 배울 때, 얼마나 많은 실수와 시행착오를 거치는지는 굳이 언급하지 않아도 잘 알고 있을 것이다. 영어는 학생뿐만 아니라 우리 교사에게도 외국어다. 어떻게 보면 실수하는 게 너무나 당연하다. 학생들 앞에서 실수할까 봐 두려워서 주저하느니 누구나 실수를 두려워하지 않고 자유롭게 표현할 수 있는 분위기를 만드는 것이 훨씬 더 중요하다.

실수에 대한 두려움을 떨치고 꾸준히 표현해보는 것이야말로 교실영어의 성공 비결이다. 실제로 교사가 교실영어를 사용할 때 중요한 것은 발음이나 억양이 아닌 영어 자신감이다. 문법적 오류 등을 지나치게 의식하지 말고 편안하게 영어를 사용하도록 노력해보자.

교실영어사전, 이렇게 활용해보자!

시중에 나와 있는 교실영어 가이드북이나 교사용 지도서를 참고해도 좋다. 좀 더 다양한 표현을 알고 싶어 하는 교사들에게는 아마 《교실영어표현사전》이 도움이 될 것이다. 번역서를 포함해서 몇 종류가 출간되어 있는데, 어느 것이든 교실에서 사용할 수 있는 여러 가지 유용한 표현들을 담고 있다. 그러나 책을 끝까지 읽겠다는 목표는 상당한 인내심이 요구되므로 별로 권하고 싶지 않다. 자신에게 필요한 상황 위주로 골라서 활용해보기 바란다.

• 제스처나 시범 등 시각적으로 학생들의 이해를 도모하라

한편 학생들의 영어 이해력이 부족하여 우리말을 사용해 달라고 요구할 때도 있다. 그럴 때는 바로 우리말로 직접 번역을 해주는 대신에 제스처나 시각적 자료 또는 시범을 보여주는 간접적인 방식으로 이해를 돕는 것이 훨씬 좋다. 활동 방법을 설명한 후 이해를 못할 경우에는 앞서 소개했던 파워 티칭 전략 중 하나인 'Teach-OK.' 방법을 활용하여(16쪽 참조) 짝이나 모둠원과 아는 것을 함께 나누는 시간을 주도록 한다.

• 영어를 곧바로 한글로 번역해주는 것은 금물

교실영어 사용과 관련하여 마지막으로 꼭 강조하고 싶은 것이 있다. 그것은 영어로 말하고 우리말로 곧바로 해석을 해주는 방식만큼은 지양했으면 하는 점이다.

꽤 오랜 시간 학생들에게 영어를 가르쳐본 결과 가르치는 교사에게나 또 배우는 학생에게나 가장 소모적인 방식이 영어로 말하고 우리말로 바로 번역해주는 것이었다. 왜냐하면 교사는 같은 걸 두 번 말해야 하니 두 배로 힘들고, 학생들은 어차피 번역한 걸 들으면 될 테니 영어로 말할 때는 굳이 귀를 기울이지 않기 때문이다. 즉 금세 교사가 우리말로 말해줄 것을 알고, 교사가 영어로 말할 때는 딴청을 부리는 식이다. 이러한 점을 고려할 때 즉각적으로 우리말로 번역해주는 방법은 별로 권장하고 싶지 않다.

"우리 함께 놀면서 재미있게 영어를 배워요!"

이 장을 시작하기 전에 먼저 밝히고 싶은 것은 8개의 영역 구분은 편의상 이루어진 것이라는 점이다. 제시된 활동들을 실제로 수업에서 적용해보면 알겠지만, 듣기/말하기/읽기/쓰기는 통합적으로 이루어진다. 이 장에서 주목할 만한 점은 매 활동마다 도입문을 담았다는 것이다. 캘리그래피의 에피소드에서 적은 것처럼 학생들의 호기심을 유발하고 활동을 하고 싶도록 만들며 활동을 의미 있게 돕는 것이 바로 도입문이다. 실제 현장에서 활동을 시작하기 전에 도입문을 사용해보면 학생들이 활동에 임하는 태도가 달라진다는 것을 분명히 느낄 수 있을 것이다. 이것이 일명 '도입문 효과'라고 하겠다. 이제부터 소개하는 활동들이 여러분의 수업을 좀 더 재미있게 해주고 학생들의 배움을 풍성하게 만들어주기를 기대한다. 자, 그럼 본격적으로 영어와 함께 아이들과 신나게 놀아보자!

Chapter 04

영역별
활동 시크릿

읽기

앞선 활동들을 통해 자신감이 조금 붙었다면 영어 문해력을 길러주는 활동들에 도전해보자. 읽기에 재미를 붙이면 학생들은 자발적으로 다양한 영어 읽을거리를 접하면서 영어에 흥미를 느끼게 된다. 아울러 다양한 읽을거리들을 통해 문법이나 문장 구조를 자연스럽게 습득할 수 있다.

01 행운의 주사위 / 02 품앗이 문장 만들기 / 03 미스터리 문장 만들기 / 04 두근두근, 문장 뽑기 / 05 쿠폰을 찾아라! / 06 신문은 보물창고 / 07 나는야 이야기꾼 / 08 내 마음을 읽어봐! / 09 서바이벌 스탠딩 게임 / 10 영어책은 내 친구

쓰기

어느 정도 듣고 말하고 읽는 데 익숙해진 사람들도 어려워하는 것이 바로 영어 쓰기이다. 여기에서 소개하는 활동들이 학생들로 하여금 당장 능숙한 영작을 하도록 만들어줄 순 없겠지만, 적어도 영어로 쓰기에 대한 두려움을 덜어주고, 쓰기에 재미를 느끼게 해줄 것이다.

01 구깃구깃 종이 농구 / 02 러닝 받아쓰기 / 03 스피드 라이팅 / 04 릴레이 번역게임 / 05 잠자는 코끼리 / 06 참일까, 거짓일까? / 07 종이비행기를 쏴라! / 08 도전, 골든벨! / 09 재기발랄, 알파벳 삼행시 / 10 우리 학교는요…

문법

영문법은 기본적으로 어렵고 지루하다는 편견이 있다. 여기에서 소개하는 활동들은 문법도 얼마든지 재미있게 배울 수 있다는 것을 보여준다. 문법 활동을 준비하기에 앞서 자유롭게 표현할 수 있는 분위기를 마련해주는 것이 무엇보다 중요하다는 것을 잊지 말았으면 한다.

01 미니 그래머 레슨 / 02 척척박사, 문법박사 / 03 스피드 그래머 라이팅 / 04 사이트 워드로 문장 만들기 / 05 움직이는 문법 퀴즈 / 06 'O' 사인/ 07 쌤의 그래머 / 08 피구공 문법놀이 / 09 골라 쓰는 문법 릴레이 / 10 다섯고개

문화와 기타

수업시간에 영미권의 문화를 엿보고 그들의 놀이와 관련된 활동들을 접목해보자. 분명 영어에 좀 더 친근감을 갖게 해줄 것이다. 아울러 평소 우리 주변에서 쉽게 접할 수 있는 몇 가지 놀이를 영어 활동으로 응용해보았다. 익숙한 것들에 대한 새로운 시각을 갖게 해줄 것이다.

01 오싹 감탄 할로윈 파티 / 02 추수감사절에는… / 03 나만의 크리스마스카드 / 04 딱지 치고, 문장 읽고 / 05 신나는 워터 릴레이 / 06 드리블 더 볼 / 07 달걀 속 보물찾기 / 08 감동의 캘리그래피 / 09 나만의 타이포그래피 세상 / 10 나의 롤모델은요~

01 조물조물 클레이 알파벳

준비물	유튜브 동영상, 알파벳 활동지, 클레이		
활동대상	저학년	활동유형	전체활동

활동난도: ★☆☆☆☆

활동을 소개합니다!

학생들은 손을 사용하여 뭔가를 주물럭거리면서 만들며 노는 것을 좋아한다. 특히 나이가 어린 학생들이라면 더욱 그러하다. 이 활동은 학생들에게 친숙하고 또 좋아하는 클레이를 가지고 알파벳을 직접 만드는 것이다. 학생들은 클레이와 노는 동안 자연스럽게 알파벳을 익히게 된다. 알파벳에 익숙해지면 이후 클레이로 단어를 만들어보는 활동으로도 발전시킬 수 있다.

이렇게 시작해보세요!

선생님이 들고 있는 이거 뭐예요? 그래요. 클레이예요. 여러분, 클레이 좋아하지요? 그래서 오늘 선생님이 클레이를 준비했어요. (알파벳이 쓰인 활동지를 보여주며) 이건 알파벳이 적혀 있는 알파벳 활동지예요. 이 클레이와 알파벳 활동지를 가지고 무엇을 할 것 같아요? 맞아요. 오늘은 모둠원들과 클레이로 알파벳을 만들어볼 거예요. A부터 Z까지 알파벳을 만든 모둠은 남은 클레이를 가지고 놀 수 있어요. 재미있겠죠? 클레이를 먼저 받고 싶은 모둠은 바르게 앉아볼까요?

What's this that I am holding? Yes, it's clay. You like clay, right? So I have prepared some **clay** today. (Showing the alphabet worksheet) It has a list of **alphabets**. What do you think we will do with the clay and the alphabet worksheet? You are going to make alphabets with the clay in groups today. The group that finishes making all the alphabets can play with the leftover clay. It sounds fun, right? Let's sit nicely if you want to get clay first.

* 키워드: clay, alphabets

놀이 활동은 어떻게 진행할까요?

　― 클레이와 알파벳 A~Z까지 씌어 있는 활동지를 준비한다.
　― 학생들을 4명이 한 모둠이 되도록 구성한다.

· **활동순서*** ·

① ABC Phonics Chant를 본다.
　I will play the ABC Phonics Chant.

② 클레이를 이용하여 A~Z까지 만든다.
　Make the letters, A to Z with the clay.

③ 클레이로 만든 알파벳을 모둠별로 꾸민다.
　You can decorate the alphabets if you want to.

④ A~Z까지 만든 모둠은 다른 모둠이 만들 때까지 클레이를 가지고 논다.
　You can play with the clay if you are done making the alphabets.

⑤ 모든 모둠이 다 만든 후에 돌아다니며 다른 모둠의 작품을 구경한다.
　Everyone stand up and walk around to see other groups' work.

⑥ ABC Phonics Chant를 들으며 활동을 정리한다.
　Let's wrap up this activity with the chant.

．．．．．．．．．．．．．．．．．．．．．．．．．．．．．

* 활동순서는 한글은 학생, 영어는 교사의 관점에서 기술하였습니다. 이는 이후 소개하는 모든 놀이 활동에서 동일합니다.

클레이로 알파벳을 만드는 모습과 만든 알파벳을 전시한 모습

■ **이것만은 꼭 지켜주세요!**

– 다른 반을 위해 남은 클레이를 서로 섞지 않는다.

Don't mix the leftover clay together. Leave them separated for other classes.

■ **교사를 위한 수업 SECRET**

– 학생들에게 만들 알파벳을 지정해줄 수도 있다.

– 모래를 이용하여 알파벳을 만드는 방법도 있다.

 수업성찰

오늘은 모둠별로 A부터 Z까지 알파벳을 만드는 시간을 가졌다. 개인당 알파벳을 지정해줄까 고민하다가 그건 아무래도 학생들의 자율성을 뺏은 것 같아서 그냥 자유롭게 만들어보라고 했다. 아이들은 믿는 만큼 자란다고 했던가! 다툼 없이 잘 만들더니 꾸며도 되느냐고 물었다. 당연하지! 클레이로 알파벳을 만들고 놀면서 학생들이 자연스럽게 알파벳과 친해지는 모습을 볼 수 있었다.

02 알록달록 색종이 알파벳

준비물	색종이, 활동지 또는 동영상, 재접착풀		
활동대상	저·중학년	활동유형	개별활동

활동난도: ★★☆☆☆

ORIGAMI PAPER
ALPHABETS

활동을 소개합니다!

영어의 기본 알파벳! 한글만큼은 아니라도 알파벳과 스스럼없이 친해지게 만드는 활동이 필요하다. 알파벳과 친해지는 방법에는 여러 가지가 있는데, 앞서 소개한 클레이도 그렇지만 여러 가지 색깔의 색종이로 알파벳을 접는 것도 그중 하나이다. 여기에 안내하는 종이접기에 관한 사이트를 즐겨찾기 해두고 A~Z까지 방법을 인쇄해놓으면 어느 때고 유용하게 활용할 수 있어 편리하다.

이렇게 시작해보세요!

이게 뭐죠? 맞아요. 색종이예요. 색종이는 영어로 'origami paper'라고 불러요. 그럼 색종이로 무엇을 할지 아는 사람 있어요? 아는 사람이 없 군요. 선생님이 힌트를 줄 테니 맞춰봅시다. 우리는 어학실에 있고, 선 생님은 영어 선생님, 여러분은 알파벳을 배우고 있어요. 답이 뭘까요? 맞아요. 오늘은 색종이를 이용해서 알파벳을 접을 거예요. 재미있겠 죠? 알파벳을 접기 전 파닉스 챈트를 들을게요.

What's this? That's right. 색종이 is called 'origami paper' in English. Does anyone know what to do with this origami paper? Seems like nobody knows. Then, I will give you a hint, so guess. We are in the English room, I am an English teacher, and you are learning the alphabets. What's the answer? That's correct. We're going to make the **alphabets** using these **origami papers**. It sounds fun, right? Let's listen to the **phonics chant** before you fold the alphabets.

* 키워드: alphabets, origami papers, phonics chant

놀이 활동은 어떻게 진행할까요?

– 바구니에 색종이를 담아 각 모둠에 놓는다.

– 접는 방법에 관한 활동지를 인쇄해둔다.

· 활동순서 ·

① ABC Phonics Chant를 듣는다.

Let's listen to the ABC Phonics Chant.

② 바구니에서 색종이를 한 장씩 꺼낸다.

Take a piece of origami paper from the basket.

③ 알파벳 접는 방법을 보여주는 활동지를 한 장씩 받는다.

I will give you a worksheet that shows how to fold the alphabet.

④ 색종이를 이용하여 알파벳을 접는다.

Fold the origami papers to make a letter.

⑤ 완성한 알파벳을 교사에게 보여준다.

Show teacher the completed alphabet.

⑥ 원한다면 알파벳을 더 접는다.

You can make more letters if you want to.

⑦ 다 함께 알파벳을 읽는다.

Let's read the letters together.

※ 참고 사이트: http://en.origami-club.com/abc/

영어
수업 놀이

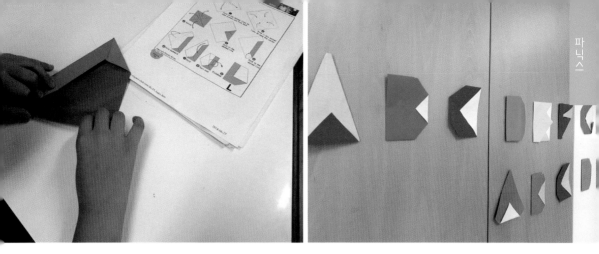

색종이로 알파벳을 접는 모습과 만든 알파벳을 전시한 모습

■ **이것만은 꼭 지켜주세요!**

– 접기가 어려운 알파벳을 받은 학생은 쉬운 알파벳으로 바꿀 수 있다.

You can change your letter to an easier one if you feel that your letter is hard to fold.

■ **교사를 위한 수업 SECRET**

– 활동지만 보고 접기 어려워하는 학생들을 위해 동영상을 보여준다.

– 색종이로 접은 알파벳을 학기 초 어학실이나 교실을 꾸밀 때 활용해도 좋다.

 수업성찰

색종이와 알파벳 접는 방법을 안내하는 활동지를 나눠주고 얼마간 어학실이 쥐죽은듯 정말 조용했다. 학생들이 알파벳 접는 활동에 집중하고 있었기 때문이었다. 그러나 잠시 후 손동작이 빠른 학생들이 접은 알파벳을 들고 나오면서 어학실이 다시 시끌벅적해졌다. 만든 알파벳이 뭔지 물어보고 다른 알파벳도 접어보고 싶은지 물었다. 질문을 받은 학생들은 다른 알파벳도 접고 싶다고 했다. 학생들이 만들어온 알파벳을 재접착풀을 이용하여 차례대로 벽에 붙였다. 칙칙하고 삭막한 벽에 알록달록 봄이 찾아온 느낌이었다.

03 스토리로 배우는 알파블럭스

준비물	유튜브 동영상		
활동대상	저 · 중학년	활동유형	전체활동

활동난도: ★★☆☆☆

ALPHABLOCKS

활동을 소개합니다!

요즘은 자동차나 커피, 신발 같은 상업광고는 물론 공공의 이익을 목적으로 하는 공익광고에 이르기까지 뭔가 스토리를 담아내려고 하는 경향이 있다. 왜냐하면 스토리는 사람들에게 감동을 주고, 그러한 감동은 제품의 구매를 결정하는 데 직접적인 영향을 주기 때문이다. 여기에 소개할 알파블럭스는 비록 짧은 동영상이지만 학생들이 좋아할 만한 스토리를 담고 있어서 알파벳과 알파벳의 소리를 가르칠 때 매우 유용하다.

이렇게 시작해보세요!

Hello, everyone~

여러분이 지금 무엇을 배우고 있는지 알아요? 맞아요. 알파벳과 알파벳 소리에 대해 배우고 있죠. 선생님이 오늘 여러분이 배우고 있는 것과 관련된 재미있는 동영상을 준비했어요. 제목은 '알파블럭스'예요! 혹시 본 사람 있어요? 몇 명이 있군요. 어땠어요? 재미있었나요? 선생님이 부탁 하나 할게요. 이미 본 사람 사람들은 다른 사람들이 보는 동안 조용히 하기. 할 수 있겠죠? 좋아요, 그럼 시작해봅시다.

What are we learning these days? Yes, we are learning about the **alphabet** and the **sounds of the letters**. I have prepared an interesting video clip today that is related to what we are learning. The title is **Alphablocks**! Has anyone seen it? Oh, a few of you have. How was it? Was it fun? Then I'd like to ask you a favor. People who have seen it, please do not spoil it for the others. Can you do it? OK, let's start.

* 키워드: alphabet, sounds of the letters, Alphablocks

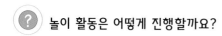

놀이 활동은 어떻게 진행할까요?

– 알파블럭스 동영상을 준비한다

• 활동순서 •

① 'F'와 'V'가 어떤 소리를 내는지 생각한다.

Think about what sound the letter, 'F' and the letter, 'V' make.

② 만약 안다면 두 소리의 차이점에 대해 답한다.

If you know, tell me the differences between the two sounds.

③ 알파블럭스 동영상을 본다.

I will play a video clip called, 'Alphablocks'. While watching, pay attention to the sounds of 'F' and 'V.'

④ 'F'와 'V'가 어떤 소리를 내는지 답한다.

Tell me what sound the letter, 'F' and the letter, 'V' make.

⑤ 'F' 또는 'V' 소리가 나는 단어의 예를 말한다.

Tell me examples of words that start with the 'F' or the 'V' sounds.

※ https://www.youtube.com/watch?v=ddxVtlXwfbg
※ 검색어-알파블럭스 Alphablocks Series 1 16 Fox

※ https://www.youtube.com/watch?v=NINiOxQzgC4
※ 검색어-알파블럭스 Alphablocks 2 40 Van

함께 알파블럭스를 시청하는 모습

- **이것만은 꼭 지켜주세요!**
  - 동영상을 볼 때는 조용히 본다.

    Watch the video clip quietly.

- **교사를 위한 수업 SECRET**
  - 알파블럭스를 동기유발, 본 학습, 정리 활동으로 활용할 수 있다.

 수업성찰

알파블럭스를 틀어주자마자 아이들이 여기저기에서 아는 척을 했다. "선생님, 저 저거 학원에서 봤어요." 많은 사람들이 활용을 한다는 것은 그만큼 유용하고 재미있다는 의미! "선생님, 저 저거 알아요. 재미있어요." 동영상을 보고 나서도 알파블럭스가 재미있다고 합창했다.

04 소리야, 어디어디 숨었니?

준비물	바나나그램스, 단어카드		
활동대상	저 · 중학년	활동유형	모둠활동

활동난두: ★★☆☆☆

FIND LETTER
SOUNDS

활동을 소개합니다!

꼭 책상에 얌전히 앉아서만 알파벳을 익힐 수 있는 건 아니다. 가벼운 신체 활동이 더해지면 오히려 배움의 효과를 배가시킬 수 있다. 이 활동은 학생들이 몸을 움직이며 알파벳과 알파벳 소리를 재미있게 익힐 수 있게 도와준다. 알파벳과 단어카드를 찾아서 교실 곳곳을 돌아다니는 동안 학생들은 알파벳과 그 소리의 차이점을 구분할 수 있고, 해당 단어카드를 찾게 된다.

이렇게 시작해보세요!

Hello, everyone~

선생님이 알파벳을 두 개 가지고 있어요. 손에 들고 있는 알파벳은 뭐죠? b와 p예요. b와 p, 서로 비슷하게 생겼지요? 실제로 소리도 비슷해서 잘못 발음하면 오해를 할 수도 있어요. 그렇기 때문에 두 글자의 소리를 잘 듣고 잘 사용할 수 있어야 해요. 오늘 선생님이 b와 p 소리를 구별할 수 있는 활동 2개를 준비했어요. 첫 번째는 선생님이 말하는 소리를 듣고 맞는 알파벳 찾기, 두 번째는 맞는 단어 찾기. 선생님은 여러분이 이 활동을 통해 두 소리의 차이를 알고 잘 사용했으면 좋겠어요.

I have two letters. What's the letters that I'm holding in my hands? It's a 'b' and a 'p'. The lower case letter of B and that of P look alike, right? In fact, the sounds are similar, so your mispronunciation can lead to misunderstanding. That's why you should listen to the sounds of the two letters and be able to use them correctly. I have prepared two activities that will help you distinguish between b **sound** and p sound. The first activity is to listen to me and find the correct **letters**, and the second activity is to **find** the correct words. I hope you will be able to recognize the difference of the two letters through these activities and use them well.

* 키워드: letters, find, sound

? 놀이 활동은 어떻게 진행할까요?

− 바나나그램스를 준비한다.
− 교실 여기저기에 b와 p로 시작하는 단어를 놓는다.

・ 활동순서 ・

① 교사가 내는 'b(브)' 소리를 잘 듣는다. 'b(브)' 소리를 가진 알파벳을 찾는다.
I will make the 'b' sound. Listen carefully. Find the letter that has a 'b' sound from the bag of alphabets.

② 교사가 내는 'p(프)' 소리를 잘 듣는다. 'p(프)' 소리를 가진 알파벳을 찾는다.
I will make the 'p' sound this time. Listen carefully. Find the letter that has a 'p' sound from the bag of alphabets.

③ 알파벳을 바나나그램스 주머니에 모두 넣는다.
Put all the letters into the bag.

④ 'b(브)'로 시작하는 단어를 교실에서 찾는다.
Find word cards that start with the letter, b, in this classroom.

⑤ 찾은 단어카드를 책상위에 올려놓는다.
Put the word cards that you found on the desk.

⑥ 'p(프)'로 시작하는 단어를 교실에서 찾는다.
Find word cards that start with the letter, p, in this classroom.

⑦ 찾은 단어카드를 책상 위에 올려놓는다.
Put the word cards that you found on the desk.

학생들이 찾은 알파벳과 단어들

- ▪ **이것만은 꼭 지켜주세요!**
  - 한 사람당 하나의 단어만 찾는다.

    You can only find one word card.

- ▪ **교사를 위한 수업 SECRET**
  - 이 활동을 위해 활동 순서의 예시 단어처럼 비슷한 소리끼리 묶는 것이 좋다. 예를 들어 B/V, L/R, M/N, F/V, S/Z이다.
  - 카드를 빨리 가지고 오려고 뛰는 학생들을 위해 순서(예를 들어 1분단부터)를 정해주거나 고양이나 나비처럼 움직이라고 안내한다.

 수업성찰

단어카드를 찾을 때 뛰지 말고 나비처럼 날아다니자고 했다. 하지만 처음에 찾을 때는 그나마 나비 흉내라도 내더니 두 번째 단어카드를 찾으러 갈 때는 뛰는 모습이 눈에 띄었다. 그리고 단어카드를 한 사람에 하나만 찾아오라고 했는데 어떤 학생은 7개나 찾았다며 자랑했다. 다음에는 꼭 두세 번 설명을 해야 할 것 같다.

05 앉았다 섰다, 알파벳 놀이

준비물	유튜브 동영상, 단어 리스트(교사용)		
활동대상	저 · 중학년	활동유형	전체활동

활동난도: ★★☆☆☆

SIT DOWN
STAND UP

활동을 소개합니다!

수업시간에 학생들과 함께하는 약간의 신체 활동은 분위기를 환기시키고 긴장을 적절히 풀어주어 스트레스 해소와 함께 기억력 향상에도 도움을 준다. 몸을 이용해서 알파벳과 알파벳 소리를 익힌다면 재미도 있을 뿐만 아니라, 기억에도 오래 남기 때문에 일석이조의 효과를 기대할 수 있다. 여기에서 소개하는 활동은 'Short E'와 'Long E'를 익히기 위해 신체를 활용한 것의 예시 자료이다.

Hello, everyone~

오늘 배운 소리는 무엇이었나요? 그래요. 'E' 소리였어요. 'E' 소리에는 두 가지가 있었어요. 누가 말해볼래요? 맞아요. 짧은 'E' 소리와 긴 'E' 소리예요. 지금부터 여러분은 짧은 'E' 소리와 긴 'E' 소리를 몸을 이용하여 표현해볼 거예요. 재미있겠죠? 긴 'E' 소리를 어떻게 표현하고 싶나요? 그럼 짧은 'E' 소리는 어떻게 표현하고 싶죠? 자, 그럼 선생님이 준비한 것이 뭔지 잘 들어봐요.

What was the sound you learned today? Yes, it was an E sound. E has two different sounds. Who wants to tell me? That's right. There are short E and long E sounds. From now on, you will use your body to show short and long E sounds. It sounds fun, right? How would you **describe** the **long 'E' sound**? How do you express the **short 'E' sound**? Now, listen to what I have prepared.

* 키워드: long 'E' sound, short 'E' sound, describe

놀이 활동은 어떻게 진행할까요?

– Short E와 Long E 소리에 관한 동영상을 찾는다.
– Short E와 Long E가 들어 있는 교사용 단어 리스트를 만든다.

· 활동순서 ·

① Short E와 Long E 소리에 관한 동영상을 본다.
I will play a video clip about short E and long E sounds.

② Short E와 long E의 예를 몇 가지 듣고 어떤 소리인지 말한다.
Does it have a long E or a short E sound?

③ 만약 짧은 E소리를 들으면 앉고, 긴 E소리를 들으면 일어난다.
If you hear a short E sound, sit down, and if you hear a long E sound, stand up.

④ 단어 리스트에 있는 단어를 반 정도 부를 때까지 계속한다.
It continues until half of the words are called.

⑤ 머리를 숙이고 긴 E 소리를 들으면 손을 든다.
Put your head down and raise your hand if you hear a long E sound.

⑥ 단어 리스트에 있는 단어를 모두 부를 때까지 계속한다.
It continues until all the words are called.

▪ **이것만은 꼭 지켜주세요!**

– 다른 사람을 따라 하지 않는다.
Don't follow others' actions.

	Short E sound	Long E sound
1	let	tree
2	ten	green
3	leg	seed
4	bed	bee
5	well	beak
6	net	meat
7	set	read
8	pet	leaf
9	vet	leap
10	hen	heap

교사용 단어 리스트와 학생들이 머리를 숙이고 손을 든 모습

■ **교사를 위한 수업 SECRET**

  – Short E 소리를 들을 때는 손바닥과 손바닥의 간격을 좁게, Long E 소리를 들을 때
    는 넓게 만들게 하는 방법도 있다.

  – 위의 사진 자료와 같이 교사용 단어 리스트를 준비해두면 어느 때고 알파벳 소리를 가
    르칠 수 있다.

 수업성찰

다른 사람을 따라하는 학생들이 있는 것 같아 고개를 숙이라고 한 후 단어를 불렀다. 첫 번째
단어는 "well"이었다. 짧은 소리이니 손을 들면 안 되는데 손을 든 학생이 두 명 있었다. "와!
한 명도 손을 안 들었네." 그제야 손을 들었던 학생이 손을 빠르게 내렸다. "meat" 이번에는
긴 소리이니 손을 다 들어야 하는데 몇 명이 손을 들지 않았다. "와! 모두 손을 들었네." 이
말에 손을 들지 않았던 몇 명이 손을 들었다. 소리에 대해 모르던 학생들도 이 활동을 통해서
Short E와 Long E 소리를 익힐 수 있었다.

06 징검다리를 건너요!

준비물	그림카드, 훌라후프		
활동대상	저 · 중학년	활동유형	전체활동

활동난도: ★★☆☆☆

STEPPING
STONES

활동을 소개합니다!

학생들은 대체로 수업시간에 가만히 있는 것보다 몸을 적당히 움직이는 활동을 좋아한다. 특히 나이가 어린 학생들일수록 신체를 이용한 활동에 매우 적극적으로 참여한다. 이 활동은 교사가 말하는 알파벳의 소리를 잘 듣고 양발로 징검다리를 밟고 목표점을 향해 뛰어가서 해당하는 소리의 그림카드를 가지고 돌아오면 되는 것이다. 여기에서는 알파벳의 첫소리를 모두 배운 후 활동한 내용을 소개하고자 한다.

Hello, everyone~

선생님이 여러분을 위해 재미있는 활동을 준비했어요. 궁금하죠? 이름하여 징검다리! 징검다리를 영어로 뭐라고 하는지 알아요? 징검 bridge? 재미있네요. 징검다리는 영어로 'stepping-stone'이라고 불러요. 다시 한 번, 뭐라고요? 'stepping stones.' 교실 바닥을 한 번 볼까요? 선생님이 만들어놓은 징검다리 보여요? 재미있겠죠? 그럼 징검다리 건너고 싶은 사람은 손을 들어볼래요? 와, 그럼 우리 빨리 시작해볼까요?

I have prepared a fun activity for you today. Are you curious? It is called, Jinggeomdari. Do you know what Jinggeomdari is called in English? Jinggeom bridge? It's really fun. Jinggeomdari is called, 'stepping-stones' in English. What is it again? 'stepping stones.' Shall we take a look at the classroom floor? Do you see the stepping-stones I made? It looks fun, right? Raise your hand if you want to cross over. Wow, why don't we get started?

* 키워드: Jinggeomdari, stepping-stones, cross over

❓ 놀이 활동은 어떻게 진행할까요?

- 그림카드를 준비하고 두꺼운 종이로 징검다리를 만든다.
- 만든 징검다리를 교실 바닥에 붙이고 훌라후프 안에 그림카드를 놓는다.
- 학생들을 두 모둠으로 나누고 활동 번호를 준다.

⋅ 활동순서 ⋅

① 각 모둠의 1번 학생은 첫 번째 징검다리에 선다.
No. 1 student from each group, stand on the first stepping-stone.

② 교사가 말하는 알파벳의 소리를 잘 듣는다.
Listen carefully to the sound of the alphabet. For example, b, b, bus.

③ 교사가 "go"라고 하면 두 발로 목표점까지 뛰어간다.
Hop to the goal when I say, "go."

④ 교사가 말한 소리에 해당되는 그림카드를 집어든다.
Find and grab the picture card that has the sound you heard.

⑤ 두 발을 이용하여 돌아온다.
Return with your two feet.

⑥ 카드를 교사에게 주고 줄의 맨 뒤에 가서 선다.
Give the card to me and stand in the back of the line.

⑦ 반복한다.
Repeat it until everyone is done.

⑧ 맞는 카드를 찾아 온 경우 포인트 1점을 받는다.
You will get a point for every correct picture card.

활동을 준비한 모습과 학생들이 카드를 잡는 모습

■ 이것만은 꼭 지켜주세요!

– 한 발로 뛴 경우, 그 지점부터 활동을 다시 시작한다.

If you hop with one foot, you need to restart from that point.

■ 교사를 위한 수업 SECRET

– 징검다리는 색지를 코팅해서 사용하거나 원카드를 이용하기 바란다.

– 상황이 된다면 더 넓은 공간, 가령 운동장에서 한 발로 뛰게 하는 것도 좋다.

 수업성찰

원래 계획은 바닥에 앉아 자기 차례를 기다리는 것이었는데 지루할 것 같아 징검다리 근처에 줄을 서라고 안내했더니 모둠원을 도와주는 학생이 있었다. 이 점이 항상 딜레마이다(배려와 허용이 의도하지 않은 방향으로 흐른다). 맞는 카드를 가지고 빨리 돌아왔지만 가르쳐준 모둠에게 포인트를 주지 않고 가르쳐주지 말라고 안내한 후 징검다리와 조금 간격을 두고 서게 했다. 재미있었던 건 마음이 급해 한 발로 뛰는 학생이 몇 명 있었다. 활동이 끝나고 어학실로 돌아와 마무리 활동을 하자고 했더니 "벌써요?" 했다. 보완할 점은 환경 보호라는 거창한 이유로 코팅하지 않은 색지를 사용했더니 구겨지고 찢어져 활동하는 동안 여러 번 다시 붙여야 해서 번거로웠다. 차라리 코팅을 했더라면 좋았을 것이다.

07 엎어라 뒤집어라~

준비물	알파벳 카드 다수, 호루라기		
활동대상	저 · 중학년	활동유형	전체활동

활동난도: ★★☆☆☆

활동을 소개합니다!

이 활동의 아이디어는 사실 체육대회(운동회)에서 가져온 것이다. 체육대회 날,
1학년 학생들이 단체활동으로 했던 이 활동은 교사의 신호를 듣고 운동장 한
가운데에 있는 색깔 카드로 달려가 청군은 파랑색이 위로 가도록, 백군은 빨강
색이 위로 가도록 놓았다. 여기에서는 알파벳과 친해지도록 돕기 위해 활동했
던 것을 소개하고자 한다.

이렇게 시작해보세요!

Hello, everyone~

여러분 영어 배우는 거 재미있나요? 그럼 혹시 알파벳이 모두 몇 개인지 알아요? 맞아요. 모두 26개예요. 선생님이 알파벳 26개와 그 소리는 나중에 가르쳐줄게요. 오늘은 알파벳과 좀 더 친해지는 활동을 할 거예요. 뭔지 궁금하죠? 활동 이름은 '엎어라, 뒤집어라.' 교실 바닥을 한번 볼까요? 선생님이 펼쳐놓은 알파벳이 보이나요? 재미있겠죠? 이 활동에서는 이기는 팀도 지는 팀도 없으니 재미있게 활동에 참여해봅시다.

Are you having fun learning English? Do you happen to know how many letters are in the alphabet? That's right. There are 26 in total. I'll teach you the 26 letters and their sounds later. Today, we're going to do activities that will make you feel closer to the **alphabet**. Do you want to know what it is? The name of the activity is '**Face up or face down**.' Shall we take a look at the classroom floor? Do you see the **alphabet letters** I spread out? It looks fun, right? In this activity, there is no winning group or losing group, so just enjoy the activity.

* 키워드: alphabet, Face up or face down, alphabet letters

– 알파벳을 여러 개 준비해 교실에 펼쳐놓는다.

· 활동순서 ·

① 자신의 모둠(알파벳 찾기 또는 알파벳 숨기기)을 인지한다.
First, I will divide this class into two groups: 'Find the alphabet group', and 'hide the alphabet group'.

② 교사의 안내에 따라 출발선에 선다.
Everyone needs to stand behind the line.

③ 교사가 "go"라고 하면 알파벳 카드로 달려간다.
Run to the alphabet cards when I say, "go."

④ 알파벳 찾기 모둠은 알파벳이 보이게 놓고 알파벳 숨기기 모둠은 알파벳을 뒤집어놓는다.
The 'find the alphabet group' put the alphabet cards face up, and the 'hide the alphabet group' put the alphabet cards face down.

⑤ 교사가 호루라기를 불면 활동을 멈추고 자리로 돌아간다.
Stop the activity and return to your seat when I blow the whistle.

■ 이것만은 꼭 지켜주세요!

– 알파벳카드를 잡고 있거나 숨기지 않는다.
Do not hold or hide the alphabet cards.

활동을 준비한 모습과 활동을 하고 있는 학생들의 모습

- **교사를 위한 수업 SECRET**

  – 영어를 접하는 초기에 하면 좋은 활동이다.

  – 학생들의 수준을 고려하여 알파벳 대신 단어를 활용할 수 있다.

  – 유튜브로 색카드 뒤집기 영상을 보여주고 활동하면 효과적이다.

  – 지나친 경쟁심을 유발할 수 있으니 활동 후 알파벳의 개수를 세지 않는다.

 수업성찰

활동 목적이 알파벳과 친해지기 위한 것이라고 강조했지만, 학생들은 아주 격렬하게 활동에 참여했다. 그뿐만 아니라 활동을 하다 보니 카드가 많이 줄어들어서 이상하다고 생각했는데 "△△하고 00가 카드를 들고 다녀요!"라고 누군가가 말했다. 활동을 잠시 중단하고 확인해보니 두 학생의 양손에 카드가 잔뜩 들려 있었다. 이에 "알파벳카드를 잡고 있거나 숨기지 않는다."라고 다시 안내하고 활동을 재개했다. 말이 통하지 않았던 태국에서는 유튜브로 색카드 뒤집기 영상을 보여주고 활동을 했는데 의외로 원활하게 진행되었다. 유튜브 동영상 덕분인 것 같았다.

08 알파벳 꽃이 피었습니다!

준비물	종이컵, 가위, 풀, 색칠도구, 알파벳 I		
활동대상	저 · 중학년	활동유형	개별활동

활동난도: ★★☆☆☆

활동을 소개합니다!

나이가 어린 학생들의 경우 알파벳 소리를 배운 후 뭔가 재미있는 활동이 이어졌을 때 배운 소리를 스스로 내면화하면서 영어를 더욱 흥미롭게 받아들인다. 바로 이때 시도해보면 좋은 다양한 활동 중 하나로 꽃을 만드는 방법이 있는데, 학생들이 재미있어하고 굉장히 집중해서 참여한다. 여기에 제시하는 알파벳 꽃은 알파벳 I의 소리를 배우고 그 소리를 내면화할 수 있도록 준비한 활동이었다.

Hello, everyone~

지난 시간에 어떤 알파벳 소리를 배웠는지 기억나요? 맞아요. 'H'라는 알파벳을 배웠어요. 'H'는 어떤 소리가 나죠? "허~" 하는 소리가 나요. 그럼 'H' 다음에 어떤 알파벳이 오는지 알아요? 'H' 다음에는 알파벳 'I' 가 와요. 오늘은 알파벳 'I'에 대해서 배울 거예요. 그러고 나서 재미있 는 활동을 할 거예요. 뭔지 궁금하죠? 여기서 잠깐! 재미있는 활동을 하 기 위해서는 우선 알파벳 'I'를 잘 배워야 해요. 준비되었어요?

Do you remember what **alphabet sounds** you learned last time? That's right. You learned the letter, 'H'. What sound does the letter, 'H' make? 'H' makes a "huh" sound. Do you know which letter comes after 'H'? 'I' comes after 'H'. Today, we will learn about the letter, 'I'. Then, we will do a fun activity. Do you want to know what it is? But first, you have to learn the **letter 'I'** well in order to do this activity. Are you ready for it?

* 키워드: alphabet sounds, letter 'I'

– 종이컵, 가위, 풀, 알파벳 I를 준비한다.
– 채송화(ice plant)의 이미지를 준비한다.

• 활동순서 •

① 알파벳 'I'가 어떤 소리를 내는지 듣는다. 알파벳 'I' 소리를 듣고 따라 말한다.
This is the sound of the letter, 'I'. Repeat after me.

② 알파벳 'I'로 시작하는 단어에 무엇이 있는지 말한다.
Do you know what words begin with the letter, 'I'?

③ 어떤 단어가 'I'로 시작되는지 듣는다.
I'll say some words that start with 'I'.

④ 'I'로 시작하는 단어로 채송화가 있음을 안다.
This is a flower called, ice plant. Isn't the name great?

⑤ 종이컵으로 채송화 꽃을 만든다는 안내를 듣는다.
We are now going to make an ice plant with a paper cup.

⑥ 종이컵, 가위, 풀, 알파벳 'I'를 받는다.
I will provide paper cups, scissors, glue sticks, and the letter, 'I'.

⑦ 종이컵을 가위로 자르고 펼친다.
Cut the paper cup with scissors and spread it open.

⑧ 색칠도구로 컵 안 쪽을 색칠한다.
Color the inside of the cup with coloring tools.

⑨ 컵 안쪽에 알파벳 'I'를 붙이고 교사에게 제출한다.
Place the letter 'I' on the inside of the cup and submit it to me.

아이들이 알파벳 꽃에 색을 칠하는 모습과 실제 완성된 알파벳 채송화

■ **이것만은 꼭 지켜주세요!**

　– 가위를 조심해서 사용한다.

　Be careful when you use scissors.

■ **교사를 위한 수업 SECRET**

　– 꽃을 색칠할 때 어떤 색을 사용하건 괜찮다고 안내한다.

　– 꽃 잎 사이즈도 자유롭게 만들도록 안내하는 것이 좋다.

 수업성찰

알파벳과 알파벳 소리를 가르치면서 다양한 활동(조작 활동이나 신체 활동)을 고려하다 종이컵을 이용하여 알파벳 꽃을 만들어보면 어떨까 생각했다. 특히 다행스러웠던 부분은 주변에서 쉽게 볼 수 있는 채송화의 이름이 'ice plant'였다. 이름이 무척 아름다운데다 무엇보다 쉬운 단어로 이루어져 영어를 처음 배우는 학생들에게 소개해도 괜찮을 것 같았다. 비교적 단순하고 쉬운 활동이지만, 학생들이 집중하여 즐겁게 참여했다.

09 색종이 옷을 입혀주세요!

준비물	판다 도안, 검은색 색종이, 풀, 가위		
활동대상	저 · 중학년	활동유형	개별활동

활동난도: ★★☆☆☆

활동을 소개합니다!

알파벳이 가진 소리를 소개하고 따라서 말하는 활동은 영어를 가르칠 때 일반적으로 볼 수 있는 풍경이다. 하지만 이러한 학습 방법은 그리 흥미롭게 들리지는 않는다. 그래서 여기에서 소개하는 활동은 알파벳 P의 소리를 배우고 그 소리로 시작하는 단어 판다(panda)를 색종이 조각을 이용하여 꾸미도록 해보았다. 이러한 활동을 통해 학생들은 배움의 즐거움을 만끽하는 동시에 배운 소리를 자연스럽게 내면화할 것이다.

이렇게 시작해보세요!

여기 보세요. 선생님이 그린 그림인데 무슨 동물 같아요? 맞아요. 판다예요. 판다는 오늘 배운 글자 P로 시작하는 단어죠. 그런데 이 판다가 옷을 얇게 입고 나와서 너무 춥대요. 선생님은 여러분이 검은색 색종이로 판다의 옷을 만들어주면 좋을 것 같아요. 그럼 판다 몸으로 찬바람이 들어가지 않아 따뜻하게 지낼 수 있을 거예요. 자, 그럼 시작해볼까요? 판다에게 옷을 입혀주는 동안 오늘 배운 글자 P와 그 소리에 대해 생각하길 바라요.

Look here. I drew this picture. What animal does it look like? That's right. It's a panda. The word, panda, starts with the letter, 'P', as we learned today. But this panda is so cold because it's wearing thin clothes. I think it would be nice for me to make clothes for the panda with a black colored paper. Then, the panda will be warm because the wind won't go through. Shall we move on? While making clothes for the panda, I hope you think about the letter, 'P' and its sound.

* 키워드: colored paper, sound, letter 'P'

─ 판다 도안을 준비한다.
─ 색종이, 풀, 가위를 준비한다.

· 활동순서 ·

① 알파벳 'P'가 어떤 소리를 내는지 듣는다.
  Listen to what sound the letter, 'P' makes.

② 교사를 따라 말한다.
  Repeat after me.

③ 알파벳 'P'로 시작하는 단어에 무엇이 있는지 말한다.
  Let's talk about words that start with the letter, 'P'.

④ 판다 도안, 색종이, 풀, 가위를 받는다.
  I will give each of you a picture of panda, some black colored papers, a glue stick, and a scissor.

⑤ 색종이를 자른다.
  Cut the black colored papers into pieces.

⑥ 판다의 검은 색 부분에 색종이 조각을 붙인다.
  Glue the pieces on the black part of the panda's body.

⑦ 완성한 후 동물의 이름을 쓴다.
  Write the name of the animal when you are done.

색종이를 자르는 모습과 판다를 꾸미는 모습

■ **이것만은 꼭 지켜주세요!**

- 가장 먼저 할 활동은 색종이를 자르는 것이다.

  The first thing you need to do is to cut the black colored paper.

■ **교사를 위한 수업 SECRET**

- 색종이를 자를 때는 바구니나 활동지 등을 받치고 자르게 한다.
- 시간이 부족한 경우 판다의 목 부분만 색종이를 붙이게 하는 방법도 있다.

 수업성찰

학생들의 활동 시간이 부족할 것 같아 첫째 시간에 활동한 반의 경우는 색종이를 잘라주었다. 그러다가 두 번째 시간부터는 색종이를 몇 장씩 주고 직접 잘라보게 했다. 한 장씩 들고 서툴게 삐죽삐죽하게 자르는 학생도 있었지만, 많은 학생들이 몇 장을 집어 들더니 가로 세로로 잘 잘랐다. 개별활동이었지만 활동 재료를 나눠 써야 해서 모둠원들과 같이 앉게 했는데, 도란도란 이야기를 나누면서 즐겁게 활동에 참여했다. 시간이 허락된다면 판다 외에 다른 동물들도 색종이로 꾸며보면 재미있을 거라는 생각이 들었다.

10 알파벳은 노래를 타고

준비물	유튜브 동영상, 알파벳카드		
활동대상	저학년	활동유형	전체활동

활동난도: ★☆☆☆☆

활동을 소개합니다!

이 활동은 단어가 가진 소리, 즉 파닉스(Phonics)를 가르칠 때 특히 유용하다. 우선 교사가 알파벳카드 26개를 학생들에게 무작위로 한 개씩 나눠준 후에 느린 버전으로 된 'ABC 노래'를 들려준다. 그 후 두 번째 'ABC 파닉스 송'을 들을 때 학생들은 자신이 가진 알파벳을 들고 자리에서 일어나 카드를 흔들거나 교실을 걷는다. 이후 이 활동에 익숙해지면 자신이 가지고 있는 알파벳을 들고 교실 앞으로 나와서 단어를 만들게 한다.

Hello, everyone~

여기 좀 보세요. 선생님이 오늘은 A부터 Z까지 알파벳 카드를 가지고 왔어요. 그럼 모두 몇 개일까요? 맞아요. 26개예요. 다 같이 읽어볼까요? 잘 했어요. 사실 알파벳 카드를 가지고 할 활동은 읽기가 아니었어요. 그럼 어떤 활동을 할까요? 궁금한 사람은 손을 들어보세요. 손 든 사람부터 알파벳 카드를 나눠줄게요. 알파벳을 받은 사람은 자신의 알파벳카드에 어떤 글자가 적혀 있는지 잘 기억하세요. 그래야 활동을 잘 할 수 있거든요.

Look here. Today, I brought these **alphabet cards** from A to Z. How many letters are there in total? That's right. Twenty-six. Let's read them all together. Well done. Actually, today's activity is not a reading activity. What kind of activity shall we do? Raise your hand if you are curious. I'll give out the alphabet cards starting from the person who raises his/her hand. When you get an alphabet card, remember your **letter**. It'll make the activity more fun.

* 키워드: alphabet cards, letters

놀이 활동은 어떻게 진행할까요?

– 유튜브에서 ABC 노래와 ABC Phonics Song을 찾는다.
– 알파벳카드 26개를 준비한다.

· 활동순서 ·

① 'ABC 노래'를 부른다.
  Let's sing the 'ABC Song.'

② ABC 파닉스 노래를 듣는다.
  Listen to the 'ABC Phonics Song.'

③ 알파벳 카드를 받는다.
  Take an alphabet card.

④ 자신의 알파벳이 나올 때 카드를 들고 일어나 흔든다.
  Stand and shake your card when you hear your alphabet.

⑤ 이번에는 동영상에서 자신의 알파벳이 나오면 카드를 들고 일어나 교실을 걷는다.
  At this time, stand and walk around the classroom holding your alphabet card when the video clip shows your alphabet.

⑥ 자리로 돌아가 앉는다.
  Go back to your seat.

※ 참고 사이트: https://www.youtube.com/watch?v=ezmsrB59mj8 〈ABC Song & ABC Phonics Song〉

알파벳을 들고 자리에서 일어나고, 알파벳으로 단어를 만든 모습

- **이것만은 꼭 지켜주세요!**

  - 알파벳을 두 개 받은 사람은 두 번 일어난다.

    Stand or walk twice if you got two alphabet cards.

  - 알파벳을 두 개 받은 사람은 교실 앞으로 두 번 나온다.

    If you got two alphabet cards, come to the front twice with both cards.

- **교사를 위한 수업 SECRET**

  - 학생 수가 알파벳 수보다 적으면 2장씩 나눠주고 학생 수가 많으면 알파벳카드를 더 만들거나 교사 도우미로 활동하게 한다.

 수업성찰

파닉스(Phonics)를 가르치는 것은 중요하다. 왜냐하면 읽기의 시작점은 단어가 가진 소리를 아는 데서 출발하기 때문이다. 그런 이유에서 파닉스를 가르칠 때 학생들이 좋아하고 신나게 참여할 활동으로 뭐가 있을까 고민하게 되었다. 이 활동은 그러한 고민에서 나온 것이다. 몸을 움직이고 알파벳이 가진 소리를 익히고 단어를 만들어본 경험은 분명 학생들의 기억에 오래도록 남을 것이다.

01 공 던지고, 단어 잡고!

준비물	공(Chapter 1의 수업 자료 참고)		
활동대상	저·중·고학년	활동유형	전체활동

활동난도: ★★★☆☆

활동을 소개합니다!

영어 수업을 해보면 매 시간마다 학생들이 또 하자고 조르는 활동이 있다. 1년 내내 해도 질리기는커녕 계속 하자고 할 만큼 학생들이 좋아하는 것이 바로 이 활동이다. 학생들은 공을 가지고 노는 동안 새로 나온 단어와 교과서에 나오는 캐릭터의 이름 등은 물론 어려운 단어도 쉽고 재미있게 익힌다. 이 활동은 다양하게 응용할 수 있는데, 학기 초 학생들의 이름을 외우는 데 활용하면 교사에게도 매우 유용한 활동이 될 것이다.

─────────────────────────────────────── Hello, everyone~

오늘은 여러분의 선배들이 뽑은 최고의 활동을 소개하려고 해요. 궁금하죠? 짜잔~ 바로 이 공을 이용한 놀이에요. 이 공놀이는 일명 '교실 피구'라고 해요. 피구 재미있죠? 피구만큼 공놀이도 재미있어요. 선생님이 확신할 수 있는 건 여러분들도 이 활동을 무척 좋아하게 될 거라는 거에요. 아마 매일 하자고 조를지도 몰라요. 이 활동을 통해서 여러분은 단어를 재미있게 익힐 수 있어요. 심지어 아주 어려운 단어조차 쉽게 익힐 수 있답니다. 지금부터 활동 방법을 보여줄 거니까 잘 들으세요.

Today, I'm going to introduce you the best activity that your seniors have chosen. Aren't you curious? Ta-da~ It's a game using this **ball**. This **ball game** is called, 'Class Dodge Ball.' Isn't dodge ball fun? Playing the ball game is as fun as playing dodge ball. I am sure that you will love this activity. Maybe you will beg to play it every day. Through this activity, you will learn the words in a fun way. You will even be able to learn difficult **words**. I'll show you how to play, so listen carefully.

* 키워드: ball, ball game, words

? 놀이 활동은 어떻게 진행할까요?

• 활동순서 •

▶1단계 - 새로운 단어를 익힐 때

① 새 단어 세 개, 예컨대 삼각형, 사각형, 직사각형을 칠판에 쓴다.
There are three new words. For example, triangle, square, and rectangle.

② 분난멸로 원하는 단어를 고르게 하고 그 단어가 그룹의 이름이라고 말한다.
Group 1, choose a word among the three to be the name of your group.

▶2단계 - 어려운 단어를 익힐 때

① 어려운 단어의 철자를 묻는다.
How do you spell San Francisco?

② 샌프란시스코를 세 부분(세 분단용)으로 나눠 칠판에 쓴다. 분단별로 원하는 단어를 고르게 한다.
I will divide the word, San Francisco, into 3 parts. Each group can choose a part.

[공통]

③ 고른 단어를 기억하는지 확인한다.
Group 1, 2, 3, what is your group name?

④ 수업 날짜와 같은 번호인 학생은 공을 받는다. 자리에서 일어난다.
Today is the 5th, so who is no.5? You can start the game. Everyone, please stand up.

■ 이것만은 꼭 지켜주세요!

– 공을 던질 때는 두 손을 사용한다.
Use two hands when you throw the ball.

– 공을 3초 내로 던져야 한다. 공을 오래 잡고 있으면 안 된다.
You should throw the ball in three seconds. Don't hold it for too long.

– 만약 공을 너무 높게, 낮게, 짧게 던지면 아웃이다. 아웃되면 자리에 앉는다.
If you throw the ball too high, too low, or too short, then you are out.

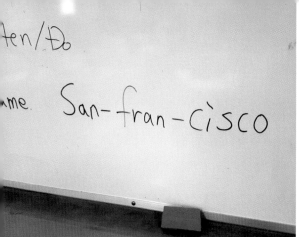

긴 단어를 나누어 쓴 모습과 공을 던지며 단어를 공부하는 모습

▪ 교사를 위한 수업 SECRET

- 학생들과 공을 주고받으면서 규칙을 하나씩 설명할 수도 있다.
- 분단별로 이름을 주면 분단별로, 모둠별로 이름을 주면 모둠별로, 학생들의 이름을 이용하면 개별로도 활동할 수 있다.
- 아웃되면 자리에 앉으라고 말합니다.

 수업성찰

계획에 없었는데 남학생 몇 명이 어학실로 들어오면서 공놀이를 하자고 졸랐다. 학생들의 말을 짐짓 모른 체 하고 계획한 대로 수업을 진행했는데, 마침 5분 정도 여유시간이 생겼다. 이에 공놀이에 활용할 단어를 교과서의 읽기 지문에서 고르고 샌프란시스코(San Francisco)의 스펠링을 물었다. 선뜻 대답하는 학생이 없어 페이지를 말해주니 그제야 자신 있게 말하기 시작했다. 학생들이 말하는 스펠링을 공놀이를 위해 세 부분(San-Fran-cisco)으로 나누고 즐겁게 볼게임을 진행했다.

02 나는야 워드 메이커

준비물	이면지		
활동대상	저·중·고학년	활동유형	전체활동

활동난도: ★★★☆☆

활동을 소개합니다!

조금만 방심해도 교실에 계속 쌓이는 처치 곤란 이면지, 이것을 잘라서 단어 만드는 활동을 해보면 어떨까? 이 활동은 영어를 처음 배우는 학습자부터 오랫동안 배워온 학습자에 이르기까지 누구나 재미있게 단어를 익힐 수 있는 방법 중하나이다. 운이 좋으면 내가 쓴 철자가 친구들이 쓴 철자와 만나 단어를 만든 주인공이 될 수 있다. 자, 오늘의 워드 메이커는 누구일까?

Hello, everyone~

한글단어와 마찬가지로 영어단어들도 알파벳 철자들을 조합해서 만들어요. 예를 들어볼까요? '사과'를 만들어야 하는데 '사'-'사' 또는 '과'-'과'만 만난다면 어떨까요? 단어가 만들어지나요? 아니면 '사'-'사'-'사', '과'-'과'-'과'는? 아무리 많은 철자가 모인다고 해도 의미가 없게 돼요. 이번에는 영어로 예를 들어볼까요? '~위에'라는 의미를 가진 on을 만들어야 하는데 o-o-o 또는 n-n-n만 만나면 어떻게 되나요? 자, 그럼 지금부터 단어를 만들어볼까요?

Just like Korean **words**, English words are made by combining alphabet letters. Let me give you an example. What if you are trying to make the word, sagwa. Is it right to put sa with sa, and gwa with gwa (sa-sa and gwa-gwa)? Can you make the correct word? What about sa-sa-sa or gwa-gwa-gwa? No matter how many letters you put together, it doesn't make sense. Now, let me give you an example in English. I have to make the word, 'on,' which means '~위에,' but what happens if only o-o-o or n-n-n meet? Now, let's **make** a word.

* 키워드: words, make

‒ A4용지를 1/8 사이즈 정도로 미리 잘라둔다.

· 활동순서 ·

▶1단계 - 예시

① 종이를 받고 이름을 쓴다.
When you get a piece of paper, write your name on it.

② Dog의 철자를 확인한다.
How do you spell the word, dog? I will write it on the board.

③ 종이에 쓰고 싶은 철자 하나를 쓴다.
Choose a letter from the word, dog, and write it on the paper.

④ 종이를 모은다.
Please gather the papers. I will shuffle them.

⑤ 단어 dog가 만들어지는지 본다.
I'll see if the word, dog, can be made using the letters I pick out.

▶2단계 - 실전

① 칠판의 단어를 읽는다.
How can we read the word?

② 종이에 쓰고 싶은 부분 하나를 쓴다.
Choose a syllable from the word, Halloween, and write it on the paper.

③ 단어 dog와 같은 방법으로 Hal-low-ween이 만들어지는지 확인한다.
Let's see if you can make the word.

④ 단어가 만들어진 카드의 주인공 3명이 포인트를 받는다.
The person who makes the word will get a point.

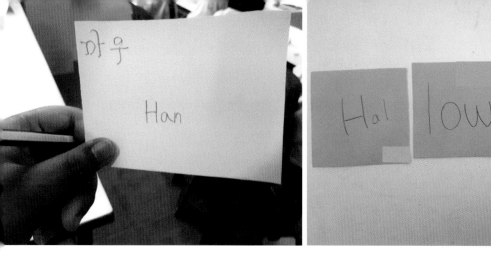

한글 중 한 글자만 쓴 모습과 행운의 주인공들

- **이것만은 꼭 지켜주세요!**
  - 한 글자 또는 한 묶음만 쓴다.

    Write a letter or a syllable on the paper.
  - 종이를 접지 않는다.

    You don't need to fold the paper.

- **교사를 위한 수업 SECRET**
  - 긴 단어를 활용할 경우 위의 예시처럼 음절 단위로 잘라서 제시한다.
  - 시간이 있을 때 이면지를 잘라두면 언제든 활용할 수 있다.
  - 활동 방법을 쉽게 보여주는 방법으로 우리말 단어, 예컨대 '사과'를 이용한다.

 수업성찰

교사가 종이를 걷고 섞은 후 단어를 부르기 시작하자 뭔지 알겠다는 듯 학생들이 활동에 집중했다. 마침내 d-o-g 철자를 순서대로 부르고 종이 세 장을 칠판에 붙이자 누구의 카드인지 무척 알고 싶어했다. 연습 게임이 끝나고 단어 할로윈을 만들 때는 학생들의 표정이 더욱 진지해졌다. 행운의 주인공 세 명의 이름이 불리자 학생들 사이에는 기쁨과 아쉬움이 교차했다.

03 타이밍을 잡아라, 눈치 게임 1

준비물	없음		
활동대상	저 · 중 · 고학년	활동유형	전체활동

활동난도: ★★★☆☆

NOONCHI
GAME 1

활동을 소개합니다!

'눈치 게임'은 이미 잘 알고 있을 것이다. 이 활동의 기본 규칙은 처음에 누군가 숫자 1을 먼저 말하면 그 다음 누군가가 2, 3, 4를 이어서 말하는 것이다. 동시에 같은 숫자를 말하거나 마지막까지 숫자를 말하지 못하면 지게 된다. 따라서 이 활동에서 가장 중요한 것은 바로 타이밍이다. 여기에서는 서수를 이용하여 눈치 게임 한 것을 소개하고자 한다. 학생들은 게임을 하는 동안에 자연스럽게 서수를 익히게 된다.

이렇게 시작해보세요!

Hello, everyone~

여러분, 눈치 게임 좋아해요? 많은 학생들이 좋아하는군요. 해봤어요? 그럼 어떻게 하는지도 잘 알겠네요. 눈치 게임은 하는 것도 재미있지만 구경하는 것도 재미있죠. 오늘 눈치 게임을 하려고 하는데 재미있겠죠? 처음에는 게임 방법을 잘 알지 못하는 사람을 위해 숫자 1,2,3으로 할 거예요. 그리고 활동에 익숙해지면 최근에 배운 서수를 활용할 거예요. 먼저 서수를 순서대로 말해보세요. 선생님이 우리말로 할게요. 여러분은 영어로 말해보세요. 첫 번째, 두 번째, 세 번째… 준비된 것 같은데, 그럼 시작해볼까요?

Do you like playing the 'Noonchi game'? Many of you like it. Have you played it before? Then you know the rules. It's fun to play, but it's also fun to watch. We are going to play 'Noonchi game' today. Are you excited? We will practice with the **numbers** 1, 2, 3 at first because not everyone knows how to play the game. And when you get used to it, we will use the ordinal numbers, which you learned recently. First, let's say the **ordinal numbers** in order. I will say them in Korean, and you should say them in English. First, second, third… I think you are ready. Shall we start now?

* 키워드: Noonchi game, numbers, ordinal numbers

— 서수로 활동하기 전 숫자 1,2,3으로 눈치 게임을 한다

• 활동순서 •

① 모두 자리에서 일어난다.
Everyone, stand up.

② 앉을 때 숫자 하나를 말한다. 예를 들면 "first"이다.
As you sit, you should call out a number. For example, "first."

③ 그 다음 학생은 앉을 때 "second"라고 말한다.
The next person to sit should call out the next number, "second."

④ 한 명 또는 두 명의 학생이 남을 때까지 활동을 반복한다.
Continue the game through many rounds until one or two students are left standing

⑤ 만약 두 명이 남았다면 가위 바위 보를 한다.
If there are tow playes left, then they will do rock-scissors-paper.

▪ **이것만은 꼭 지켜주세요!**

— 동시에 2명 이상 앉으면 아웃이다.

If two or more of you sit down at the same time, all of you are out.

— 틀린 사람이 있으면 그 다음 숫자를 말한다.

When someone is out, players should continue with the next number.

— 각 라운드마다 마지막에 남은 사람은 아웃이다.

In each round, the last person to be standing is out.

게임 전 자리에서 일어난 모습과 아웃되어 교실 앞으로 나간 모습

▦ 교사를 위한 수업 SECRET

- 알파벳, 요일 또는 달의 이름으로 응용할 수 있다.
- 자리에서 모두 일어나게 하고 활동을 하는 것이 좋다.
- 아웃된 경우 교실 앞으로 나오라고 한다.
- 숫자를 맞게 말하고 앉은 사람은 다음 라운드 시작 전까지 앉아 있도록 안내한다.

 수업성찰

숫자 1,2,3을 이용하여 활동을 하고 서수로 하자고 했을 때 학생들이 어렵다며 거부했다. 흔히 +1의 학습난도가 가장 이상적이라고 하는데 어쩐지 게임은 예외인가 보다. 그렇지만 계획한 소정의 목표(서수를 알도록 하는 것)을 위해 활동을 밀어붙였다(?). 서수로 할 때 활동 속도가 약간 늦어지기는 했지만 다행히도 활동하는 내내 학생들이 즐거워했다.

04 숨은 단어 찾기

준비물	교과서, 화이트보드, 마커, 지우개		
활동대상	저 · 중 · 고학년	활동유형	모둠활동

활동난도: ★★★☆☆

활동을 소개합니다!

학생들이 배우는 영어 교과서에는 어떤 단어들이 들어 있을까? 가장 긴 단어는 무엇이고 'painter'처럼 'a', 'e', 'i'가 들어간 단어는 무엇일까? 물론 테스트를 통해서 확인하는 방법도 있겠지만, 좀 더 재미있는 활동으로 발전시킬 수 있다. 이 활동은 배운 내용을 상기시킬 때 좋은 활동으로, 교과서를 끝내고 그동안 무엇을 배웠는지 복습할 때 좋다. 여기에서는 1학기말에 활동했던 결과물을 담은 것이다.

영어
수업 놀이

이렇게 시작해보세요!

_____ Hello, everyone~

지난 시간에 끝냈는데 선생님이 무엇을 하려고 교과서를 가지고 오라고 했을까요? 아는 사람 있어요? "교과서 쌓기를 할 거라고요?" "모아서 버리려고요?" 아니에요. 오늘 선생님이 교과서를 활용한 재미있는 활동을 준비했어요. 엄청 궁금하다고요? 미안하지만 지금은 말해줄 수 없어요. 지금 말해주면 활동이 너무 쉬워질 수 있거든요. 조금만 기다려요. 각 모둠에 화이트보드, 마커, 지우개를 나눠주고 나서 말해줄게요. 모둠의 2번 학생은 앞으로 나와서 준비물을 가지고 가세요.

We finished the textbook last time, but why did I tell you to bring it? Does anybody know? "We're going to make a tower with the textbooks?" "We are going to collect and throw them away?" No. Today, I have prepared a **fun activity** using all of your **textbooks**. Are you curious? I'm sorry, but I can't tell you right now. If I tell you now, it will be too easy to do. Hold on a minute. I'll hand out white boards, markers and erasers to each group, and tell you about the fun activity. No. 2 students from each group come to me and take the materials.

* 키워드: fun activity, textbooks

　— 학생들을 4명이 한 모둠이 되게 구성한다.

　— 학생들의 수준을 고려하여 시간을 세팅한다.

· 활동순서 ·

① 교과서에서 가장 긴 단어를 찾는다.

　Find the longest word in the textbook.

② 찾은 단어를 화이트보드에 쓴다.

　Write the word you found on your white board.

③ 화이트보드를 뒤집어놓는다.

　Turn your white board over.

④ 모둠별로 한 명씩 교실 앞으로 나와 찾은 단어를 말한다.

　A person from each group comes to the front with the white board and say the word.

⑤ 가장 긴 단어를 찾은 모둠은 1점을 얻는다.

　The group that finds the longest word gets a point.

■ 이것만은 꼭 지켜주세요!

　— 교과서의 낱말사전을 보지 않는다.

　Don't look at the word list in the back of the textbook.

'o'가 두 번 들어간 단어와 'r'이 두 번 들어간 단어

▪ 교사를 위한 수업 SECRET

- 빨리 쓴 그룹에게 따로 포인트를 주지 않는다. 왜냐하면 단어를 찾고 익히는 데 의미를 둔 활동으로 만들기 위함이다.
- 활동할 때 사용하는 교실영어 예를 들어 "r이 두 번 들어 간 단어를 찾아라."는 "Find a word with two 'r's."라고 하면 된다.
- 활동 전 교과서를 훑어보며 학생들에게 찾게 할 단어 목록을 적어두면 좋다(예를 들어 inventor처럼 e, i, o가 들어간 단어, about처럼 ou가 들어간 단어, cook처럼 o가 두 번 들어간 단어, worried처럼 r이 두 번 들어간 단어, banana, pajama처럼 a가 세 번 들어간 단어 등).

 수업성찰

이 활동을 할 때 Grandparent's라는 단어를 찾아와 가장 긴 단어라고 말한 모둠이 있었다. 여기서 두 가지 실수를 하고 마는 영어 선생님! (바로 저입니다!) 아포스트로피(')를 단어로 계산했고 복수로 끝나는 단어 예를 들어 Grandparents 같은 경우는 아포스트로피(')가 s 뒤에 붙는다는 것을 잊고 해당 모둠에게 포인트를 주었다. 활동을 마치고 깨달은 건 아포스트로피(')는 단어가 아니라는 것. 지금 생각해도 스스로에게 어처구니가 없다.

05 퐁당퐁당, 노랫말에 빠진 단어

준비물	PPT		
활동대상	중 · 고학년	활동유형	개별활동

활동난도: ★★★★☆

WORDS
IN SONGS

활동을 소개합니다!

교과서에 새로 등장하는 단어를 소개하는 방법은 다양하다. 여기에서는 노래를 활용하는 방법을 소개하고자 한다. 이 방법은 노래와 노랫말의 일부분을 들려주고 학생들이 노래를 듣는 동안 제시된 노랫말에서 빠진 부분을 추측하게 하는 것이다. 학생들은 빈 칸에 들어갈 단어가 무엇일지 맞추면서 동시에 새로운 단어도 익힐 수 있는 꿩 먹고 알 먹는 활동이다.

이렇게 시작해보세요!

Hello, everyone~

여러분 노래 좋아하죠? 선생님은 요즘에 에드 시런(Ed Sheeran)의 'Perfect'라는 곡을 자주 듣고 있는데, 여러분은 요즘 어떤 노래를 듣고 있어요? 오늘 여러 가지 노래를 들으면서 3단원에서 나오는 새로운 단어를 알아볼 거예요. 기대되지요? 노래 신청도 받으니까 활동이 끝나고 마음에 드는 가수의 이름과 노래 제목을 말하세요. 자, 그럼 시작해볼까요? 참! 영어 공책 다 가지고 왔죠? 준비해주세요.

Do you like **songs**? I often listen to Ed Sheeran's song, 'Perfect.' What are you listening to these days? Today, we will listen to a variety of songs and learn new **words** from Lesson 3. Are you excited? I will also get requests for songs. After this activity, tell me the name of the singer or the title of the song you want to listen to. Now, shall we start? Oh! Did all of you bring your English notebooks? Be ready.

* 키워드: songs, words

− 교사는 교과서의 새로 나온 단어가 들어있는 노래를 찾는다.

− 찾은 노래를 넣어 PPT를 만든다.

• 활동순서 •

① 영어 공책을 편다.

Open your English notebooks.

② 빈칸이 두 개 있는 노래가사를 확인하고 같은 단어가 들어간다는 것을 기억한다.

The same word goes in all blanks.

③ 노래를 들으면서 빈칸에 들어갈 단어를 쓴다.

While you listen to the song, fill in the blanks with the correct word.

④ 답을 확인한다.

What's the answer?

⑤ 맞은 답이 몇 개인지 대답한다.

Who got all correct answers? Who got 9 correct?, Who got 8 correct?, Who got 7 correct?

▨ **이것만은 꼭 지켜주세요!**

− 틀린 답은 공책에 정답을 쓴다.

For every wrong answer you have, write the correct answers in your notebook.

Song #3 _____ of stars
Are you shining just for me?
_____ of stars
There's so much that I can't
see

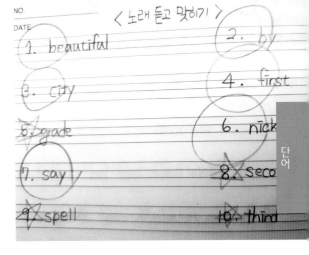

빈칸은 두 개, 답은 하나인 경우와 공책에 답을 쓰고 확인한 모습

■ **교사를 위한 수업 SECRET**

‒ 노래를 들려줄 때는 학생들의 수행 정도를 확인하여 한 번 또는 두세 번 들려준다.
‒ 활동이 끝나고 나면 듣고 싶은 노래를 한두 곡 고르게 한 후에 시간이 허락하는 대로
들려준다.

 수업성찰

사실 노래를 통해 단어를 소개하는 것이 좋은 건 알지만 매번 실천하지는 못했다. 무엇보다
이 활동을 하다 보면 진도가 늦어지기 때문이다. 그래서 이번에는 1,2,3,4단원을 끝내고
복습할 겸해서 이 활동을 하게 되었다. 빈칸의 단어를 맞춰보려고 집중하는 학생들의 진지한
모습을 보는 것도 좋았고, 들리는 대로 적은 틀린 대답을 확인하는 모습도 재미있었다.

06 너랑나랑 끝말잇기

준비물	마커		
활동대상	중 · 고학년	활동유형	남녀 모둠활동

활동난도 : ★★★★☆

활동을 소개합니다!

여기에서 제시하는 끝말잇기는 교사가 칠판에 단어 하나를 제시하는 것으로 시작된다. 그 다음은 학급을 두 모둠으로 나누고 먼저 활동할 모둠을 정한다. 활동을 먼저 하는 모둠의 한 사람이 앞으로 나와 교사가 쓴 단어 끝의 철자를 이용하여 단어를 쓰면 상대 모둠은 앞의 모둠이 쓴 단어 끝의 철자를 이용하여 단어를 만든다. 그렇게 꼬리에 꼬리를 물고 앞사람의 단어 끝 철자를 이용해 단어를 이어 쓰면 된다.

이렇게 시작해보세요!

Hello, everyone~

여러분 끝말잇기 알죠? 영어로는 'Word chain' 또는 'Last and First'라고 해요. 어린 아이들이 좋아하는 놀이인데 여러분도 좋아하는지 궁금하네요. 혹시 영어로 끝말잇기 해봤어요? 학원에서 해봤다고요? 그럼 선생님이랑 대결 한 번 해볼까요? 선생님이 'Love' 할게요. (활동 후) 잘 하는데요. 게임 방법을 알았으니 이제 여러분끼리 해보면 어떨까요? 재미있겠죠? 그럼 시작해볼까요?

Do you know about **Kkeunmaritgi**. It is called, '**Word Chain**' or '**Last and First**' in English. It's a game that young children like to play. I wonder if you like it too. Have you ever tried it in English? You did it at an academy? Do you want to play against me? I'll start with the **word**, love. (After the activity) All of you did well. Now that you know how to play, why don't you do it with your classmates? It'll be fun, right? Then, shall we start?

* 키워드: Kkeunmaritgi, Word Chain, Last and First, word

놀이 활동은 어떻게 진행할까요?

  - 학생들을 남녀 모둠으로 구성하고 키가 큰 순서대로 줄을 서게 한다.
  - 맨 앞에 서 있는 학생에게 색깔이 다른 마커를 준다.

• 활동순서 •

① 교사가 칠판에 쓰는 단어를 확인한다.

  I'll give you a word that ends in a 'y.' For example, 'party.'

② 줄의 맨 앞에 서 있는 학생은 가위 바위 보를 해서 활동 순서를 정한다.

  The first two people standing in the front will do rock-scissors-paper to see who goes first.

③ 가위 바위 보에서 이긴 모둠의 첫 번째 학생은 'Y'로 시작하는 단어를 쓴다.

  The winner goes first and writes a word that starts with 'Y.' The word, 'party' ends in the letter, 'y.'

④ 단어를 쓰고 돌아와 줄의 맨 뒤로 가서 선다.

  Then he/she will go to the back of the line after writing the word.

⑤ 가위 바위 보에서 진 모둠의 첫 번째 학생이 상대방이 쓴 단어의 끝 철자로 시작하는 단어를 쓴다.

  The first person from the other group will write a word.

⑥ 한 사람당 두세 번 활동을 할 때까지 계속한다.

  This activity continues until everyone write a word two or three times.

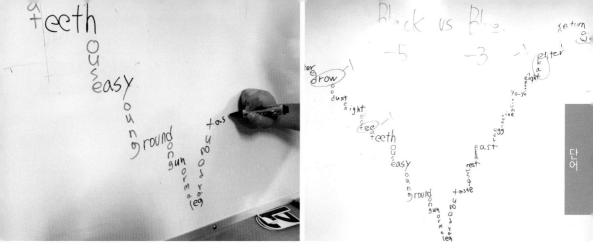

영어로 끝말잇기를 이어가는 모습과 아이들이 실제로 완성한 끝말잇기

■ **이것만은 꼭 지켜주세요!**

　－ 철자가 맞지 않는 경우, 이미 사용한 단어를 쓰는 경우에는 1점을 잃는다.

　You will lose a point if you write the wrong spelling, and if you repeat a word.

■ **교사를 위한 수업 SECRET**

　－ 칠판 위에 단어를 써야 하므로 키가 큰 순서대로 줄을 세우면 좋다.

　－ 영어 쓰기가 전혀 안 되는 학생이 있다면, 뒷사람의 도움을 받을 수 있다고 사전에 안내한다. 그래야 못하는 학생도 활동에 참여시킬 수 있다.

　－ 여기에서는 칠판에 단어를 썼지만, 구두로도 끝말잇기를 할 수 있다.

 수업성찰

처음에는 학생들을 6개의 모둠으로 구성하고 각 모둠원에게 고유번호를 주고 1모둠에 있는 1번 학생, 2모둠의 2번 학생 순으로 진행했다. 그 다음은 1,2,1,2,1,2로 무작위로 번호를 주고 두 줄로 서게 한 후 활동했다. 그리고 마지막에는 남녀 모둠으로 구성하고 줄을 세워 활동했는데, 그중 남녀 모둠으로 구성했을 때 학생들이 가장 역동적으로 참여했다.

07 내가 만든 단어는 바로~

준비물	바나나그램스, PPT		
활동대상	저 · 중 · 고학년	활동유형	모둠활동→개별활동

활동난도: ★★★☆☆

활동을 소개합니다!

학생들이 그동안 알파벳을 어느 정도 익혔다면 이제 알파벳을 활용해서 간단한
단어를 만들게 하자. 지금 소개하는 이 활동을 통해서 학생들은 자신이 알고 있
는 알파벳을 이용해 재미있게 단어를 만들어볼 수 있다. 여기에서는 모둠원이
협동하여 여러 개의 단어를 만들도록 한 후 단어 하나를 보여주고 모든 학생이
만들도록 한 것을 소개하고자 한다.

이렇게 시작해보세요!

——————————————————— Hello, everyone~

선생님이 들고 있는 이 바나나 모양의 물건은 무엇일까요? 필통이라고 요? 미안하지만 아니에요. 이것 안에는 연필, 지우개 등 학용품이 들어 있지 않아요. 필통도 아니고 학용품도 들어 있지 않죠. 그럼 뭐가 들어 있을까요? 궁금하죠? 선생님이 힌트를 줄게요. (알파벳 하나를 보여주며) 이게 들어 있어요. 이건 뭘까요? 맞아요. 알파벳이에요. 오늘 이 알파벳 을 가지고 단어를 만들며 놀아보려고 해요. 재미있겠죠? 그럼 시작해봅 시다.

What is this banana-shaped thing that I am holding? You think it's a pencil case? I'm sorry, but it's not a pencil case. It doesn't contain any writing supplies, such as pencils or erasers. Then what's in it? Aren't you curious? I'll give you a hint. (Showing a piece of an alphabet) This is in it. What is this? That's right. There are **alphabets** in it. You are going to play with these alphabets by **making words**. It'll be fun, right? Then let's get started.

* 키워드: alphabets, making words

? 놀이 활동은 어떻게 진행할까요?

 ─ 학생들을 4명이 한 모둠이 되게 구성한다.
 ─ 바나나그램스를 모둠의 개수만큼 준비한다.

· 활동순서 ·

▸**1단계 - 모둠활동**

① 모둠활동이라는 것을 확인한다.
 You will be working in a group.

② 바나나그램스를 받는다.
 I will give each group a bag of Bananagrams.

③ PPT로 보여주는 단어를 만든다.
 Make words that are shown on the PPT with your group members.

④ 단어를 만든 후 머리 위에 손을 올린다.
 When your group is done, put your hands on your head.

▸**2단계 - 개별활동**

① 개별활동이라는 것을 확인한다.
 At this time, everyone from each group needs to make words.

② PPT로 보여주는 단어를 만든다.
 Make words that are shown on the PPT.

③ 단어를 만든 후 머리 위에 손을 올린다.
 When you are done, put your hands on your head.

number

day

year

holiday

만들 단어를 예시한 PPT와 바나나그램스를 이용해서 만든 단어

이것만은 꼭 지켜주세요!

– 알파벳이 떨어지면 줍는다.

Pick up the alphabet pieces when they fall.

교사를 위한 수업 SECRET

– 이 활동처럼 지나친 경쟁을 유발할 수 있는 경우 단지 빨리 끝냈다는 이유로는 포인트를 주지 않는 방법도 권하고 싶다.

– 개별활동은 알파벳의 수가 많아야 가능하다.

 ### 수업성찰

학기말 교과서를 끝내고 재미있는 활동을 계획했다. 우선 모둠을 구성한 다음에 단어 여러 개를 제시하고 만들게 했다. 뚝딱! 어쩌면 그렇게 빠른지, 눈치가 조금 없는 어떤 모둠은 단어를 만들면서 한 사람에 한 단어씩 만들어도 되는지 몰랐다며 아우성이다. 그런 학생들을 위해서 그룹활동 후 단어 하나를 보여주고 개별로 만들어보라고 했다. 오늘 한 것처럼 단서가 되는 단어들(year, holiday, day, paper, number)과 답(calender)을 번갈아 보여주면서 단어를 만들게 하니 의미 부여가 된 것 같았다.

08 미스 미스터 워드 코리아

준비물	단어카드, 워킹 음악		
활동대상	저 · 중학년	활동유형	개별활동

활동난도: ★★☆☆☆

활동을 소개합니다!

필자는 평소 신체를 활용한 활동으로 수업에 한층 활력을 주고 싶다는 생각을 자주 하고 있다. 여기에서 소개하는 미스 미스터 워드 코리아도 바로 이런 생각에서 나오게 된 활동이다. 패션쇼 워킹 음악에 맞춰 단어를 들고 걷는 동안 학생들은 가볍게 몸을 움직이면서 놀이처럼 즐기며 단어를 재미있게 익혀 나간다. 처음에는 쑥스러워하면서 쭈뼛거리던 학생들도 어느새 음악에 몸을 맡긴 채 자연스럽게 움직이는 모습을 보게 될 것이다.

이렇게 시작해보세요!

Hello, everyone~

선생님이 오늘 완전 재미있는 활동을 준비했어요. 궁금하죠? 이름은 'Miss. Mr. Word Korea.' TV에 나오는 모델처럼 잘 하는 사람에게는 상품을 줄 거예요. 무슨 활동인지 알고 싶지요? 먼저 동영상을 보고 나머지 부분을 설명할게요. (동영상 시청 후) 오늘 여러분은 동영상에 나오는 저 사람들처럼 모델이 되어볼 거예요. "내 단어가 제일 멋져!" 이렇게요. 재미있겠죠? 처음에는 단어카드로 얼굴을 가리고 해요. 시작해볼까요?

I have prepared a really fun activity today. Are you curious? It is called, 'Miss/Mr. Word Korea.' I will give a prize to the person who works the best, just like the model competitions on TV. Do you want to know what the activity is? I'll tell you the details after watching this video clip. (After watching) Today, you are going to be a model like the people in the video clip. "My word is the best" like this. It'll be fun, right? To begin, cover your face with a word card. Shall we start?

* 키워드: word, Miss/Mr. Word Korea

놀이 활동은 어떻게 진행할까요?

　― 학생들에게 나눠줄 단어카드를 준비한다.

· 활동순서 ·

① 단어카드를 한 장씩 갖는다.

　I will give each of you a word card.

② 카드를 가지고 교실 뒤쪽에 서다

　Stand with your card against the wall around the back of the room.

③ 시작이라고 말하면 단어를 읽고 교실 앞으로 나가 포즈를 취한다.

　When I say start, you will read your word, and pose in the front of the classroom one at a time.

④ 포즈를 취한 후 자리로 돌아가 앉는다.

　When finished posing, go back to your seat.

⑤ 다음 사람이 활동한다.

　The next person will pose.

⑥ 교사의 시범을 잘 본다.

　I will show you how to do it.

■ **이것만은 꼭 지켜주세요!**

　― 활동할 때 카드를 잘 보이게 든다.

　Show your card when you walk.

⁜ 활용한 워킹 음악: Milky Chance-Down By The River(FlicFlac Edit)

영어
수업 놀이

학생들이 알파벳과 단어카드를 들고 서 있는 모습

■ **교사를 위한 수업 SECRET**

- 패션쇼 동영상을 보여주고 나서 활동을 하게 하면 더 좋다.
- 영어를 처음 배우는 경우 사진에서 보여준 것처럼 단어 대신에 알파벳을 이용하여 활
  동한다.

 수업성찰

처음에 이 활동을 하자고 할 때만 해도 학생들은 '이게 뭐지?' 하는 어리둥절한 반응이었고, 무대로 올라온 학생들의 표정도 뻣뻣하고 부자연스러웠다. 그러나 그중 멋진 포즈를 취해 반 친구들을 웃게 만든 학생이 몇 있어 초콜릿을 주고 "한 번 더 할까?" 하고 물었다. 대답은 물론 "예!" 두 번째 활동을 할 때는 학생들의 표정도 훨씬 자연스러워지고 멋지게 포즈도 척척 취하면서 최선을 다했다. 그 모습이 예뻐서 모든 학생들에게 초콜릿을 나눠주었다.

09 미션, 복합어를 파헤쳐라!

준비물	그림카드나 PPT, 화이트보드, 마커, 지우개		
활동대상	중·고학년	활동유형	모둠활동

활동난도: ★★★★☆

COMPOUND
WORDS

활동을 소개합니다!

우리말도 그렇지만 영어도 서로 다른 두 단어를 붙이면 새로운 단어가 만들어지기도 한다. 이 활동은 교사가 복합명사로 이루어진 그림, 예를 들어 'butterfly(나비)'를 보여주면 학생은 'butter'와 'fly'라는 단어를 찾아내어 '버터'와 '날다'를 나타내는 그림을 두 개 그린다. 학생들은 단어를 그림으로 그리는 동안 복합명사에 대해 자연스럽게 학습하게 되고, 배운 단어를 오래도록 기억하게 된다.

영어
수업 놀이

이렇게 시작해보세요!

오늘 선생님이 화이트보드에 그림을 그리는 활동을 준비했어요. 여러분 그림 그리는 거 좋아하지요? 화이트보드에 그리는 건 어때요? 종이에 그리는 것보다 더 재미있지요? 화이트보드로 그림을 그리면 쉽게 그리고 지울 수 있어요. 그럼 무엇을 그릴까요? 선생님이 그림을 하나 보여줄 거예요. 그런데 그림은 두 개의 단어로 이루어져 있어 여러분은 그림 두 개를 그려야 해요. 시작해도 될까요?

Today, I have prepared an activity that requires drawing on the white board. Do you like drawing? How about **drawing** on the white board? It's more fun than drawing on paper, right? You can draw on the white board and erase it easily. Aren't you curious to know what you will be drawing? I will show you a picture. But the picture is made up of **two words** so you need to draw two pictures. May we start?

* 키워드: drawing, two words

‒ 복합명사로 이루어진 그림카드를 준비하거나 PPT를 만든다.

‒ 학생들을 네 명이 한 모둠이 되게 구성한다.

‒ 모둠에 화이트보드, 마커, 지우개를 나눠준다.

• 활동순서 •

① 복합어 그림카드를 본다.

I will show you a picture of a compound word.

② 무슨 그림인지 말한다.

What's is it a picture of?

③ 'butterfly'를 만드는 두 단어가 무엇인지 답한다.

Which two words make up the word, 'butterfly?'

④ 화이트보드에 버터와 파리 그림을 그린다.

Draw a picture of butter and a picture of a fly on the white board.

⑤ 교사의 지시에 따라 화이트보드를 들어 올려 그린 그림을 보여준다.

When I tell you to do so, hold up your white boards and show me.

⑥ 화이트보드를 지우고 다음 그림을 기다린다.

Erase the board and wait for the next picture.

▪ 이것만은 꼭 지켜주세요!

‒ 모든 모둠원이 순서를 정해 그림을 그린다.

Take turns drawing the pictures.

학생들이 복합어를 두 개의 그림으로 표현한 모습

- **교사를 위한 수업 SECRET**
  - 활동 전 유튜브의 동영상, 예컨대 'The Compound Word Game'을 보여주며 활동 방법을 안내할 수 있다.
  - 후속활동으로 유튜브의 동영상 'Compound Boogie'를 틀어줘도 재미있어 한다.

 수업성찰

진도가 끝나고 시간이 남아 교과서 외 활동을 계획하게 된 것이 이 복합어와 놀기였다. 처음에는 학생들이 모두 알 만한 쉬운 단어, 예를 들면 눈사람(snowman)으로 시작하여 중간에는 미식축구(football)나 안구(eyeball)과 같은 어려운 단어를 넣었다. 미식축구의 경우는 '핸드볼'이라고 쓰고 안구 같은 경우는 'eye egg'라고 오답을 쓴 학생들이 꽤 많았다. 하지만 직접 그림을 그려보면서 복합어를 여러 개 익힐 수 있었다.

10 스펠링 비

준비물	PPT, 단어 리스트		
활동대상	중 · 고학년	활동유형	모둠활동

활동난도 · ★★★★☆

SPELLING
BEE

활동을 소개합니다!

Spelling Bee! 스펠링 비는 우리나라에서는 낯설지만 영미문화권의 학교 행사로 매우 유명한 활동이다. 일반적인 방법은 학생 한 명이 교실 앞으로 나와 교사가 말하는 단어의 철자, 예컨대 D-O-G를 각각 말하고 단어 dog를 한 번 더 말하는 방법으로 진행한다. 그러나 여기에서 소개할 방법은 조금 다르다. 6명씩 교실 앞으로 나와 들은 단어를 화이트보드에 쓰는 식이다. 활동 방법을 6명으로 정한 이유는 더 많은 학생들에게 참여 기회를 주기 위해서였다.

이렇게 시작해보세요!

이 활동의 이름은 '스펠링 비'라는 거예요. '비(Bee)'라고 하지만 벌을 말하는 것은 아니에요. 참고로 여기에서 '비(Bee)'는 옛 단어로 모임, 즉 'get-together'이라는 의미가 있다고 해요. '스펠링'은 뭔지 알죠? 맞아요. '철자'라는 뜻이에요. 오늘은 철자를 맞히는 활동을 할 거예요. 교과서에 나온 단어를 잘 알면 잘 맞출 수 있어요. 여러 해 동안 이 활동을 해봤는데 학생들이 정말 좋아했어요. 그럼 시작해볼까요?

The name of this activity is called, 'Spelling Bee.' It's called 'Bee,' but I'm not talking about the insect, bee. 'Bee' is an old word meaning 'get-together'. Do you know what 'spelling' means? That's right. It means 'cheolja'. Today, we're going to practice spelling words. If you know the words from your textbook, you can guess them well. I've been doing this activity for many years and the students really liked it. Shall we start?

* 키워드: Spelling Bee, spelling, cheolja

놀이 활동은 어떻게 진행할까요?

― 학생들에게 보여주기 위한 PPT와 교사를 위한 단어 리스트를 준비한다.

― 화이트보드, 마커, 지우개 6개를 준비한다.

― 칠판에 모둠별로 하트 10개씩 그려 놓는다.

― 학생들을 6명씩 4개 모둠으로 구성한다.

• 활동순서 •

① 첫 번째 줄에 앉아 있는 사람은 앞으로 나와 자리에 앉는다.
The first person from each group come to the front and sit.

② 교사가 말하는 단어를 듣는다.
I will say a word.

③ 모둠 1에서 나온 학생은 들은 단어를 화이트보드에 쓴다.
You should write a word I say on your white board.

④ 화면을 보면서 정답을 확인한다.
Please check your answers on the TV.

⑤ 첫 번째 줄에서 나온 학생들은 들어가고 두 번째 줄이 나온다.
Go back to your seats and the next person from each group come to the front.

⑥ 활동을 반복한다.
Play it again.

R1	R2	R3	R4
First	Band	Grade	Matter
Spell	Brown	Second	Runny
Carry	Block	Third	Always
Break	Left	Cloudy	Because
July	Store	Fever	Scared
June	Dear	March	Worry

교사용 단어 리스트와 학생들이 앉아서 기다리는 모습

■ **이것만은 꼭 지켜주세요!**

– 활동을 하지 않는 사람은 다른 친구들의 활동을 조용히 참관한다.

Pay attention and listen to your friends while sitting down.

■ **교사를 위한 수업 SECRET**

– 스펠링 비 활동 동영상을 보여준다.

– 여기에서는 스펠링 비가 뭔지 체험하게 하기 위해 영어시간에 활용했지만, 각 학교에
서 대회용 또는 영어캠프 활동으로도 이용할 수 있다.

 수업성찰

스펠링 비(Spelling Bee)에 대해 물었을 때 한 반에 많아야 두세 명만이 알고 있다고 대답했다.
학생들은 왜 이름이 스펠링 비인지도 궁금해 했다. 그도 그럴 것이 여기에서 'Bee'는 옛
단어로 get-together(모임)란 뜻을 가지고 있다. 활동을 마치고 소감을 물어보니 "Very
Good!"이라고 대답했다. 영어문화권의 학교 행사를 체험하고 배운 단어를 복습시키기에
매우 좋은 활동이라는 생각이 들었다.

01 몸으로 말해요!

준비물	유튜브 동영상, 지시 내용 리스트		
활동대상	저 · 중학년	활동유형	전체활동

활동난도: ★★☆☆☆

활동을 소개합니다!

이 활동은 TPR(Total Physical Response)로도 잘 알려져 있는데, 교사의 말을 듣고 학생들은 자신이 들은 것을 오직 몸으로 나타내는 것이다. 영어를 처음 접하거나, 특히 고학년보다는 저학년 학생들이 매우 재미있게 참여하는 활동이다. 자신의 몸을 움직이면서 영어표현을 자연스럽게 익힐 수 있다는 점에서 추천할 만한 활동이다.

Hello, everyone~

자리에 앉아서 수업을 듣는 거 좋아하는 사람 손 들어보세요. 그럼 몸을 움직이면서 배우는 걸 좋아하는 사람 손 들어봐요. 여러분은 몸을 움직이며 배우는 것을 좋아하는군요. 그래서 선생님이 준비한 활동은 몸을 움직이는 동안에 영어표현을 배울 수 있는 거예요. 뭔지 궁금하죠? 이 활동을 잘 하려면 여러분은 선생님이 말하는 말을 잘 들어야 해요. 뭘 해야 한다고요? 예, 맞아요. 잘 들어야 해요. 준비되었으면 시작해볼까요?

If you like learning while sitting down the whole time, raise your hand. Raise your hand if you like learning while **moving**. It seems like you like to learn by moving your body. So today, I have prepared an activity that allows you to learn English expressions while moving your bodies. Do you want to know what it is? To do this activity well, you should **listen** to what I am saying. What should you do? Yes, that's right. You need to listen carefully. Let's start if we're ready.

* 키워드: moving, listen

(?) 놀이 활동은 어떻게 진행할까요?

— 동기유발용 유튜브 동영상을 준비한다.

— 지시 내용을 적은 리스트를 준비한다.

• 활동순서 •

① 교사의 시범에 집중한다.

I will show you how to do it.

② 교사에게 "What's the matter?"이라고 질문을 한다.

Ask me the question, "What's the matter?"

③ 교사의 대답을 듣는다.

I will say, "I have a headache, I have a backache…"

④ 자리에서 일어난다.

Everyone stand up.

⑤ 교사의 말을 듣고 몸으로 나타낸다.

Listen carefully to what I say and do the action.

아래의 지시 내용은 저학년을 위한 것이니 참고하기 바란다.

Teacher says(or Students say)
stand up, hands up/ hands down, clap your hands, look up/ look down, jump three times, laugh out loud, cover your eyes, pull your ears, rub your shoulder, stick out your tongue, touch your face, point to the ceiling, jump on one foot, stomp your feet, sit down

※ 유튜브 동영상: If You're Happy | Super Simple Songs

※ https://www.youtube.com/watch?v=l4WNrvVjiTw
※ 검색어-If You're Happy/Super Simple Songs

지시 내용을 듣고 따라하는 중학년 모습과 지시 내용을 듣고 따라하는 고학년 모습

■ **이것만은 꼭 지켜주세요!**

  – 너무 늦게 반응하면 아웃된다.

  If you are too slow, you are out.

■ **교사를 위한 수업 SECRET**

  – 위에서 소개한 방법 대신 'Teacher says touch your chin' 또는 'Touch your chin'이라고 하며 활동을 하는 것도 재미있다. 역할을 바꾸어 학생이 말하고 교사가 행동으로 보여줄 수도 있다. 이때는 "Students say touch your chin." 또는 "Touch your chin."이라고 말한다.

  – 유튜브의 'Action songs for kids'를 활용하는 방법도 있다.

> **수업성찰**
>
> 지난 시간에 배운 내용(I have a headache)을 복습할 목적으로 활동을 했다. 처음에 쉬운 표현 'I have a headache,' 'I have a toothache,' 등은 학생들이 바로 반응했다. 학생들 절반 이상을 자리에 앉힌 문장은 'I have a backache,' 그리고 모두를 자리에 앉힌 문장은 'I have a diarrhea.'였다. 며칠 전 원어민교사가 설사에 대해 자세히 설명해주었는데 모두 잊어버렸나 보다. 하지만 이렇게 몸으로 복습했으니 이제 잊지 않을 것이다.

02 세줄 빙고게임

준비물	공책, 연필		
활동대상	저·중·고학년	활동유형	전체활동

활동난도: ★★★☆☆

활동을 소개합니다!

빙고게임은 사실 어느 교과에서 어떤 내용을 가르치든 수준만 적절히 달리하면 나이나 레벨에 관계없이 두루두루 활용할 수 있다는 장점이 있다. 영어 수업시간에 빙고게임은, 예컨대 파닉스부터 단어, 숫자, 심지어 문법을 가르치는 데도 다양하게 활용할 수 있어 유용하다. 여기에서는 단어를 익히기 위해 활용한 빙고게임을 소개하고자 한다.

— Hello, everyone~

여러분 빙고게임 해봤죠? 해봤으니까 규칙을 잘 알고 있겠네요? 오늘 새로운 단어들을 이용해 빙고게임을 할 거예요. 그런데 오늘 할 빙고게임은 여러분이 했던 방법과 조금 달라요. 어떻게 다른지 알고 싶죠? 선생님이 다른 점에 대해 말을 할 테니 잘 들어봐요. 선생님이 누군가에게 마이크를 가까이 가져갈 거예요. 그럼 그 사람이 빙고 보드에서 단어를 골라 말하는 거예요. 여기에서 마이크를 대지 않았는데 말하거나 저요! 저요! 라고 말하면 선생님은 그 사람은 안 시켜줄 거예요. 어떻게 하는지 알겠지요?

Have you ever played, 'bingo?' If so you know the rules, right? We're going to play 'bingo' today with **new words**, but the rules are a little different from the way you are used to. Do you want to know how they are different? I'll tell you, so listen carefully. I will put microphone near someone's mouth. Then he or she picks and says a word from his/her bingo board. Only the person with the microphone can say a word. If someone else says or convinces the picker to say a certain word, I won't ever pick that person.

* 키워드: bingo, new words

— 해당 단원의 단어를 확인하는 시간을 먼저 갖는다.

· 활동순서 ·

① 16칸 빙고보드를 그린다.

Draw a bingo board with 16 boxes in your notebook.

② 해당 단원의 단어를 이용하여 빙고보드를 채운다.

Fill in the boxes with the words from lesson 2.

③ 교사가 마이크를 대주면 빙고보드에 쓴 단어 하나를 말한다.

When I put the microphone close to your mouth, choose one word from your bingo board and say it.

④ 들은 단어에 동그라미나 가위를 한다.

Put an ○ or an × on the word you hear.

⑤ 세 줄(가로, 세로, 대각선)이 만들어졌을 때 "빙고"라고 외친다.

When you have three bingos, (across, down, and diagonal) yell out, "bingo."

⑥ 맨 처음 '빙고'를 만든 사람은 포인트를 받는다.

The person who yells out 'bingo' first will get a point.

▪ 이것만은 꼭 지켜주세요!

— 빙고보드에 단어를 쓸 때 같은 단어를 두 번 사용할 수 없다.

You can't write the same word twice when you fill in the boxes.

단어로 빙고보드를 채우고 게임을 한 모습

⊠ 교사를 위한 수업 SECRET

– 빙고게임을 할 때마다 항상 강조하는 바인데, 일부 학생들이 들은 단어를 까맣게 칠하곤 한다. 그러면 나중에 무엇을 쓴 건지 읽을 수 없다. 그래서 게임 시작 전에 까맣게 색칠하지 말고 동그라미나 가위 표시를 하라고 꼭 안내한다.

 수업성찰

오늘은 단원에 새로 나온 단어를 소개한 후에 빙고게임을 했다. 지금까지 해온 것처럼 마이크를 들고 교실을 돌아다니며 학생을 무작위로 지목해서 마이크를 넘겨주며 단어를 부를 기회를 주었다. 특히 평소 조용하고 교실 가장자리에 앉아 있는 학생들에게 좀 더 마이크가 갈 수 있게 고려했다. 세줄 빙고를 하고 아쉬워하는 학생들이 있었지만 더 하지는 않았다. 빙고게임은 짬이 잠깐 날 때나 짬을 만들어 간단히 하고 끝내 약간 아쉬움을 남기는 것이 좋다고 생각하기 때문이다.

03 어떻게 생겼을까요?

준비물	유튜브 동영상, A4용지, 색연필		
활동대상	중 · 고학년	활동유형	개별활동

활동난도: ★★★★☆

활동을 소개합니다!

필자가 평소 듣기 활동으로 자주 이용하는 것 중 하나가 바로 이 그림 그리기이다. 그림 그리기 활동은 학생들에게 무엇을 그리라고 하느냐에 따라 매우 지루하고 따분한 시간이 될 수도 있고, 반대로 흥미진진해질 수도 있다. 여기에서는 사람의 생김새를 묘사하는 표현을 배우면서 이를 그림 그리기에 적용한 활동을 소개하고자 한다.

이렇게 시작해보세요!

Hello, everyone~

우리 요즘 무엇에 대해 배우고 있죠? 맞아요. 사람을 묘사하는 표현을 배우고 있어요. 예를 들면 크고 갈색의 눈, 긴 생머리죠. 그럼 네모 얼굴, 삼각형 코는 어때요? 오늘은 선생님이 어느 가족에 대해 소개해줄 거예요. 잘 듣고 그림으로 표현해보세요. 선생님은 여러분이 어떻게 그릴지 벌써부터 기대가 되네요. 오늘 그림을 그릴 때 중요한 것은 잘 그리는 것보다 사람의 생김새를 정확하게 표현하는 것이에요. 자, 그럼 시작해볼까요?

What are we learning these days? That's right. We are learning how to describe people. For example, big brown eyes, long straight hair. How about a square face? A triangular nose? Today, I will verbally talk about a family. Listen carefully and express them in pictures. I'm already looking forward to seeing your drawings. It's important to express a person's appearance accurately rather than drawing well. Now, shall we start?

* 키워드: describe people, drawings

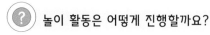

놀이 활동은 어떻게 진행할까요?

　– A4용지를 나눠주고 이름을 쓰게 한다.
　– 수업의 주제가 무엇인지 설명한다.

• 활동순서 •

① 인물을 묘사하는 짧은 글을 잘 듣는다.
　I will read a short passage about people's appearances, so only listen the first time.

② 다시 들으며 인물을 나타내는 그림을 그린다.
　When I read it the second time, draw the people using the description you hear.

③ 필요한 경우 색칠을 한다.
　You should also color when necessary.

④ 풀을 이용하여 활동지를 벽에 붙인다.
　Put your works on the wall using the glue.

⑤ 색칠 도구를 제자리에 갖다 놓는다.
　Put back the coloring tools.

⑥ 교실을 돌아다니면서 다른 사람들의 그림을 살펴본다.
　Walk around the classroom to see other students' pictures.

※ 참고 사이트: https://www.youtube.com/watch?v=q0kQOrqU5So

그림을 그리는 모습과 이를 들어올린 학생들

■ **이것만은 꼭 지켜주세요!**

　－ 다른 사람의 그림을 보고 따라 그리지 않는다.

　　Don't copy your classmates' work. Just draw what you hear.

■ **교사를 위한 수업 SECRET**

　－ 색칠을 할 때는 색깔을 언급한 부분에만 하는 것이 좋다고 안내한다.

　　예를 들면 blond hair, blue eyes 등이다.

 수업성찰

그림을 그리면서 세모, 네모 얼굴(a triangular, a square face)을 읽어주었더니 뭐 그런 얼굴이 다 있냐며 다른 사람의 그림을 훔쳐보았다. 콧수염(a mustache)을 말해주었을 때는 무슨 뜻이냐고 물어 제스처로 보여주었다. 그림을 그리고 나서 교실을 돌아다니며 다른 사람의 그림을 보라고 했을 때는 여기저기에서 폭소가 터져 나왔다. 사진 좀 찍자 하니 모두 종이를 번쩍 들며 환호해주었다. 무슨 활동이든 열심히 해주는 학생들이 고맙기만 했다.

04 미션을 완수하라!

준비물	유튜브 동영상		
활동대상	중·고학년	활동유형	전체활동

활동난도: ★★★★☆

COMPLETE THE MISSION

활동을 소개합니다!

요즘 유튜브를 활용한 수업이 대세로 떠오르고 있다. 이제는 유튜브 영상을 빼버리고 수업을 한다는 게 영 심심할 정도니 말이다. 그만큼 잘만 찾아보면 수업에 활용할 만한 좋은 자료들이 많은데, 동기유발부터 수업마무리 활동에 이르기까지 종류도 참으로 다양하다. 여기에서는 생일에 관한 표현을 배울 때 동기유발과 마무리 활동으로 활용했던 자료를 소개하고자 한다.

이렇게 시작해보세요!

Hello, everyone~

여러분 그거 알아요? 최근 뉴스에 따르면 초등학생 꿈 10위 안에 유튜버가 들어간대요. 선생님도 유튜브의 팬으로 뮤직비디오도 많이 이용하고 동영상도 자주 활용하고 있죠. 오늘도 선생님이 유튜브 동영상을 준비했는데 하나는 수업 전 동기유발용으로 또 다른 하나는 수업 후 마무리할 때 틀 거예요. 단, 여러분에게는 미션이 있어요. 동영상을 보는 동안 선생님이 주는 미션을 해결하세요. 미션을 완수할 준비가 되었나요? 그럼 시작해요.

You know what? According to the latest news, being a **YouTuber** is in the top 10 of elementary school students' dreams. As a fan of **YouTube**, I use music videos and **video clips** frequently. Today, I have prepared two video clips from YouTube; one will be used for the motivation of the class and the other one will be used to wrap up this class. You have a mission. You have to solve the **mission** while watching the video. Are you ready to complete the mission? Then let's start.

* 키워드: YouTube, YouTuber, video clips, mission

놀이 활동은 어떻게 진행할까요?

— 수업에 활용하기 좋은 동영상 자료를 검색해둔다.

• 활동순서 •

① 미션이 무엇인지 확인한다. 예를 들어 첫 번째 동영상의 경우 여자가 생일 선물로 받은 물건이 무엇인지 찾는다. 두 번째 동영상의 경우는 여자의 생일이 언제인지 찾는다.
I will give a mission. For example, find out what she got for her birthday in the first video clip. Find out when her birthday is in the second video clip.

② 동영상 시청 후 들은 단어나 문장을 말한다.
What words or sentences do you remember?

③ 미션에 해당하는 답이 무엇인지 말한다.
What did she get for her birthday? When is her birthday?

④ 미션 외에 다른 질문에 대답한다.
How old is she in the first video clip? What is her name in the second video clip?

⑤ 동영상을 보며 답을 찾는다.
I will play the video clip again. Find the answers.

※ https://youtu.be/d5TJHN3ZM1A
※ 검색어-BIRTHDAY HAUL! What I Got For My Birthday 2016

※ https://www.youtube.com/watch?v=GuCXKVtana8
※ 검색어-Birthday Expectations Vs. Reality!

영어
수업 놀이

관련 동영상을 집중해서 시청하는 학생들의 모습

■ **이것만은 꼭 지켜주세요!**

  – 질문은 동영상을 본 후에 할 수 있다.

  You can ask questions after watching the video clip.

■ **교사를 위한 수업 SECRET**

  – 수업에 활용했던 좋은 자료는 메모나 즐겨찾기를 해두면 두고두고 편리하다.

 수업성찰

첫 번째 동영상을 보고 들은 물건의 이름이 무엇인지 물었을 때 몇 가지 물건을 제외하고 모두 대답했다. 두 번째 동영상을 보고 생일을 묻는 질문에도 정확한 답을 말했다. 그러나 미션 외의 질문에서는 몇 명만이 대답을 했다. 이처럼 예상하지 못한 질문을 던지면 학생들은 듣기 활동에 더욱 집중하게 된다.

05 알쏭달쏭 영어 스무고개

준비물	포스트잇, 활동지(질문의 예시)		
활동대상	고학년	활동유형	모둠활동

활동을 소개합니다!

집중해서 귀를 쫑긋 기울이게 하는 데 스무고개만한 것이 없다. 이 활동을 위해 교사가 주제(예를 들어 동물)를 제시하고 각 모둠별로 동물 한 가지를 정하라고 한다. 모든 모둠에서 정한 동물을 포스트잇에 쓰고 나면 어느 모둠이 먼저 발표할지 물어보고 다른 모둠원들은 답을 찾기 위해 돌아가면서 질문을 한다. 영어로 묻는 것을 어려워하는 학생들을 위해 질문의 예시를 미리 익히고 활동을 시작하는 것이 좋다.

이렇게 시작해보세요!

Hello, everyone~

여러분 스무고개 해봤나요? 스무고개는 답을 알아맞히기 위해 "동물입니까?" "다리가 네 개입니까?" "밤에 활동합니까?"처럼 20개의 질문을 하는 게임이에요. 이제 어떤 게임인지 알겠죠? 그럼 스무고개를 영어로 해보면 어떨까요? 어려울 것 같다고요? 선생님도 같은 생각을 했어요. 그래서 예시문을 준비했죠. (활동지를 보여주며) 이 활동지에 있는 예시문을 먼저 배우고 스무고개를 하면 어려울 게 없을 거예요. 그럼 활동지를 나눠줄게요.

Have you tried Seumugogae? In this game, you have to ask twenty questions to try to guess the answer. You can ask questions like, "Are you an animal?" "Do you have four legs?" "Are you active at night?" You have an idea of what kind of game this is, right? Why don't we play Seumugogae in English? You think it's going to be difficult? I thought the same thing, so I have prepared example sentences (showing a worksheet). If you look at the example sentences first, this game won't be hard. I'll hand out the worksheet.

* 키워드: Seumugogae, guess, ask

놀이 활동은 어떻게 진행할까요?

– 활동지(질문의 예시)를 가르쳐준다.

– 학생들을 4명씩 6개 모둠으로 구성한다.

– 모둠별로 포스트잇을 한 장씩 주고 모둠 이름을 쓰게 한다.

· 활동순서 ·

① 주제(예를 들어 동물)를 안내한다.

The topic is animals.

② 모둠원과 토의를 한 후 포스트잇에 동물 이름 하나를 쓰게 한다.

Talk with your group members to choose an animal and write it on the
post-it note.

③ 포스트잇을 걷는다.

I will collect your post-its/post-it notes.

④ 먼저 활동할 모둠을 교실 앞으로 나오게 한다.

Who wants to go first? Come to the front.

⑤ 나온 모둠 뒤의 모둠이 질문을 하게 한다. 예를 들면 4모둠이 나와 있으면 5-6-1-2-3 모
둠 순으로 질문한다.

Group 4 is here so the next group(group 5) will ask questions. When
group 5 goes, group 6 will ask questions. When group 6 goes, group 1
will ask questions, and so on.

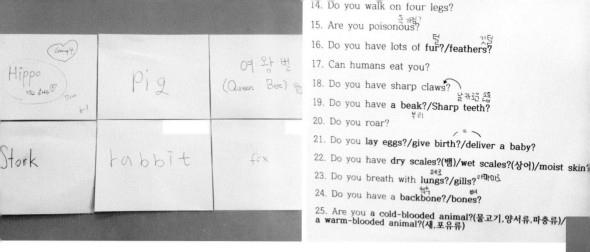

14. Do you walk on four legs?
15. Are you poisonous?
16. Do you have lots of fur?/feathers?
17. Can humans eat you?
18. Do you have sharp claws?
19. Do you have a beak?/Sharp teeth?
20. Do you roar?
21. Do you lay eggs?/give birth?/deliver a baby?
22. Do you have dry scales?(뱀)/wet scales?(상어)/moist skin?
23. Do you breath with lungs?/gills?(아가미요)
24. Do you have a backbone?/bones?
25. Are you a cold-blooded animal?(물고기,양서류,파충류)/ a warm-blooded animal?(새,포유류)

포스트 잇에 쓴 동물 이름과 스무고개 활동지에 메모한 모습

■ 이것만은 꼭 지켜주세요!

– 자기 모둠의 차례가 되었을 때만 질문을 할 수 있다.

You can ask only when it's your group's turn to speak.

■ 교사를 위한 수업 SECRET

– 앞서 제시한 활동 방법은 하나의 예시일 뿐 세부 규칙은 학생들과 논의해서 정하는 것이 좋다.

– 동물 이름을 쓸 때 같은 동물을 쓰는지 확인하고 다르게 쓰도록 안내한다.

 수업성찰

스무고개를 영어로 해보자고 하니 많은 학생들이 당황하며 어려울 거라고 말했다. 그래서였을까? 활동지를 나눠주고 질문 예시문을 설명해줄 때 유독 열심히 받아 적었다. 학생들이 열심히 한 덕분에 예상과 달리 원활하게 진행되었다. 교실로 돌아가는 학생들에게 "오늘 정말 열심히 했어." 하고 격려하니 몇몇 학생들이 "노는 거니까 그래요."라고 대답했다. 어려운 단어와 문장을 배우느라 힘들었을 거라고 생각해서 건넨 말이었는데 '놀았다'고 생각했다는 말에 진심으로 기뻤다.

06 순서를 찾아주세요!

준비물	그림카드(모둠별)		
활동대상	중 · 고학년	활동유형	모둠활동

활동난도: ★★★★☆

PUT PICTURES IN ORDER

활동을 소개합니다!

앞서 소개한 그림 그리기('무엇을 그려야 할까요?') 못지않게 듣기 강화 활동으로 적용해보면 좋은 것이 바로 그림 배열하기이다. 활동 방법은 간단하다. 교사가 먼저 이야기를 들려주고 나서 학생들에게 그림카드를 순서대로 배열하게 하면 된다. 더 나아가 이 활동을 통해서 학생들은 영어로 생각하고 말할 기회도 갖게 되니 금상첨화이다.

—————————————————————————————— Hello, everyone~

선생님이 재미있는 이야기를 하나 들려주려고 하는데 제목은 'Off to school'이에요. 여러분은 학교에 늦어본 적이 있어요? 무엇 때문에 늦었죠? 늦잠을 잤나요? 선생님도 늦잠을 자서 학교에 늦게 간 적이 있었죠. 선생님은 우리가 늦잠을 자서 학교에 종종 늦는다고 생각해요. 이 이야기의 주인공도 늦잠을 자서 학교에 늦었다고 하네요. 학교에 늦게 가서 무슨 일이 생겼는지 궁금하네요. 여러분도 궁금하지요? 그럼 시작해볼게요.

I want to tell you an interesting story, and the title is 'Off to school.' Have you ever been late for school? What cased you to be late? You overslept? I have also overslept and gone to school late. I think oversleeping is a common reason for being late for school. The main character of this story was late for school because he overslept. I wonder what happened when he went to school late. Aren't you curious? Let's get started.

* 키워드: put, pictures, in order

— 학생들을 4명이 한 모둠이 되도록 구성한다.
— 그림카드를 모둠별로 준비한다.

• 활동순서 •

① 이야기의 제목을 확인한다.
  The title is, "Off to school."

② 이야기를 한 번 또는 두 번 듣는다.
  I will read the story once or twice.

③ 그림카드를 받는다.
  I will give you picture cards.

④ 그림카드를 순서대로 배열하고 번호를 쓴다.
  Put the picture cards in order and write numbers on them.

⑤ 모둠원들과 그림카드에 대해 이야기를 나눈다.
  Talk about the picture cards with your group members.

⑥ 각 장면을 영어로 묘사한다.
  Who wants to describe the pictures?

※ 그림의 출처: 《영어수업설계와 지도기법》 P.113, 인천교육과학연구원, 1997

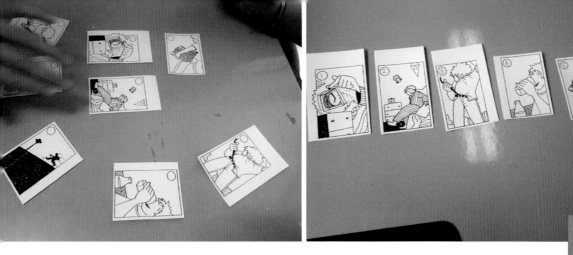

그림카드를 순서대로 배열하는 모습과 배열된 카드

■ **이것만은 꼭 지켜주세요!**

　– 활동 전에는 그림카드를 만지지 않는다.

　Don't touch the cards before starting.

　– 그림 배열을 마친 모둠은 머리 위로 손을 올린다.

　Put your hands on your head when you are done.

■ **교사를 위한 수업 SECRET**

　– 그림 대신 문장을 준비하고 순서대로 배열하게 하면 읽기 활동이 된다.

　– 자료를 준비할 때 고려해야 할 사항은 단편적인 문장의 배열보다 이야기가 담긴 유의
　미한 자료를 활용하는 것이 좋다.

 수업성찰

이 활동을 하면서 아쉬웠던 점은 전체 발표 전 모둠원들과 말할 기회를 주었다면 더 많은
학생들이 영어로 말을 하려고 시도했을 뿐만 아니라 모둠원들과 이야기를 만드는 동안
영어표현을 배웠을 것 같다는 점이다. 그런 이유로 활동 순서는 아쉬웠던 점을 보완하여
작성하였다.

07 내가 먼저 잡았지!

준비물	그림카드 한 세트		
활동대상	저 · 중 · 고학년	활동유형	짝활동→모둠활동

활동난도: ★★★☆☆

활동을 소개합니다!

우리나라 학생들은 서로 치열하게 경쟁하는 데 익숙한 편이고, 그만큼 경쟁에 대한 피로감도 큰 편이다. 그런 이유에서 평소 교실에서 활동을 계획할 때는 경쟁보다는 서로 어울려 협동하면서 즐겁게 배움에 이르도록 하는 데 목표를 두려고 늘 노력하고 있다. 그러나 가끔 수업에 재미를 더하기 위해 경쟁이라는 요소를 활동에 활용하는 경우도 있는데, 바로 이 활동처럼 말이다. 단, 반칙 없는 정정당당한 경쟁만이 허락된다.

이렇게 시작해보세요!

오늘 선생님이 'snatch'라는 활동을 준비했는데 여러분 'snatch'가 무슨 뜻인지 알아요? 'snatch'는 어떤 걸 이렇게 빨리 잡는 거예요. (선생님이 연필을 빨리 잡는다) 그럼 'snatch 게임'은 어떻게 하는 걸까요? 힌트를 줄게요. 선생님이 여기 카드도 준비했어요. 맞아요. 카드를 빨리 잡는 게임이에요. 이런 게임 해본 적 있어요? 언제 해봤어요? 4학년 때 해봤어요? 재미있었나요? 오늘은 선생님과 해봐요. 그럼 활동 순서와 규칙을 안내할게요.

Today, I have prepared an activity called, 'snatch.' Do you know what snatch means? Snatch means to **grab something fast**. Like this (Teacher snatches a pencil). Then how do we play the **snatch game**? Let me give you a hint. I also have prepared a **card** here for this activity. That's right. It's a fast-picking game. Have you played this game before? When did you try it? You tried it when you were in fourth grade? Did you have fun? Let's try it today. Let's talk about the game directions and rules.

* 키워드: snatch, grab something fast, snatch game, card

— 그림카드를 준비한다(여기에서는 빙고게임을 위해 썼던 자료를 재사용했다).

— 짝활동 후 네 명이 한 모둠이 되도록 구성한다.

· 활동순서 ·

① 책상 가운데에 그림카드 한 세트를 펼쳐놓는다.
   Spread the cards in the middle of the desk.

② 등 뒤로 두 손을 가져간다.
   Everyone stand up and put your hands behind your back.

③ 교사가 문장을 말하면 해당 카드를 빨리 잡는다.
   When I say a sentence, pick up the correct card quickly.

④ 동시에 손이 닿았을 경우에는 '가위 바위 보'를 해서 이긴 사람이 갖는다.
   If both of you touch the card at the same time, do 'rock-scissors-paper', and the winner gets the card.

⑤ 누가 카드를 많이 모았는지 확인한다.
   Who has the most number of cards?

⑥ 몸을 돌려 모둠활동을 준비한다.
   At this time, we are going to work in a group, so first and third rows, turn around.

⑦ 카드를 가장 많이 모은 사람이 이긴다.
   The person who collects the most cards is the winner.

짝 또는 모둠원들과 함께 활동하는 모습

■ **이것만은 꼭 지켜주세요!**

– 모든 학생들이 손을 등으로 가져갔을 때 활동을 시작한다.

We can start the game when your hands are behind your back.

■ **교사를 위한 수업 SECRET**

– 학생들의 수준이 낮을 경우 문장 대신에 단어를 사용한다.

 수업성찰

교과서의 부록 자료를 이용할까 하다가 지난 시간에 빙고게임을 하고 남은 카드가 있어 그것을 사용하기로 했다. 학생들이 얼마나 격렬하게 그림카드를 낚아챘는지 여기저기에서 찢어진 걸 들어 보이며 어떻게 하느냐고 아우성이었다. 특히 모둠활동할 때가 그랬다. 활동에서 이기고 지는 게 대체 뭐라고 학생들은 온 힘을 다해서 적극적으로 활동에 참여하는 모습이 인상적이었다.

08 망치로 단어 때리기

준비물	단어카드, 장난감 망치		
활동대상	저 · 중 · 고학년	활동유형	남녀 모둠활동

활동난도: ★★★☆☆

활동을 소개합니다!

이 활동은 매우 단순하다. 장난감 망치를 휘둘러 단어카드를 때리기만 하면 되기 때문이다. 준비물이 거의 필요 없어 어디에서나 활용할 수 있고, 학생들은 단어카드를 신나게 망치로 때리면서 그동안 쌓인 스트레스가 풀리는 듯 희열을 느끼기도 한다. 단어카드를 먼저 때리는 사람이 1점을 얻는 방식이다. 먼저 망치로 단어를 두드리려면 부르는 단어에 귀를 기울여야 하니 학생들의 집중력이 최고로 발휘된다.

이렇게 시작해보세요!

Hello, everyone~

이게 뭘까요? 맞아요. 망치예요. 장난감 망치. 오늘은 이 망치를 가지고 놀아봐요. 무엇을 하며 놀면 좋을까요? 선생님이 가지고 있는 건 단어카드예요. 이 장난감 망치로 단어를 치면서 놀면 어떨까요? 선생님이 벽에 단어카드를 붙일게요. 다 함께 읽어봐요. 이 활동을 할 때 카드를 세게 쳐도 괜찮아요. 떨어지면 다시 붙이면 되니까요. 어때요? 분명 스트레스가 다 날아갈 거예요.

What's this? That's right. It's a **hammer**. A toy hammer. Let's play with this hammer today. What should we do? I have some **word cards**. What do you think about using the toy hammer to **hit** words? I'll put these word cards on the wall. Let's read it all together. It's okay to hit the card hard during this activity. If it falls, I will put it back on. Sounds good? I am sure your stress will disappear.

* 키워드: hammer, word cards, hit

놀이 활동은 어떻게 진행할까요?

– 단어카드를 칠판 또는 벽에 붙인다.
– 학생들을 두 모둠으로 나눈다.

• 활동순서 •

① 각 모둠의 1번 학생은 시작점에 선다.
   No. 1 students come and stand at the starting point.

② 장난감 망치를 받는다.
   Take this toy hammer.

③ 교사가 단어를 말하면 해당 단어를 찾아 장난감 망치로 빨리 친다.
   When I say a word, you need to find the word and hit it with the hammer.

④ 가장 빨리 친 사람이 점수를 1점 얻는다.
   The person who hits it first will get a point.

⑤ 1번 학생은 줄의 맨 뒤로 가서 서고, 2번 학생이 나온다.
   No. 1 students go to the back of the line, and no. 2 students come to the front.

⑥ 활동을 계속한다.
   Repeat it.

단어를 장난감 망치로 신나게 두드리는 학생들의 모습

■ **이것만은 꼭 지켜주세요!**

　– 장난감 망치로 시끄러운 소리를 내지 않는다.

　Don't make noisy sounds with the hammer.

　– 활동하는 동안 소리를 지르지 않는다.

　Don't scream out loud while you are playing.

■ **교사를 위한 수업 SECRET**

　– 장난감 망치 대신 파리채를 이용해도 된다.

　– 모둠별로 대표학생을 나오게 해서 결승전을 갖는 것도 흥미롭다.

 수업성찰

일어나서 줄을 서라고 하니 친한 사람끼리 서로 껴안고 끌어당기고 어수선했다. 학생들은 의자에서 일어난 것만으로도 해방감을 느끼는 듯했다. 게임을 할 때는 모둠원이 단어를 때릴 때마다 환호성을 질렀고, 어수선함과 환호 속에서 망치를 쥐어든 학생은 그걸로 괴성을 지르기도 했다. 한 명당 한 번의 기회만 주고 활동을 마친 이유가 바로 여기에 있었다. 그래도 학생들이 너무 좋아하는 모습을 보니 자주 실천하고 싶은 활동이다.

09 엄지엄지 척척!

준비물	그림카드		
활동대상	중 · 고학년	활동유형	전체활동

활동난도: ★★★★☆

활동을 소개합니다!

술래 네 명을 뺀 나머지 사람들은 한쪽 엄지손가락을 든 채 눈을 감고 머리를 숙인다. 그리고 술래인 사람들은 교실을 돌아다니며 무작위로 앉아 있는 사람 (한 명)의 엄지손가락을 내린다. 그 후 엄지손가락이 내려간 사람은 자리에서 일어나 자신의 엄지손가락을 내린 사람을 추측하여 질문한다. 만약 추측한 사람이 맞으면 질문을 한 사람은 술래가 되고, 추측이 맞지 않으면 자리에 도로 앉는다. 질문 내용에 귀를 잘 기울여야 하는 활동이다.

영어 수업 놀이

Hello, everyone~

오늘도 선생님이 여러분을 위해 재미있는 활동을 준비했어요. 신나죠? 여러분이 즐거워하는 모습을 보니 선생님도 기쁘네요. 먼저 칠판을 볼까요? 'Four Up'은 무엇을 의미할까요? 여기에서 'Four'가 의미하는 것은 술래가 4명이라는 뜻이에요. 그럼 먼저 행운의 주인공 4명을 뽑아볼까요? 가슴이 두근거리죠? 선생님은 작년에도 이 활동을 해봤는데 학생들이 모두 술래가 되고 싶어 했죠. 그리고 술래를 해보지 못한 사람은 무척 아쉬워하며 어학실을 떠났어요.

Today, I have prepared a fun activity for you. Are you excited? I'm glad you are so happy. Shall we look at the blackboard first? What does 'Four Up' mean? 'Four' here means that there are four sullaes. Let's pick four lucky stars. Does your heart beat fast? I did this activity last year, and all the students wanted to be a sullae. And the person who couldn't be a sullae left the language room with great sadness.

* 키워드: Four Up, sullae

놀이 활동은 어떻게 진행할까요?

— 무작위로 학생 4명을 뽑고 교실 앞으로 나오게 한다.

— 앉아 있는 학생들은 엄지를 올리고 머리를 숙이게 한다.

— 그림카드를 준비한다.

• 활동순서 •

① 4명은 앉아 있는 사람에게 가서 엄지를 내린다.

The four sullaes, walk around and touch one person's thumb.

② 엄지가 내려간 사람은 교사의 신호에 따라 자리에서 일어난다.

If your thumb was touched, stand up when I tell you to do so.

③ 4명의 술래는 카드를 든다.

The four sullaes in the front will be holding a picture card.

④ 일어난 사람은 그림과 관련 있는 질문을 해서 카드를 준 사람을 추측한다.

If you are standing, try to guess which of the four people touched your thumb by asking, "00, can you come to my 000 party?"

⑤ 만약 추측한 것이 맞다면 "All right"이라고 대답하고 답을 맞힌 사람의 자리에 앉는다.

If the guess is correct, the chosen sullae should say, "All right," and switch spots.

⑥ 만약 추측한 것이 맞지 않다면 "Sorry, I am busy."라고 대답하고 'It(술래)'을 한다.

If the guess is incorrect, the chosen sullae should say, "Sorry, but I am busy," and be the 'it' person again.

머리 숙이고 '엄지 척' 하는 학생들의 모습과 술래 4명이 교실 앞으로 나온 모습

- **이것만은 꼭 지켜주세요!**

  – 돌아다닐 때 말을 하지 않는다.

  Be quiet when you are walking around.

  – 한 사람의 엄지손가락만 내린다.

  You can touch only one person's thumb.

- **교사를 위한 수업 SECRET**

  – 학생들에게 책상 위에 머리를 숙이라고 할 때는 눈도 감으라고 한다.

 수업성찰

처음에는 술래를 7명 뽑아 활동했는데, 너무 많다는 생각이 들어 4명으로 줄였더니 활동이 훨씬 속도감 있게 진행되었다. 소극적인 학생조차 It(술래)이 되고 싶어 했던 재미있는 활동이었다. 올해는 4학년 학생들과 'Let's play soccer.'이라는 표현을 배울 때 이 활동을 했는데 엄지가 내려간 학생들이 술래가 들고 있는 그림카드를 고르고 'Let's'라는 표현을 넣어 제안하는 말을 했다. 술래는 자기가 고른 학생이 물었을 경우 "Sounds good."이라고 대답하고 술래 자리를 내주었고 엄지를 내리지 않은 학생이 물었을 때는 "Sorry, I can't."라고 대답하고 술래 자리를 지켰다.

10 네 개의 코너

준비물	PPT		
활동대상	저 · 중 · 고학년	활동유형	전체활동

활동난도 : ★★★☆☆

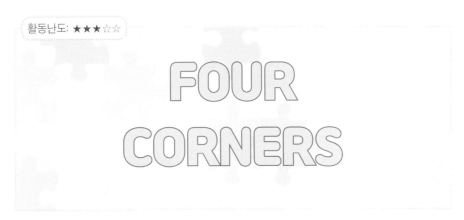

활동을 소개합니다!

학생들이 즐겁게 참여할 뿐만 아니라 학생들의 움직임을 보면서 교사도 절로 행복해지는 활동을 꼽으라고 하면 단연 '네 개의 코너'일 것이다. 이 활동은 교실에 네 개의 코너를 만들고 학생들에게 원하는 코너를 찾아 자유롭게 이동하도록 하는 것이다. 이동이 끝나면 교사의 안내에 따라 영어표현을 묻고 답한다. 코너를 찾아서 신나게 돌아다니며 영어표현을 묻고 대답하는 사이에 학생들의 영어실력도 쑥쑥 향상되는 마법이 일어난다.

영어
수업 놀이

이렇게 시작해보세요!

— Hello, everyone~

선생님이 오늘도 여러분이 좋아할 것 같은 활동을 준비했어요. 선생님의 별명이 왜 '최고다'인지 알겠지요. 선생님은 늘 여러분을 위해 좋은 수업, 재미있는 활동을 하려고 노력하고 있어요. 교실을 한 번 둘러보세요. 1부터 4까지 숫자카드 보이나요? 선생님은 저걸 1코너, 2코너, 3코너, 4코너라고 부를 거예요. 여러분은 활동을 하는 동안 가장 마음에 드는 코너를 찾아 교실을 맘껏 돌아다니세요. 즐길 준비 되었나요? 그럼 자세한 방법을 안내할게요.

Today, I have prepared an activity that you might like. You know why my nickname is 'Chae go da.' I am always trying to give you good lessons and fun activities. Take a look around the classroom. Can you see the number cards from 1 to 4? I will call them **corner 1, 2, 3, and 4**. While you're playing, feel free to **stroll** around the classroom and find your favorite corner. Are you ready to enjoy? Then I'll give you the details.

* 키워드: corner 1, 2, 3, and 4, stroll

? **놀이 활동은 어떻게 진행할까요?**

— PPT를 준비한다.

— 교실에 4개의 코너를 만들고 번호를 붙여둔다(번거로우면 번호를 붙이지 않아도 된다).

• 활동순서 •

① 네 개의 코너가 어디에 있는지 확인한다.

There are four corners in the classroom.

② 원하는 코너를 고르고 10초 안에 이동한다.

Choose and move to a corner in ten seconds.

③ 만약 자신이 선택한 코너가 사라지면 그 자리에 서 있는다.

When the corner you chose disappears on the PPT, that means you are safe, so keep standing.

④ 만약 자신이 선택한 코너가 남는다면 대답할 준비를 한다.

When the corner you chose doesn't disappear, be ready to answer.

⑤ 학생들은 아웃된 코너에 서 있는 사람(들)에게 이름이 뭔지 묻는다.

Everyone ask the people in the out corner, "What is your name?"

⑥ 아웃된 코너의 학생들은 책에 나온 캐릭터 이름을 화면을 보면서 말하고 자신의 자리로 돌아간다.

The students in the out corner say the name of the book character on the screen, and go back to your seats.

⑦ 살아남은 학생들은 원하는 코너를 고르고 다시 이동한다.

The survivors choose a corner and move again.

⑧ 한 명이 살아남을 때까지 활동을 반복한다.

We'll continue until there is only one survivor left.

학생들이 코너로 이동하는 모습과 코너에 가만히 서 있는 모습

■ 이것만은 꼭 지켜주세요!

– 코너에 서 있지 않으면 아웃이다.

If you are not standing in a corner, you are out.

– 뛰기, 밀기, 소리 지르지 않는다.

No running, pushing, or yelling.

■ 교사를 위한 수업 SECRET

– 활동 방법은 다양하다. 여기에서 제시한 방법은 세 개의 코너가 사라지고 사라진 코너
의 학생들이 활동을 계속할 수 있다.

 수업성찰

오늘은 코너가 사라지면 안전하고 사라지지 않으면 아웃되는 규칙을 적용하여 4학년
학생들과 활동을 해보았다. 활동을 하기 전에 해봤느냐는 질문에 그렇다고 해서 우리말
설명을 한두 문장으로 끝냈다. 그랬더니 처음에는 학생들이 약간 긴장하는 듯 했으나 금세
방법을 깨닫고 신나게 활동했다. 마지막까지 살아남은 사람에게 사탕을 주고 이제 슬슬 갈
준비를 하자고 하니 또 하자고 조르며 아쉬워했다.

01 걷고 말해요!

준비물	인물카드(학년, 이름 등 포함)		
활동대상	중 · 고학년	활동유형	전체활동

활동난두: ★★★★☆

활동을 소개합니다!

수업에서 영어 말하기는 억지로 발표를 유도하기보다 자연스럽게 말해볼 기회를 주는 것이 무엇보다 중요하다. 이 활동은 학생들이 자리에서 일어나 자유롭게 교실을 걸어 다니며 아무에게나 몇 학년인지, 이름은 뭔지, 또 이름 철자는 어떻게 되는지를 묻고 같은 카드를 가진 친구를 찾는 것이다. 표현만 바꾸어 카드를 만들면 어떤 주제의 수업에도 활용할 수 있다는 장점이 있다.

Hello, everyone~

여러분 지금까지 앉아서만 수업을 하느라 힘들었죠? 알아요. 그래서 선생님이 몸을 움직이며 할 수 있는 재미있는 활동을 준비했어요. 이 활동은 말 그대로 걷고 말하는 거예요. 다시 말해서 교실을 돌아다니며 말할 사람을 찾아 질문을 하고 대답을 하는 활동이죠. 선생님이 무엇을 물을지, 어떻게 대답을 할지 예시문을 보여줄게요. 단, 활동을 할 때는 영어를 사용하는 것을 잊지 마세요.

You've been having a hard time sitting and learning? I know. That's why I have prepared a fun activity that requires **moving around**. This activity is literally **walking and talking**. In other words, you're going to walk around the classroom looking for someone to talk to, **asking and answering** questions. Let me demonstrate how to ask and answer. Don't forget to use English when you're talking.

* 키워드: moving around, walking and talking, asking and answering

    – 카드를 학생들에게 나눠준다.

    – 2~3명이 같은 카드를 가질 거라고 미리 안내한다.

· 활동순서 ·

① 교실을 돌아다니며 질문할 사람을 찾는다.

Find a person to ask a question while walking around the classroom.

② 질문할 사람을 찾았다면 몇 학년인지 묻는다.

When you have found a person, ask the question, "What grade are you in?"

③ 만약 다른 카드를 가지고 있는 사람을 만나면 교실을 계속 돌아다닌다.

When the person you meet has a different card, move on.

④ 만약 같은 학년의 카드를 가진 사람을 만나면 이름이 뭔지 묻는다.

If the person you meet has the same grade as you, ask the question, "What's your name?"

⑤ 만약 같은 이름의 카드를 가졌다면 이름의 철자를 묻는다.

If the person has the same name, ask the question, "How do you spell your name?"

⑥ 만약 같은 카드를 가진 사람을 찾으면 교사에게 와서 말한다.

When you find a card with the same grade, name, and spelling, then come to me.

S1: What grade are you in?

S2: I'm in the _____ grade.

S1: Me, too. What's your name?

S2: My name is _____.

S1: How do you spell your name?

S2: _____.

S1: Me, too.

안내자료 PPT와 같은 카드를 찾아서 나란히 놓은 모습

- **이것만은 꼭 지켜주세요!**

  – 꼭 영어를 사용하여 질문하고 대답한다.

  Use English to ask and answer questions.

- **교사를 위한 수업 SECRET**

  – 영어를 사용하지 않고 우리말로 질문을 하고 답하는 학생이 있는지 잘 관찰한다.

 수업성찰

준비는 비교적 간단했지만, 학생들이 교실을 자유롭게 돌아다니면서 주요 표현을 반복하여 사용하도록 하는 데 좋은 활동이었다. 간혹 중학년의 교실에서는 주어진 과제를 빨리 해결하기 위해서 영어 대신 우리말을 사용하는 일부 학생들도 있었는데, 6학년과 함께 수업한 이번 활동에서는 그런 학생은 발견되지 않았다.

02 동서남북 질문게임

준비물	색종이		
활동대상	중·고학년	활동유형	짝활동→모둠활동

활동난도: ★★★★☆

DONGSEO
NAMBUK

활동을 소개합니다!

색종이로 동서남북을 접고 그 안에 문장 4개를 적은 후 짝과 함께 질문과 대답을 번갈아가면서 하는 활동이다. 이 방법은 영어 말하기를 다양한 방법으로도할 수 있다는 것을 보여준다는 측면에서 의미가 있다. 또 학생들은 동서남북을접고 질문을 찾아 쓰면서 배운 표현을 재미있게 복습할 수 있기 때문에 여러모로 유익한 활동이다.

오늘은 색종이로 동서남북을 접어서 그것을 가지고 놀 거예요. 어때요, 재미있겠죠? 한 번쯤은 만들어보았을 것 같은데 동서남북을 접어보았어요? 어떻게 접는지 기억하고 있나요? 혹시 기억이 안 나는 사람을 위해 선생님이 접는 방법도 준비했어요. 지금까지 배운 것을 복습하는 좋은 활동이 될 거예요. 자, 그럼 색종이를 나눠줄게요.

Today, we are going to **fold** some **origami papers** and play with them. It sounds fun, right? I think you've made it at least once before. Have you? Do you remember how to fold it? For those who can't remember, I have prepared the instructions. It will be a good **review** activity of what you've learned so far. Okay, then I'll give you some origami papers.

* 키워드: Dongseonambuk, fold, origami papers, review

? **놀이 활동은 어떻게 진행할까요?**

- 색종이를 준비한다.
- 동서남북 접는 방법을 안내할 자료를 준비한다.

· **활동순서** ·

① 색종이를 접어서 동서남북을 만든다.
You are going to fold the paper to make Dongseonambuk.

② 지금까지 배운 것 중 4문장을 쓴다.
Write four English sentences you have learned so far on your Dongseonambuk.

③ 문장을 쓸 때 교과서 또는 학습지를 참고한다.
Look through the textbook or the worksheet when you are writing the sentences.

④ 짝과 가위 바위 보를 해서 누가 먼저 질문을 할지 결정한다.
Do rock-scissors-paper with your partner to see who will ask first.

⑤ 가위 바위 보에서 진 사람은 상대방의 질문에 대답을 한다.
The person who loses answers the question first.

⑥ 역할을 바꾼다.
Switch the role.

⑦ 4번 묻고 답할 때까지 계속한다.
You should ask and answer until you asked and answered all the questions.

⑧ 짝활동이 끝나면 모둠원들과 묻고 답한다.
After pair work, ask and answer questions with your group members.

동서남북을 접어서 미래의 할 일 쓴 것과 이를 이용해 모둠원들과 대화하는 모습

■ **이것만은 꼭 지켜주세요!**

－ 여기에서 짝은 바로 옆에 있는 사람을 말한다.

In this activity, your partner is the person who is sitting next to you.

■ **교사를 위한 수업 SECRET**

－ 시간 여유가 있을 때 한 번쯤 시도해보면 자연스럽게 말하면서 배운 내용을 점검할 수
있어 좋다.

 수업성찰

사실 이 활동을 계획하게 된 계기는 방학 바로 며칠 전 그동안 나눠준 학습지와 노래가사를
잘 보관하고 있는지를 확인하고 알뜰시장을 할 때 사용할 수 있는 쿠폰을 나눠주기 위한
시간이 필요해서였다. 학생들이 동서남북을 접고 문장을 쓰는 일에 집중하는 동안 교사는
학생들에게 쿠폰을 나눠줄 수 있었다. 동서남북을 빨리 접은 어느 모둠은 짝활동을 마치더니
알아서 모둠원끼리 모여서 활동을 하고 있었다.

03 패스 더 볼

준비물	공 2개, PPT		
활동대상	저 · 중 · 고학년	활동유형	전체활동

활동난도: ★★★☆☆

활동을 소개합니다!

이 활동은 자료를 준비하는 시간도 그리 많이 소요되지 않고, 또 학생들이 워낙 좋아해서 자주 실천하고 있다. 활동 방법은 음악이 시작되면 공을 던지다가 음악이 멈춘 순간에 공을 잡은 사람이 질문 또는 대답을 하면 된다. 여기에서는 공 두 개를 활용하여 한 사람은 질문을 하고 또 다른 한 사람은 답을 하는 방법으로 진행한 것을 소개하고자 한다.

이건 뭐예요? 맞아요. 공이에요. 우리가 공놀이를 할 때 사용하던 공이에요. 그럼 이건 뭐죠? 이것도 공이에요. 오늘 선생님이 공 2개를 들고 있는 이유는 뭘까요? 와! 어떻게 알았어요? 맞아요. 게임하려고요. 이 게임은 'Pass the Ball'이라는 건데 공 2개가 필요해요. 헌 공은 질문용이고, 새 공은 대답용이에요. 'Pass the Ball' 게임을 하고 싶은 사람은 선생님처럼 양손을 펴서 공을 잡을 준비를 해볼까요?

What's this? That's right. It's a ball. It's the ball that we used to play the ball game. Then what is this? It's also a ball. Why am I holding **two balls** today? Wow! How did you know? You are going to play a game. This game is called, 'Pass the Ball,' and we need two balls for the game. The worn out ball is for questions and the new ball is for answers. If you want to play 'Pass the Ball,' why don't you open up your hands to get ready to hold the ball like me?

* 키워드: two balls, Pass the Ball

  ― 질문용 공(헌 공)과 대답용 공(새 공), PPT를 준비한다.
  ― 시작하기 전에 게임 방법을 보여준다.

· 활동순서 ·

① 어느 것이 질문 공인지, 대답 공인지 확인한다.
   This is the question ball and this is the answer ball.

② 모두 자리에서 일어난다.
   Everyone stand up.

③ 음악이 나오는 동안 공 두 개를 패스한다.
   While the music is playing, you should pass around the two balls.

④ 음악이 멈추면 헌 공을 잡은 사람은 질문을 한다.
   When the music stops, the person who has the worn out ball asks a "Can you…?" question that is on the PPT.

⑤ 새 공을 가지고 있는 사람은 대답을 한다.
   The person who has the new ball answers with either "All right" or "Sorry, I can't."

⑥ 음악이 다시 시작되면 공을 패스한다.
   When the music plays again, pass around the balls.

▪ **이것만은 꼭 지켜주세요!**
  ― 공을 패스할 때는 두 손을 사용하여 부드럽게 던진다.
   Be nice and use two hands when you pass the ball.

패스 더 볼 활동을 하며 즐거워하는 학생들의 모습

▪ 교사를 위한 수업 SECRET

- 구석에 있는 학생들이 활동에서 소외되는지 관찰하여 필요하다면 교사가 개입해서 가급적 활동에서 소외되는 학생들이 없도록 한다.
- 공을 하나만 사용하거나 학생들을 자리에 앉힌 채 앞줄부터 뒷줄로 차례대로 공을 패스하게 하고, 맨 끝줄에서 마지막으로 공을 받은 학생은 활동을 처음 시작한 학생에게 공을 전달하는 방법으로 활동할 수 있다.

 수업성찰

패스 더 볼을 할 때 공을 옆 사람에게 차분히 전달해야 한다면 솔직히 재미가 반감된다. 그래서 자유롭게 공을 던지도록 했는데 공 2개를 활용하니 활동이 훨씬 더 흥겨워졌다. 그래도 구석 쪽으로는 공이 잘 가지 않아 '이쪽으로', '못 받은 사람 손들어'라는 말을 여러 번 하면서 가능한 모든 학생들에게 말할 기회를 주고자 했다.

04 타이밍을 잡아라, 눈치 게임 2

준비물	PPT		
활동대상	중 · 고학년	활동유형	모둠활동

활동난도: ★★★★☆

활동을 소개합니다!

앞서 소개했던 단어 활동에서 눈치 게임 1을 할 때 제시한 것처럼 서수, 알파벳, 요일, 달 이름과 같이 눈치 게임은 꼭 순서가 있는 단어에만 활용할 수 있는 활동은 아니다. 즉 해당 단원의 주요 단어나 표현들을 활용해서도 얼마든지 재미있게 응용해볼 수 있다. 여기에서는 문장을 활용한 눈치 게임의 예를 소개하고자 한다.

눈치 게임이 정말 재미있다고 말한 사람이 많아서 오늘 선생님이 눈치 게임 2탄을 준비했어요. 지난번 눈치 게임을 할 때 서수를 사용했던 거 생각나죠? 오늘은 배운 문장을 이용할 거예요. 하지만 문장을 스크린에 보여줄 예정이기 때문에 지난번에 했던 것보다 아마 더 쉬울 거예요. 활동에서 아웃된 사람은 어떻게 되었죠? 맞아요. 교실 앞으로 나왔어요. 오늘은 활동 방법과 규칙이 조금 달라요. 하지만 두 활동에는 공통점이 있어요. 둘 다 재미있다는 거예요! 그럼, 시작해볼까요?

I have prepared the **Noonchi game** 2 because many of you said this game was really fun. Do you remember you used the ordinal numbers for the Noonchi game 1? Today, we will use the **sentences** we have learned. However, it's going to be easier than the last one because I'm going to show the sentences on the screen. When we played last time, what happened to the person who got out? That's right. He/She came to the front. Today's instructions and rules are a bit different. But there's something in common in the two activities: They're both fun! Let's get started.

* 키워드: Noonchi game, sentences

놀이 활동은 어떻게 진행할까요?

― 학생들을 세로로 해서 6모둠으로 구성한다.

― 모둠별로 10점을 부여한다(여기에서는 하트를 그렸다).

― 줄의 가장 앞에 앉아 있는 학생이 먼저 활동한다고 안내한다.

· 활동순서 ·

① 교사를 따라 문장을 읽는다. 예를 들면 "너는 얼마나 자주 양치질을 하니?"이다.
I want everyone to repeat after me. For example, "How often do you brush your teeth?"

② 누구든 첫 번째 단어를 말하며 일어난다. 그 다음 사람은 일어나면서 'often'이라고 말한다.
Anyone stand up while saying, "How." The next person stand up while saying, "often."

③ 활동에서 아웃된 사람은 맨 뒷줄로 가서 앉는다.
The person who is out, move to the back of the line.

④ 아웃된 팀원 모두는 앞자리로 한 칸씩 이동해서 앉는다.
Everyone move up when one of your group members is out.

⑤ 활동을 계속한다.
Repeat it.

■ **이것만은 꼭 지켜주세요!**

― 동시에 2명 이상 일어나면 아웃이다.

If two or more of you stand up at the same time, all of you are out.

― 빨리 일어나도 말을 하지 않으면 아웃이다.

If you don't say anything even though you stood up quickly, you are out.

― 마지막 남은 사람도 아웃이다.

The last person to be sitting is out.

하트를 10개 그려 놓은 모습과 실제 활동하는 모습

- **교사를 위한 수업 SECRET**

  - 6명이 활동할 경우라도 5개의 단어로 이루어진 문장을 이용할 수 있다. 왜냐하면 마지막에 남은 학생은 자동으로 아웃되기 때문이다.

    예) How often do you excercise?

 수업성찰

어느 정도 예상했지만, 기대 이상으로 학생들이 재미있어했다. 활동을 하고 나서 어땠는지 물은 질문에도 대부분의 학생들이 재밌다 또는 좋았다는 말에 'very', 'really'라는 말을 덧붙여서 대답했다. 준비한 PPT 15장을 하고 반대로 돌려서 15장을 했는데도 더 하자고 졸라서 다음 날 전시학습 상기용으로 사용했다. 새삼 오늘 좋은 수업을 한 것 같아 뿌듯했다. 왜냐하면 학생들이 신나게 활동하는 동안 나도 덩달아 즐거웠기 때문이었다.

05 맛있는 생일게임

준비물	주사위, 문장카드, 스낵		
활동대상	중 · 고학년	활동유형	모둠활동

활동나도: ★★★★☆

활동을 소개합니다!

생일하면 제일 먼저 떠오르는 것 중 하나가 바로 파티일 것이다. 또 파티에는 뭐니 뭐니 해도 마실 것과 먹을 것을 빼놓을 수 없다. 생일게임은 생일파티에 여러 명의 친구들이 모여서 놀이를 하고 대답을 잘 한 사람은 스낵을 먹을 수 있는 맛있는 활동이다. 혹시 배움의 주제가 먹는 것과 관련이 있다면 이런 활동을 함께 계획해보면 어떨까?

이렇게 시작해보세요!

여러분 생일하면 무슨 단어가 떠올라요? 파티, 케익, 치킨, 과자… 무엇보다 먹을 것이 먼저 떠오르죠. 선생님도 그래요. 게임은 어때요? 생일날 친구들과 게임도 하면서 놀잖아요. 오늘은 선생님이 여러분을 행복하게 해주려고 맛있는 활동을 준비했어요. 신나죠? 이름하여 생일게임! 여러분이 생일파티에 있고 친구들과 게임을 하면서 간식을 먹는다고 생각해보세요. 행복하겠죠? 그럼, 지금부터 맛있는 생일게임을 시작해볼까요?

What words come to your mind when you think of **birthdays**? Party, cake, chicken, snacks… Food comes to your mind first, right? Same for me. How about games? You play games with your friends on your birthday. Today, I have prepared a **delicious game** to make you happy. Aren't you excited? It is called, the '**Birthday Game!**' Imagine that you are at a birthday party, playing this game with your friends, and eating snacks. Wouldn't you be happy, right? Shall we start a delicious birthday game now?

* 키워드: birthdays, delicious game, Birthday Game

놀이 활동은 어떻게 진행할까요?

─ 학생들을 4명이 한 모둠이 되게 구성한다.

─ 각 모둠에 주사위와 문장카드 한 묶음을 준다.

─ 모둠원에게 번호를 부여한다.

· 활동순서 ·

① 누가 카드를 고를지 알아보기 위해 1번 학생이 주사위를 던진다.

No. 1 students roll the dice to see who will pick up a card first.

② 만약 주사위가 4가 나왔다면 4번 학생이 카드를 집어 모둠원에게 보여준다.

If your dice lands on a 4, no. 4 students pick up a card and show it to everyone.

③ 1,2,3번 모둠원이 4번 학생에게 이벤트 날짜가 언제인지 묻는다.

No. 1,2, and 3 students ask no. 4 students when the event is.
예를 들면 현충일이 언제인가요?
ex) When is Memorial Day?

④ 그럼 4번 학생이 "현충일은 6월 6일이다."라고 대답한다.

No. 4 students answer, "Memorial Day is on June 6th."

⑤ 만약 4번 학생이 대답을 잘 하면 카드를 갖고 스낵을 한 개 먹는다.

If the no. 4 students answer correctly, they take the card and a snack.

⑥ 이번에는 2번 학생이 주사위를 던진다.

This time, no. 2 students roll the dice to see who will pick up the card.

School events in May

5/1- Open class for parents
5/2- Sports Day
5/5- Children's Day
5/11- Field Trip
5/22- Buddha's Birthday

활동을 시작하기 전에 보여준 PPT와 실제 활동 모습

■ **이것만은 꼭 지켜주세요!**

— 위생상 한 번 집은 과자를 다시 내려놓지 않는다.

Don't put the snack back into the container to keep the germs out.

■ **교사를 위한 수업 SECRET**

— 활동이 끝나고 나면 남은 스낵을 먹을 시간을 따로 준다.

 수업성찰

단원이 생일과 관련이 있어 오늘은 맛있는 활동을 준비했다. 대답을 잘 해봐야 겨우 과자 하나를 먹을 수 있을 뿐인데도 자신의 번호가 나올 때마다 학생들은 누구랄 것도 없이 저마다 환호성을 질렀다. 수업이 끝나고 남은 과자를 먹으라고 했더니 시키지도 않았는데 여기저기에서 가위 바위 보를 했다. 스낵을 담은 통이 조금 작았던 것이 아쉬웠다.

06 문장으로 탑 쌓기

준비물	컵 12개 이상(모둠별), A4용지(11장 이상)		
활동대상	저 · 중 · 고학년	활동유형	모둠활동

활동빈도: ★ ★ ★ ☆ ☆

활동을 소개합니다!

사실 교과서의 지문을 읽는 것은 학생들에게 그리 재미있는 활동은 아니다. 하지만 꼭 필요한 활동이기도 하다. 그래서 교과서의 읽기 지문을 좀 더 재미있게 읽는 방법은 없을까 고민하다가 컵으로 탑을 쌓으면서 문장을 읽는 이 활동을 생각하게 되었다. 일명 탑 쌓기! 어느 모둠이 제일 높게 컵을 쌓을 수 있을까? 이 활동에서는 빨리 쌓는 것보다 문장을 잘 읽는 것 그리고 컵을 높이 쌓는 것이 더욱 중요하다.

Hello, everyone~

여러분 교과서에 있는 읽기 지문이 재미있나요? 솔직히 재미없죠. 그럼 그 읽기 지문을 돌아가면서 읽는 방법은 어땠어요? 지루했다는 거 선생님도 알고 있었어요. 하지만 여러분의 읽기 수준을 알아보기 위해 옛날 방식을 사용할 수밖에 없었던 거예요. 오늘은 교과서의 읽기 지문을 탑 쌓기를 하면서 읽어볼 거예요. 단, 이때 문장을 바르게 읽어야 해요. 한 가지 더! 탑을 빨리 쌓는 것보다 높이 쌓는 것이 더 중요해요. 활동 전 교과서의 읽기 지문을 먼저 들을게요.

Are the **short passages** in the **reading** section of your **textbook** interesting? Honestly, they are not fun. Then how was the method of taking turns reading? It was boring. I knew that. But I had to use the traditional method to find out your reading level. Today, we will read the passages in your textbook while **building a tower**. You have to read the sentences correctly. One more thing! The height of your tower is more important than the speed of building it. Let's listen to the reading passages first before starting the activity.

* 키워드: short passages, reading, textbook, building a tower

놀이 활동은 어떻게 진행할까요?

　− 학생들을 4명씩 6개 모둠으로 구성한다.
　− 컵송에 사용했던 컵 여러 개와 종이(A4의 1/4 크기)를 여러 장 준비한다.
　− 학생들에게 번호를 주어 활동할 차례를 알게 한다.

· 활동순서 ·

① 컵 하나를 책상 가운데에 놓는다.
　Put a cup in the middle of the desk.

② 모둠의 1번 학생이 1번 문장을 읽는다.
　No.1 students read sentence no.1.

③ 1번 종이를 컵 위에 올린 후 다른 컵을 그 종이 위에 올린다.
　Put the no.1 paper on the cup and put another cup on it.

④ 모둠의 2번 학생이 2번 문장을 읽는다.
　No.2 students read sentence no.2.

⑤ 2번 종이를 컵 위에 올린 후 다른 컵을 그 종이 위에 올린다.
　Put the no.2 paper on the second cup and put another cup on it.

⑥ 3번 4번 학생도 같은 방법으로 탑을 만든다.
　No.3 and 4 students continue to make a tower.

⑦ 컵이 쓰러질 때까지 계속한다.
　This activity will continue until the tower falls down.

학생들이 함께 탑을 높이 쌓고 있는 모습

- **이것만은 꼭 지켜주세요!**

  – 컵을 빨리 쌓는 것보다 높이 쌓는 것이 더 중요하다고 강조한다.

  The important thing is the height of the tower, rather than the speed of making the tower.

- **교사를 위한 수업 SECRET**

  – 처음에는 컵을 어떻게 쌓는지 요령을 가르쳐주지 않는 것이 재미있다.

  – 이 활동에 익숙해지면 시간(1분)을 정해주고 컵을 쌓으라고 한다.

 수업성찰

읽기 평가를 위해 반 학생들 모두 교과서를 읽어야 했던 시간, 먼저 읽은 학생들은 지루해서 딴짓을 하기 일쑤였다. 교과서에 있는 글이 단조롭다는 것도 주요 원인이었지만 읽기 방법에도 개선이 필요했다. 그 개선점으로 컵으로 탑 쌓기를 하면서 교과서의 지문을 읽는 것이었다. 컵을 빨리 쌓는 것보다 높이 쌓는 것이 중요하다고 해도 뭐가 그리 급한지 서둘렀던 학생들! 컵이 무너지는 것을 보고 까르르 웃으며 시간 가는 줄 몰랐다.

07 스피드 스피킹

준비물	단어카드, 스톱워치, 의자 4개		
활동대상	고학년	활동유형	모둠활동

활동난도: ★★★★★

활동을 소개합니다!

요즘 영어 교육에서 강조하는 것은 뭐니 뭐니 해도 말하기이다. 문법 중심으로 공부해온 어른들은 학창 시절 내내 영어를 배우고도 외국인 앞에만 서면 입이 얼어버리는 경우가 많다. 그런데 요즘 학생들도 막상 영어로 말하게 하면 주저하며 어려워한다. 선뜻 입이 떨어지지 않는다는 뜻이다. 여기에 소개하는 이 활동은 학생들이 이미 알고 있는 단어나 표현을 활용하여 영어로 자신 있게 말할 기회를 제공한다는 점에서 의미 있다.

많은 사람들이 듣기, 말하기, 읽기, 쓰기 중 말하기가 가장 중요하다고 생각해요. 여러분 생각은 어때요? 선생님 생각에는 들어야 말을 할 수 있지만 언어를 배우는 목표는 분명 말을 하기 위한 거예요. 말을 잘 하려면 어떻게 해야 할까요? 여러 가지 방법이 있겠지만 말을 많이 해보는 것이 중요해요. 오늘은 선생님이 여러분을 위해 말하기를 연습할 수 있는 활동을 준비했어요. 활동을 하는 동안 지금까지 여러분이 배우고 익힌 모든 영어표현을 맘껏 사용해보세요. 준비됐나요?

In learning English, many people think that speaking is the most important among listening, **speaking**, reading, and writing. What do you think? I think we have to be able to listen before we talk, but the goal of learning a language is to speak. What should we do to speak well? There are many ways, but it's important to **talk a lot** in English. Today, I have prepared an activity that gives you a chance to **practice speaking**. During the activity, feel free to use all the expressions you have learned so far. Are you ready?

* 키워드: speaking, talk a lot, practice speaking

놀이 활동은 어떻게 진행할까요?

– 의자 네 개를 교실 앞에 놓는다.

– 학생들을 8명씩 세 모둠으로 나눈다.

– 시간(2분)을 세팅한다.

◦ 활동순서 ◦

① 1모둠에서 4명이 나와 의자에 앉는다.

Four people from group one come up here and sit down facing everyone.

② 교사 또는 모둠 2의 학생이 앉아 있는 학생들 뒤에서 카드를 든다.

A student from group two or I will hold a picture from behind the students who are sitting in the front.

③ 활동시간이 2분이라는 것을 확인한다.

You have two minutes to explain and guess the answers.

④ 모둠 1의 학생 중 자리에 앉아 있는 학생들은 앞에 나온 모둠원들이 맞게 대답을 하거나 패스라는 말을 할 때까지 그림에 대한 단서를 준다.

The four people from group one who are sitting down in their seats, give clues for the words until the four students in the front answer them correctly or say pass.

⑤ 첫 번째 모둠의 활동이 끝나면 두 번째 모둠이 활동한다.

The second group goes after the first group is done.

⑥ 답을 많이 맞힌 모둠이 이긴다.

The group that gets the most correct answers is the winner.

모둠원끼리 설명하고 설명에 귀를 기울이는 모습

■ **이것만은 꼭 지켜주세요!**

　– 한글로 설명하거나 철자를 말하면 포인트를 주지 않는다.

　I won't count your score if you give a clue in Korean or say the answer.

■ **교사를 위한 수업 SECRET**

　– 그림이나 글자카드가 없는 경우는 PPT를 만들어 활용한다.

 수업성찰

실제로 이 활동을 해보니 알고 있는 것과 말할 수 있는 것은 다르다는 것을 절실히 깨닫게 되었다. 학생들은 이미 많은 단어와 표현을 배우고 익혔지만 "What's this?"라는 쉬운 표현 대신 몸을 사용했다. 재미있는 일화 중 하나는 수학(math)라는 단어를 설명하기 위해 어떤 학생이 "We hate this."라고 했는데 누군가가 단번에 'math'라고 답한 것이다. 한 가지 보완하고 싶었던 것은 카드를 설명할 때 사용할 수 있는 쉬운 표현 몇 가지를 먼저 가르쳐주고 활동을 시작했으면 더 좋았을 걸 싶었다.

08 소곤소곤, 위스퍼게임

준비물	단어카드나 문장 몇 개		
활동대상	저·중·고학년	활동유형	분단활동

활동난도: ★★★☆☆

활동을 소개합니다!

귓속말로 말 전달하기! 교사가 귓속말로 소곤소곤 들려주는 단어나 문장 또는 보여주는 단어나 문장을 읽고 나서 자신의 모둠으로 돌아가 귓속말로 전달하는 활동이다. 때론 큰소리로 말하는 것보다 작게 소곤거리는 말에 좀 더 귀를 쫑긋 세우게 된다. 이미 널리 알려진 활동인데도 불구하고 여기에 소개하는 가장 큰 이유는 학생들이 워낙 이 활동을 좋아하기 때문이다.

Hello, everyone~

여러분 '위스퍼'가 무슨 뜻인지 아나요? 맞아요. '위스퍼'는 이렇게 '속삭이다. 귓속말을 하다.'라는 의미예요. 그럼 위스퍼 게임은 어떻게 하는 걸까요? 단어나 문장을 귓속말로 전달하는 거예요. 오늘은 영어문장을 가지고 위스퍼 게임을 할 거예요. 만약 속삭이지 않고 큰 소리로 말을 한다면 어떻게 될까요? 아웃이에요. 게임에서 이긴다고 해도 반칙을 하면 부끄럽겠죠. 우리 위스퍼라는 의미를 잘 생각하면서 이 게임을 해봐요. 그럼 시작할까요?

Do you know what 'whisper' means? Right. 'Whisper' means (while whispering) 'to speak with a soft and hushed voice.' How do we play the whisper game? You pass words or sentences to your group members by whispering. Today, we will play the whisper game with English sentences. What happens if you talk loudly instead of whispering? You are out. Even if you win the game, you will feel shameful if you cheat. Let's play this game with the meaning of whisper in mind. Then, shall we start?

* 키워드: a soft and hushed voice, whisper game, whispering

‒ 분단별로 칠판을 보고 일렬로 선다.

‒ 교사는 교실 뒤로 이동한다.

· 활동순서 ·

① 첫 번째 줄의 학생은 교사에게로 가서 문장을 읽는다.

The person in the first row, come to me. I will show you a sentence.

② 자신의 모둠으로 돌아가 뒤에 서 있는 사람에게 귓속말로 말을 전한다.

You should go back to your line and whisper the sentence to the next person.

③ 줄의 맨 뒤까지 귓속말로 문장을 전달한다.

Continue whispering the sentence down the line.

④ 줄의 마지막에 서 있는 사람은 들은 문장을 칠판에 쓴다.

The last person in the line, write the sentence on the white board.

⑤ 문장을 쓴 사람은 줄의 맨 앞에 가서 선다.

The person who writes the sentence should come to the front of the line.

⑥ 문장을 맞게 쓴 모둠은 1점을 얻는다.

The group that writes the sentence correctly gets a point.

■ 이것만은 꼭 지켜주세요!

‒ 건너뛰고 말을 전하면 안 된다.

Don't skip a person. Each person must whisper.

들은 문장을 칠판에 쓰는 고학년의 모습과 들은 단어를 터치하는 중학년의 모습

■ **교사를 위한 수업 SECRET**

- 영어 읽기에 서툰 학생의 경우는 앞 사람이 함께 가서 쓰는 것을 돕는다.
- 중학년의 경우 교사가 단어를 귓속말로 말해주고 칠판에 붙인 단어를 터치하게 하는 방법으로 진행할 수 있다.

 수업성찰

이 활동을 할 때 몇몇 학생들이 종종 소리 내어 말을 하거나 건너뛰고 전달해서 실망스러운 적이 있었다. 그래도 이 활동을 하게 된 이유는 무엇보다 대부분의 학생들이 귀를 기울여 들으려고 애쓰던 사랑스러운 모습을 기억하고 있기 때문이었다. 오늘 활동을 하면서 학생들의 사랑스러운 모습을 다시 보게 되어 참으로 기뻤다.

09 던지고 벗기는 배추게임

준비물	이면지, 음악		
활동대상	중 · 고학년	활동유형	전체활동

활동난두: ★★★★☆

활동을 소개합니다!

이 활동은 태국에 교육교류사업으로 가서 연수를 받을 때 알게 된 것이다. 한국
에도 패스 더 볼(Pass the Ball)이라는 이름하에 비슷한 활동이 있기는 하지만 배
추 던지기는 좀 더 새롭고 흥미로운 활동이다. 무엇보다 배춧잎(사실은 이면지)
을 하나하나 벗겨내는 데서 오는 남다른 재미를 느낄 수 있을 것이다.

오늘은 선생님이 예전에 태국에 가서 알게 된 놀이를 소개하려고 해요. 이것 좀 보세요. 이거 무엇처럼 생겼어요? 공 같기도 하고 풍선 같기도 하죠. 선생님은 이걸 배추라고 불러요. 그럼 이 배추는 무엇으로 만든 것 같아요? 맞아요. 종이로 만들었어요. 이면지요. 오늘은 이면지로 만든 이 배추를 던지면서 놀 거예요. 어떻게 놀지 궁금하죠? 자, 지금부터 선생님의 설명을 잘 들어보세요.

Today, I'd like to introduce you an activity that I learned in Thailand. Look at this. What does it look like? It looks like a ball or a balloon. I call this baechu. What do you think this cabbage is made of? That's right. I made it out of paper-used paper. Today, we're going to play by throwing this cabbage made of used paper. Are you curious about how to play? Now, I'm going to explain how to play, so listen carefully.

* 키워드: baechu, throwing

– 이면지에 주요 표현을 써서 배추를 만든다.
– 주요 표현을 상기시킨다.

· 활동순서 ·

① 배추를 받는다.
Get the baechu.

② 음악이 나오는 동안 배추를 패스한다.
While the music is playing, you should pass around the baechu.

③ 음악이 멈추면 배추를 잡은 사람이 배춧잎 하나를 벗긴다.
When the music stops, the person who has the baechu peels one leaf.

④ 배춧잎에 씌어 있는 질문을 한다.
Ask the question that is written in the leaf. For example, "OO, what's your favorite English song?"

⑤ 질문을 받은 사람은 대답을 한다.
Answer the question. For example, "Lemon Tree."

■ 이것만은 꼭 지켜주세요!

– 배춧잎을 한 장씩만 벗긴다.
Peel only one leaf at a time.

이면지로 만든 배추와 배춧잎을 한 장씩 벗기는 학생들의 모습

■ **교사를 위한 수업 SECRET**

　– 학생들의 영어 수준이 높으면 여러 단원을 통합하여 다양한 질문을 만들 수 있다.

　– 배춧잎에 풀을 살짝 발라놓으면 패스하는 동안 풀어지지 않는다.

　– 활동 전 비닐봉지에 넣어 압축시켜놓으면 풀어지는 것을 어느 정도 막을 수 있다.

 수업성찰

태국에 교육교류사업으로 가서 선생님들과 배추 던지기 놀이를 하면서 재미있어 기회가 되면 학생들과 해야겠다고 생각했다. 그리고 얼마 지나지 않아 태국 6학년 학생들과 'Song & Dance'라는 주제로 이 활동을 하게 되었는데 질문은 "OO, what's your favorite English song?"이었다. 학생들의 영어 수준을 고려하여 질문은 한 가지만 썼다. 역시 예상했던 것만큼 학생들이 즐겁게 배추 던지기 놀이에 참여했다. 조금 아쉬웠던 점은 전 날 배추를 비닐봉지에 압축하여 넣어두었는데 격렬하게 패스를 하는 동안 잎이 벗겨지고 말았다. 다음에는 배춧잎에 풀칠을 살짝 해두어야겠다.

10 내가 만드는 역할놀이

준비물	활동지 2개(대본 작성용, 피드백)		
활동대상	중 · 고학년	활동유형	모둠활동

활동난노: ★★★★☆

활동을 소개합니다!

역할놀이를 할까 물으면 저학년이나 중학년의 경우에는 대부분이 하자고 하면서 역할을 정할 때도 서로 긴 대사를 맡겠다며 적극적이다. 이에 반해 고학년 학생들의 경우는 그냥 넘어가자고 하면서 미적지근한 반응을 보이곤 한다. 그래서 생각해낸 것이 주요 표현을 제시해주고 학생들에게 대사를 직접 쓰게 한 후 역할놀이를 해보도록 한 것이다. 여기에서는 두 시간에 걸쳐서 활동한 것을 소개하고자 한다.

Hello, everyone~

여러분 역할놀이 좋아해요? 어린 학생들은 항상 역할놀이를 하자고 하고 대사도 제일 긴 걸 맡겠다고 서로 손을 들곤 하죠. 오늘 선생님은 여러분이 해오던 것과 조금 다른 재미있는 역할놀이를 준비했어요. 뭔지 궁금하죠? 그건 바로 여러분이 대본을 직접 쓰는 거예요. 즉 역할극의 제목과 역할을 여러분이 정하는 거죠. 그런 다음 연습을 하고 원하면 뮤직 비디오로 찍어도 돼요. 어때요? 재미있겠지요? 모든 활동은 모둠원들과 함께 하니까 영어를 잘 못해도 어렵지 않을 거예요. 그럼 시작해볼까요?

Do you like **role-playing**? Younger students always ask to do role play and raise their hands to take the role that has the most lines to say. Today, I have prepared a fun role play that is a bit different from what you are used to. Do you want to know what it is? It is that you will be writing your own script. In other words, you can decide the title and the **roles**. You will get sometime to practice and you can make a video clip if you want. What do you think? It sounds fun, right? It won't be difficult because you will be working in groups. Shall we start?

* 키워드: roles, role-playing

   – 대본을 쓸 활동지를 만든다.

   – 해당 단원의 주요 표현을 상기시킨다.

   – 학생들을 4명이 한 모둠이 되게 구성한다.

◦ 활동순서 ◦

① 활동지를 받고 역할극의 제목과 대본을 쓴다.

   Write the title and the script.

② 궁금한 점이 있으면 교사에게 질문을 하고 핸드폰을 활용하여 단어를 찾는다.

   Ask any questions you have, and use your smart phones to find words you don't know.

③ 대본 수정이 필요한 경우는 교사에게 대본을 주고 간다.

   If you want me to correct the scripts, hand them in.

④ 대본을 못 쓴 모둠은 교실에 가서 완성을 한다.

   If your scripts are not finished, do it for homework.

〈다음 날〉

⑤ 정해진 시간 동안 연습을 한다.

   Practice during the given time.

⑥ 교실 앞으로 나와 발표를 한다.

   I will throw the dice to see which group will do the role play first.

⑦ 역할놀이를 보면서 피드백 활동지(동료평가지)를 작성한다.

   Evaluate other groups' role plays and write comments on the worksheet.

토론하고 활동지(대본)를 작성하는 학생들의 모습

- **이것만은 꼭 지켜주세요!**

  - 모든 모둠원이 역할극에 참여해야 한다.

    All group members will get a role.

  - 폭력적이거나 엽기적인 내용은 피한다.

    Avoid violent and inappropriate content.

- **교사를 위한 수업 SECRET**

  - 다른 모둠의 역할극을 평가할 때는 장점과 보완할 점을 함께 쓰도록 안내한다.

 수업성찰

역할놀이 첫 시간, 역할놀이를 좋아하느냐는 질문에 학생들의 표정이 시큰둥했다. 씁쓸한 마음을 애써 감추고 웃으면서 너희들의 눈높이에 맞는 역할놀를 연구해왔다고 말하면서 백지를 내밀었다. 이때도 '못한다고, 어떻게 하느냐.'고 할까 두려워 학생들의 눈치를 살폈다. 그런데 백지를 받아든 학생들이 모둠원들과 이야기를 하기 시작했고 적극적인 학생 몇몇은 벌써 연필을 집어 역할놀이 제목과 모둠원의 이름을 써 내려갔다. 다음날, 일종의 동료평가지(피드백)를 나눠주고 발표를 하는 동안 우수한 점과 보완할 점, 역할극을 다시 해야 할 모둠을 적게 했다. 몇 가지 아쉬움이 남긴 했지만, 나름 의미 있는 시간이었다.

01 행운의 주사위

준비물	문장 리스트, 숫자카드, 주사위

활동대상	저 · 중 · 고학년	활동유형	전체활동

활동난도· ★★★☆☆

활동을 소개합니다!

실력이 있어야 높은 성과를 낼 수 있는 활동은 영어를 못하거나 능력이 낮은 학생들의 흥미까지 이끌어내기는 어렵다. 결과적으로 좋은 활동으로 다가갈 수 없다는 뜻이다. 이럴 때 그런 학생들에게 성취감과 영어 자신감을 심어줄 수 있는 방법이 있는데 바로 '운'을 활용하는 활동이다. 보통은 주사위를 던져 희망하는 숫자가 나오길 바라지만 오늘은 그 반대이다. 왜냐하면 자신이 고른 숫자가 나오면 활동에서 아웃되어 자리에 앉아야 하기 때문이다.

이거 뭐예요? 맞아요. 주사위예요. 여러분 주사위를 영어로 뭐라고 하는지 아나요? 'Dice'라고 하지요. 여러분은 주사위를 가지고 놀 때 어떤 수가 나오길 바라나요? 대부분 큰 수가 나오길 바라지요. 하지만 오늘은 큰 수가 나온다고 해도 의미가 없어요. 왜 그런지 알고 싶죠? 선생님의 설명을 잘 들으면 그 이유를 알게 될 거예요. 선생님은 오늘 행운의 주인공이 누가 될지 무척 궁금하네요. 여러분 행운을 빌어요.

What's this? That's right. It's a jusawee. Do you know what we call it in English? It's called, 'dice.' What number do you usually want to roll when you play with dice? I guess most of you want a big number. But for today's game, big number doesn't mean much. Do you want to know why? If you listen carefully to the explanations, you will know the reasons. I'm really curious who will be the lucky star today. Good luck to you.

* 키워드: jusawee, dice, roll

- 문장 리스트를 만들어 인쇄한다. 예를 들어 각 단원에서 가장 중요한 표현 2개씩을 골라 만들 수 있다.
- 인쇄한 문장 리스트를 숫자와 함께 교실 6곳에 간격을 두고 붙인다.
- 활동 방법을 안내한다.

· 활동순서 ·

① 원하는 번호를 고르고 그 숫자 앞에 선다.
Everyone choose a number and stand in front of that number.

② 주사위에 나온 숫자를 확인한다.
I will throw this dice, so please check what it lands on.

③ 주사위가 나온 숫자의 학생들은 자리에 앉는다.
I've got number three. All students standing in front of no.3 return to your seats.

④ 교사가 "하나, 둘, 셋"이라고 말하면 숫자 앞에 서 있는 학생들은 문장 리스트의 첫 번째 문장을 큰소리로 읽는다.
When I say, "1,2,3," those who are still standing, read the first sentence on the list loudly.

⑤ 활동을 반복하고 학생들은 2번 문장을 읽는다.
Repeat the steps, but this time, please read the no.2 sentence.

⑥ 마지막까지 남은 학생이 이기는 활동이다.
The student who survives to the end is the winner.

스테이션 카드의 문장 예시와 스테이션으로 이동하는 모습

■ 이것만은 꼭 지켜주세요!

- 중간에 서 있지 않는다.

  Don't stand in the middle.

■ 교사를 위한 수업 SECRET

- 수준에 따라 문장 대신 단어를 사용해도 좋다.
- 저학년의 경우 발뒤꿈치로 걷기 등의 규칙을 정하면 더 재미있다.

🐘 수업성찰

오늘 이 활동을 하면서 가장 기뻤던 점은 항상 소외될 수밖에 없었던 도움반 학생 현빈(가명)이에게 주사위를 던질 기회를 줄 수 있었던 점이다. 더욱 감동적인 장면은 평소 친절하지 않았던, 솔직히 말하면 짓궂었던 진규(가명)가 활동 후 받은 초콜릿을 현빈이의 입에 기꺼이 넣어줄 때였다. 움직여(Move!)라는 말에 번호를 찾아 학생들이 움직이고, 자신이 고른 번호가 나오지 않을 때 터져 나오는 다양한 학생들의 모습을 지켜보는 것도 재미있었다.

02 품앗이 문장 만들기

준비물	단어카드, 바구니, 문장 리스트(교사용)		
활동대상	중 · 고학년	활동유형	모둠활동

활동난도: ★★★★☆

PUT WORDS
TOGETHER

활동을 소개합니다!

이 활동은 교사가 들려주는 문장을 잘 듣고 모둠원과 협력하여 문장을 만드는 것이다. 마치 품앗이를 하듯 서로가 서로에게 도움을 주어야 하는 것이 포인트다. 교사의 입장에서는 단어카드를 여러 장 만들어야 해서 다소 번거롭긴 하지만 소외되는 아이들 없이 모둠원 모두를 활동에 참여시킬 수 있다는 점에서 의미가 큰 활동이다. 널리 알려진 활동임에도 여기에 꼭 소개하고 싶었던 이유이기도 하다.

여기를 보세요. 이건 뭐예요? 맞아요. 단어카드예요. 이 단어들이 모이면 어떻게 될까요? 문장이 돼요. 선생님이 오늘 단어카드를 준비해온 이유는 문장 만들기 활동을 하기 위해서예요. 재미있겠죠? 여기에서 중요한 것은 문장을 빨리 만드는 것이 아니라 정확하게 만드는 거예요. 즉 순발력과 정확성이 모두 필요하죠. 그런데 그보다 더 중요한 것이 뭔지 아나요? 모둠원들과 협력을 잘 하는 거예요. 서로 돕지 않으면 문장을 빨리 만들 수도, 잘 만들 수도 없으니까요. 그럼 응원의 구호를 힘차게 외치고 시작해봅시다.

Look here. What's this? That's right. It's a word card. What happens when you put these words together? They become a sentence. The reason why I prepared these **word cards** today is to make **sentences**. It sounds fun, right? The most important thing in this activity is to not make a sentence fast, but to make it accurately. You need both speed and accuracy. But do you know what's more important than that? **Collaboration**! If you don't help each other, you can't make sentences quickly and correctly. Let's start with a cheer.

* 키워드: word cards, sentences, Collaboration

－ 학생들을 4명씩 6모둠으로 구성한다.

－ 단어카드가 들어 있는 바구니를 모둠에 나눠준다.

－ 교사는 단어카드를 이용하여 만들 수 있는 문장을 적어놓는다.

· 활동순서 ·

① 각 팀은 단어 바구니로 모여 선다.
  Each team, gather around the words basket.

② 교사가 들려주는 문장을 잘 듣는다.
  I will say a sentence. Listen carefully.

③ 바구니에서 알맞은 단어카드를 찾고 문장을 만든다.
  Find the correct word cards from the basket, and make the sentence.

④ 모둠원들과 만든 문장을 들어 올린다.
  Hold up the sentence with your group members.

⑤ 문장을 함께 읽는다.
  Read the sentence together with your group members.

⑥ 활동을 반복한다.
  Repeat it.

▪ **이것만은 꼭 지켜주세요!**

－ 영어를 읽지 못하는 모둠원이 있는 경우 도와준다.
  Please help those who are struggling in reading.

바구니에 든 단어카드와 학생들이 이를 이용해 문장을 만든 모습

- **교사를 위한 수업 SECRET**
  - 마지막 단어 끝에 마침표나 물음표와 같은 문장부호를 붙이지 않고 문장부호만 따로 잘라 준비하는 것이 좋다.

 수업성찰

첫 번째 문장은 "What does your mother work?"였다. 다 만들었다고 해서 확인해보니 문장부호(물음표)가 없었다. 문장부호가 빠져서 점수를 받지 못한 학생들은 물음표가 중요하다는 것을 깨닫고 정신을 바짝 차렸다. 그리고 마지막 문장 "My mother is a teacher." 이번에도 마침표를 들지 않은 한 모둠은 아쉽게도 점수를 얻지 못했다. 이 활동을 통해서 학생들은 문장부호의 중요성을 다시금 깨닫게 되었다.

03 미스터리 문장 만들기

준비물	단어카드		
활동대상	중·고학년	활동유형	전체활동

활동난도: ★★★★☆

MAKE

SENTENCES

활동을 소개합니다!

이 활동은 단어카드를 한 사람에게 하나씩 나누어주는 것으로 시작된다. 단, 단어카드는 돌돌 말려 있는 상태이고, 교사의 안내가 있기 전까지는 열어볼 수 없다. 교사가 문장을 만들라고 안내하면 학생들은 자신이 가진 단어가 무엇인지 확인하고 문장을 만들기 위해 필요한 단어를 찾아 교실 곳곳을 돌아다니게 된다. 전에 소개한 문장 만들기보다는 교실을 돌아다니는 재미도 있고, 누구와 완성된 문장을 만들게 될지 모르기 때문에 긴장감을 안겨주는 활동이다.

여러분이 지금 배우고 있는 표현 중에서 가장 중요한 문장은 뭘까요? 그래요. 'Go straight and turn left/right.'이에요. 그럼 이 돌돌 말아 놓은 종이들은 뭘까요? 짠~ 단어카드예요. 오늘 이 단어카드를 가지고 문장 만들기를 할 거예요. 재미있겠죠? 여러분이 맞는 문장을 만들려면 필요한 단어를 가진 사람을 찾아야 해요. 빨리 찾는 것도 중요하고 정확하게 찾는 것도 중요해요. 그럼 시작해볼까요?

What's the most important sentence you're learning now? Yes, you are learning, 'Go straight and turn left/right' So what are these rolled-up sheets of paper? Ta-da! It's a word card. You are going to make a **sentences** with these **word cards**. It sounds fun, right? You have to find someone who has the word you need to make the right sentence. It's important to find them quickly and correctly. Let's get started.

* 키워드: word cards, sentences

― 학생 수만큼 단어카드를 준비한다.

· 활동순서 ·

① 교사가 나누어주는 단어카드를 받는다.

I will give each of you a word card that can make only one correct sentence.

② 모든 사람이 받을 때까지 단어카드를 펴지 않고 기다린다.

Don't open it until everyone gets a card.

③ 교사가 "go"라고 말하면 필요한 단어카드를 찾아 움직인다.

When I say "go," walk around and find the people with other words, and make a sentence using the word cards.

④ 문장을 만들면 교실 바닥에 앉는다.

Sit on the floor when you have made a sentence.

⑤ 만든 문장을 다 함께 읽는다.

Please read the sentence together.

⑥ 포인트를 받고 활동을 반복한다.

I will give points to the group that have the correct sentence.

⑦ 사용한 단어카드를 제출하고 다른 문장을 만들 새 단어카드를 받는다.

I will then collect all of your cards and give you new cards that will be used to make another sentence.

돌돌 말아놓은 단어카드 예시와 실제 활동 모습

▒ 이것만은 꼭 지켜주세요!

- 단어카드를 미리 열어보지 않는다.

  Please don't open the word cards before I say you can.

▒ 교사를 위한 수업 SECRET

- 필요한 단어를 가진 사람을 서로 원하는 경우에는 가위, 바위, 보를 하게 한다.

🐷 수업성찰

오늘 만들 문장은 컵송(Cups)의 제목 "When I'm Gone."이었고 이 활동을 위해 준비한 문장의 개수는 8개 그리고 8개의 문장을 세 부분(When-I'm-Gone)으로 잘라 만든 단어카드는 모두 24개였다. 그러나 학생의 수는 23명, 그런 이유에서 남은 단어카드 1개는 통에 그대로 남게 되었다. 따라서 한 팀은 단어 한 개가 부족해서 문장을 만들 수 없는 상황(이런 경우 수업은 흥미로워지고 학생들의 안타까움은 커진다) 교사의 신호 "go"라는 말에 단어를 찾아 돌아다니는 학생들, 이어서 여기저기에서 환호가 터지기 시작했다.

04 두근두근, 문장 뽑기

준비물	문장카드		
활동대상	중 · 고학년	활동유형	전체활동

활동난도: ★★★★☆

활동을 소개합니다!

뽑기는 사소한 것이라도 뭔가 묘한 긴장감과 설렘을 안겨준다. 이 활동은 학생들에게 또는 모둠에게 문장카드를 무작위로 나눠주고 교사도 같은 문장을 가지고 있다가 잡히는 대로 하나 뽑아서 같은 문장을 가진 학생이나 모둠에게 보상해주는 것이다. 학생들이 지쳐 있어서 통 의욕이 가라앉아 있거나, 날이 더워서 수업을 진행하기 힘들 때 수업 전 · 중 · 후 언제든 즉흥적으로 적용해보면 분위기 전환과 함께 활력을 한층 불어넣을 수 있을 것이다.

여러분 경품 추첨권을 받아본 적 있나요? 어디에서 받아보았죠? 선생님은 돌잔치, 농구 게임, 콘서트 등 행사에 재미를 더하는 것이 경품 추첨이라고 생각해요. 그럼 경품 추첨에 당첨되어본 사람 있어요? 그때 기분이 어땠어요? 선생님이 오늘 여러분을 신나게 만들어줄 문장카드 두 세트를 준비해서 가지고 왔어요. 각 문장카드에는 번호가 적혀 있어요. 일종의 추첨권이에요. 한 세트는 선생님 거예요. 그럼 시작해봅시다. 여러분의 당첨을 기원해요.

Have you ever received a **raffle ticket**? Where did you get it? I think having raffle tickets at events like one-year birthday parties, basketball games, or concerts, make the events more fun. Has anyone ever won a prize? How did that make you feel? I have prepared two sets of **sentence cards** that will get you excited. Each sentence card has a number on it. It's kind of like a raffle ticket. One set is mine. Let's get started. I wish you win the prize.

* 키워드: raffle ticket, sentence cards

놀이 활동은 어떻게 진행할까요?

— 학생 수 또는 모둠 수만큼 문장카드를 준비한다(순서가 있는 이야기라면 각 문장 앞에 번
호를 쓴다).

— 교사도 학생들이 가지고 있는 것과 같은 문장카드를 준비한다.

· **활동순서** ·

① 교사가 나눠주는 문장카드를 받는다
  You will get a sentence card.

② 교사가 읽는 문장을 잘 듣는다.
  I will pick up a sentence card and read it.

③ 같은 문장을 가진 학생은 문장을 읽는다.
  Who has the same sentence? Please read it.

④ 스탬프를 받는다.
  I will give a stamp.

⑤ 활동을 반복하고 문장을 읽는다.
  I will pick up one more sentence. Please read it.

⑥ 문장 앞의 번호에 따라 차례대로 문장을 읽는다.
  Who has no.1 sentence? Please read it. And no.2 sentence? Read the
  sentence, and so on.

⑦ 문장카드를 모은다.
  Please gather the cards.

6. I go to the bookshelves.

(책꽂이로 간다.)

문장카드 하나를 뽑는 모습과 뽑힌 행운의 문장

■ **이것만은 꼭 지켜주세요!**

– 조금 큰 소리로 문장을 읽는다.

Read the sentences loudly and clearly.

■ **교사를 위한 수업 SECRET**

– 이 활동을 위해 좋은 문장을 골라 코팅해두면 더 오래도록 활용할 수 있다.

– 문장카드를 만들 때는 단편적인 문장을 사용하기보다 유의미한 이야기를 넣으면 좋다.

 수업성찰

학생 수가 적은 어느 반의 경우 문장카드를 나눠주고 1개가 남아서 하나 더 받을 사람 있으면 손을 들라고 했다. 그 말에 과제를 하나 더 해야 할지도 모른다고 생각했는지 학생들이 머뭇거렸다. 하긴 깜짝쇼를 하듯이 문장카드를 나눠주고 활동을 하다 보니 그럴 수밖에 없었던 것 같다. 이 활동은 필자가 한 것처럼 무작위로 문장카드를 나눠주고 진행을 하는 경우에 더욱 흥미로워진다.

05 쿠폰을 찾아라!

준비물	쿠폰(예-자리선택권, 숙제면제권, 음료권, 외식상품권 등)		
활동대상	중 · 고학년	활동유형	전체활동

활동난두 ★★★★☆

FIND
A COUPON

💬 활동을 소개합니다!

학기말 그러니까 방학을 앞둔 7월과 12월은 참으로 수업하기 힘든 달이다. 학생이나 교사나 모두 지쳐 있는 상태이기 때문이다. 이런 나른한 때에 '빵' 하고 터질 만한 재미난 일을 만들어보면 어떨까? 이럴 땐 "쿠폰을 찾아라!" 같은 활동이 안성맞춤이다. 7월 초 또는 12월 초 어학실에 있는 책 속에 또는 학생들에게 나눠줄 유인물에 쿠폰을 붙여두자. 교사는 주는 기쁨을, 학생들은 받는 행복을 누릴 수 있다.

여러분 이게 뭔지 알고 있나요? 선생님이 아름다운 문장을 넣어서 쿠폰을 만들었어요. 그렇지만 이 쿠폰에는 아름다운 말만 적혀 있는 건 아니에요. 각 쿠폰에는 음료권, 외식상품권, 자리선택권, 숙제면제권이라는 말도 있어요. 쿠폰을 찾고 싶죠? 쿠폰은 여기 어학실에서 찾을 수 있어요. 단, 쿠폰을 찾는다고 어학실의 물건을 흩뜨려 놓거나 선생님의 물건을 허락 없이 만지면 안 돼요. 쿠폰을 찾으면 언제든 선생님에게 가지고 오세요.

Do you know what this is? I made a **coupon** with beautiful sentences, but this coupon doesn't have only beautiful sentences. There is also a free beverage coupon, a restaurant gift certificate, a seat change coupon, and a homework waiver. Do you want to get a coupon? You'll have to **find** a coupon by searching this room. Please do not make the language room messy or touch my belongs without my permission. Each time you find a coupon, bring it to me.

* 키워드: coupon, find

놀이 활동은 어떻게 진행할까요?

– 명언을 넣어 쿠폰을 만든다.

– 인쇄하여 영어 이야기책에 숨기거나 활동지 등에 붙인다.

· 활동순서 ·

▶1단계 - 책을 읽으며

① 책을 읽으며 쿠폰을 보았는지 생각한다.
  Has anyone found a coupon while reading your book?

② 만약 쿠폰을 찾았다면 앞으로 나온다.
  Please come to me with your coupon if you have found one.

③ 쿠폰에 있는 영어문장을 읽는다.
  Please read the sentence that's on the coupon.

④ 해당되는 물건을 받거나 자리선택권을 받는다.
  I will give you a present or you can choose where to sit. Where would you like to sit?

▶2단계 - 학습지를 나눠주고

① 학습지에 쿠폰이 있는지 살핀다.
  Who sees the coupon on your worksheet?

② 만약 쿠폰이 있다면 학습지를 가지고 교실 앞으로 나간다.
  If you have the coupon, come here with your worksheet.

③ 1단계의 ③④번과 동일하다.

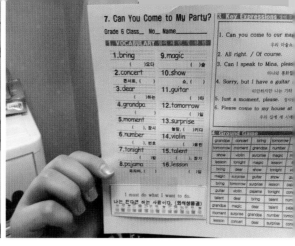

책 속에 숨겨놓은 쿠폰과 학습지에 숨겨놓은 쿠폰

■ 이것만은 꼭 지켜주세요!

– 한 사람이 여러 개의 쿠폰을 가질 수 있다.

You can have more than one coupon.

■ 교사를 위한 수업 SECRET

– 참고로 여기에서 말하는 외식상품권은 컵라면이다.

– 쿠폰에 대해 언제 소개할지는 교사가 결정한다.

수업성찰

쿠폰을 책 속에 숨겨놓고 책을 읽고 북리포트(독서감상문)를 쓰는 시간을 주었다. 예상을 못한 건 아니었지만 대부분의 학생들이 북리포트를 완성할 즈음에도 쿠폰을 찾았다는 말을 하지 않았다. 그래서 혹시 쿠폰을 본 사람이 있는지 물었더니 한 남학생이 본 적이 있다며 책꽂이로 달려갔다. 그 말에 학생들이 일제히 일어나 책을 뒤지기 시작했다. 성격이 급한 학생은 여러 권의 책을 들더니 탈탈 털기 시작했다. 완전 난감한 상황이 벌어졌다. 또 유인물을 나눠줄 때도 쿠폰을 붙였더니 두 눈을 반짝이며 기쁘게 받았다. 재미있었던 일화는 1학기말에 숙제면제권을 받고 원하던 쿠폰이 아니라며 실망하는 학생에게 그래도 모르니 영어 공책에 쿠폰을 붙이라고 했는데, 2학기에 숙제를 안 해와 청소 봉사를 하게 되었을 때 유용하게 활용하는 것을 보았다.

06 신문은 보물창고

준비물	THE KIDS TIMES(sample), 활동지, 가위, 풀		
활동대상	중 · 고학년	활동유형	모둠활동

활동난도: ★★★★☆

SCAVENGER HUNT

활동을 소개합니다!

보물찾기는 학생들에게 친숙한 활동이다. '신문은 보물창고'도 일반 보물찾기와 비슷하다. 다만 여기에서 말하는 보물은 모두 보물창고인 신문 안에 숨어 있다. 이 활동은 학생들에게 영어 신문을 접할 기회를 주어 영어 신문에 대한 선입견을 덜어주고 한층 친근감을 느끼게 해준다. 게다가 교과서 밖 다양한 영어 표현과 살아 있는 영어표현을 접할 기회를 제공한다는 점에서 의미 있는 활동이 될 것이다.

이거 뭐예요? 맞아요. 영어 신문이에요. 영어 신문을 보면 어떤 점이 좋을까요? 중요한 정보를 얻을 수 있고, 영어단어나 문법 공부에도 도움이 된답니다. 오늘은 선생님이 영어 신문을 활용한 활동을 준비해 봤어요. 이름하여 'Scavenger Hunt.' 좀 어려운 말이죠? 보물찾기와 비슷한데 scavenger hunt는 찾아야 하는 물건을 빨리 찾는 게임이에요. 자세한 건 선생님이 차차 설명을 해줄게요. 이 활동을 통해서 선생님은 여러분이 영어 신문과 가까워졌으면 좋겠어요. 그럼 시작해볼까요?

What's this? That's right. It's an **English newspaper**. What is good about reading English newspapers? We can get important information for our knowledge, study English vocabulary and grammar, and so on. Today, I have prepared an activity that uses English newspapers. It 's called the '**Scavenger Hunt**.' That's a hard word to say, right? It's similar to a treasure hunt. Scavenger hunt is a game that requires you to **find** the hidden items. I'll explain the details gradually. Through this activity, I hope you get closer to English newspapers. Shall we start?

* 키워드: English newspaper, Scavenger Hunt, find

- 교사는 활동 전 영어신문을 보면서 활동지를 만든다.
- 학생들을 4명씩 6개의 모둠으로 구성한다.
- 활동지를 나눠주고 모둠 이름을 쓰게 한다.

· 활동순서 ·

① 어린이 영어 신문을 받는다.

I will give you a bunch of newspapers.

② 활동지에 씌어 있는 단어나 문장을 확인한다.

On the worksheet, there are words or sentences.

③ 해당되는 단어나 문장을 신문에서 찾아 활동지의 해당 칸에 붙인다.

From the newspaper, you should find the right words or sentences and glue them onto the correct spots on the worksheet.

④ 활동지를 채운 모둠은 교사에게 가지고 간 후 다른 모둠이 활동을 마칠 때까지 기다린다.

Come to me with your worksheet when you are done and wait until other groups are done.

⑤ 활동지를 칠판에 붙인다.

Put your worksheet on the board.

⑥ 잘못 붙인 것은 1점씩 뺀다.

I will take off a point for each wrong word, or sentence.

⑦ 갤러리 투어를 하며 다른 모둠의 활동을 살펴본다.

Take a look at other groups' works.

lollipop	price	name of a girl	holiday
title	web address	QR code	bar code
'자판기' 영어단어	day of the week	The word 'nursery'	The word 'butcher shop'
The sentence 'She is showing off her amazing balancing skills.'	The sentence 'The campaign aims to prevent school bus accidents.'	The sentence '궁예는 후에 사람들에 의해 살해 되었다.'	The sentence '지불방법은 현금 또는 신용카드이다.'

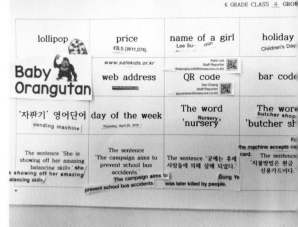

빈 활동지의 예시와 활동 후 결과물

■ **이것만은 꼭 지켜주세요!**

― 활동이 끝나면 책상을 정리한다.

Clean your desks when you finish the work.

■ **교사를 위한 수업 SECRET**

― 영어 신문 대신 영어 잡지를 이용해도 된다.

― 이 활동을 위해 흥미로운 기사를 준비해두면 좋다.

― 알파벳이나 쉬운 표현을 찾게 한다면 저학년도 할 수 있는 활동이다.

 수업성찰

첫 시간, 활동지에 있는 단어의 의미를 모두 설명해주면 활동이 너무 쉬워질 것 같아서 활동 방법만 안내해줬더니 질문이 쏟아졌다. 그래서 그 다음 반부터는 어려운 단어는 우리말로 말해주고, web address 같은 경우는 예를 들어 보여주고 활동하게 했다. 단어를 우리말로 해석해주고, 예를 들어 설명을 한 다음 활동하게 하는 것이 더 좋다고 생각했다.

07 나는야 이야기꾼

준비물	문장카드		
활동대상	중 · 고학년	활동유형	모둠활동

활동난도: ★★★★☆

STORYTELLER

활동을 소개합니다!

지루한 읽기는 가라! 이 활동은 수업시간에 꼿꼿하게 앉은 자세로 단조롭게 교과서의 읽기 자료를 읽는 일반적인 방식에서 벗어나 학생들을 자리에서 일으켜 세우고 나아가 게임이라는 요소를 집어넣어 좀 더 역동적이고 재미있는 방법으로 주어진 문장을 읽게 만들어줄 것이다. 읽기는 따분하다는 선입견을 날려줄 만한 즐거운 활동이다.

선생님은 이야기를 무척 좋아하는데 여러분은 어때요? 여러분도 이야기를 좋아할 거라고 생각해요. 오늘은 선생님이 여러분을 위해 짧은 이야기를 하나 준비해왔어요. 선생님이 들려주는 이야기를 들은 후 여러분이 이야기꾼(스토리텔러)가 되어 이야기를 읽게 될 거예요. 포인트를 얻을 수 있기 때문에 빨리 읽을수록 더 좋지만 쉽지는 않아요. 그 이유는 반대편에서 오는 상대방과 가위-바위-보를 해서 계속 이기는 사람만이 끝까지 읽을 수 있기 때문이죠. 한 번 도전해보고 싶죠?

I love **stories**. How about you? I guess you love stories, too. Today, I have prepared a short story for you. After listening to my story, you will become **storytellers** and **tell** the story. The faster you read, the better it is because you can get a point, but it's not easy. The reason is that only the person who keeps winning rock - scissors - paper against the person coming from the other side can read the story. Do you want to try?

* 키워드: stories, storytellers, tell

- 이야기를 준비하여 읽어준다.
- 이야기를 한 줄씩 잘라서 벽에 붙인다.
- 어려운 단어, 예를 들어 사람 이름의 경우는 어떻게 읽는지 가르쳐준다.
- 학생들을 2개의 모둠으로 구성한다.

· 활동순서 ·

① 교사의 안내에 따라 시작점에 선다.
Stand at the starting point for the activity.

② 각 모둠의 1번은 문장을 읽을 준비를 한다.
The first person in each group be ready to read.

③ 교사가 "ready-go"를 하면 문장을 읽으며 앞을 향해 걸어간다.
When I say "ready-go," walk forward while reading the sentences.

④ 상대방을 만나면 가위 바위 보를 한다.
Do rock-scissors-paper when you meet the opposing group's member.

⑤ 이긴 사람은 문장카드를 계속 읽는다.
If you win, keep walking and reading.

⑥ 진 사람은 모둠 줄의 맨 끝으로 가고 그 다음 사람이 나와서 처음부터 읽는다.
If you lose, go to the back of the line and the next person read the sentences from the beginning.

⑦ 문장을 끝까지 모두 읽은 모둠은 1점을 받는다.
The group that reads all the sentences will get a point.

가위 바위 보를 하며 학생들의 희비가 교차하는 순간

■ **이것만은 꼭 지켜주세요!**

　– 문장을 건너뛰고 읽지 않는다.

　Don't skip sentences.

■ **교사를 위한 수업 SECRET**

　– 영어 동요를 이용해서도 이 활동을 할 수 있다.

　– 교과서의 읽기 자료나 짧은 동화책도 활용해볼 수 있다.

　– 저·중학년의 경우 알파벳카드나 단어카드를 활용한다.

 수업성찰

가위 바위 보를 할 때마다 연신 터져 나오는 학생들의 환호성과 멋진 제스처! 사실 처음 이 활동을 계획하고 이야기를 만들 때만 해도 학생들이 이렇게나 재미있어 하고 열심히 몰입할 줄 미처 몰랐다. 다만 아쉬운 점이 있다면 학생들의 창의적이고 멋진 제스처들을 사진에 담아두지 못했다는 점이다.

08 내 마음을 읽어봐!

준비물	PPT, 화이트보드, 마커, 지우개

활동대상	중 · 고학년	활동유형	모둠활동

활동난도: ★★★★☆

MIND
READING

활동을 소개합니다!

이 활동은 무작위로 학생 한두 명을 뽑아 교실 앞으로 나오게 한 뒤 교사가 보여주는 질문을 읽고 답을 화이트보드에 쓰게 한다. 앞에 나온 학생이 답을 쓰는 동안 자리에 앉아 있는 각 모둠의 학생들은 앞에 나온 학생이 썼을 거라고 생각하는 답을 추측해서 모둠의 화이트보드에 쓴다. 앞에 나온 학생의 답과 일치하는 모둠에게는 포인트를 준다. 이 활동을 잘만 활용하면 학생들이 서로에 대해 좀 더 알아가는 뜻깊은 시간을 만들어줄 수 있다.

영어
수업 놀이

활동을 시작하기 전에 선생님과 여러분의 마음이 서로 통하는지 몇 가지 실험을 해볼 거예요. 선생님이 여러분의 상태를 맞춰볼게요. 여러분은 지금 배가 고파요. 선생님이 맞췄죠? 너무 쉬운 거였다고요? 그럼 이번에는 여러분이 선생님이 좋아하는 운동을 맞춰볼래요. 농구 아니에요. 축구도 아니에요. 이제 마지막 기회예요. 선생님이 제일 좋아하는 운동은 수영이에요. 어떻게 알았어요? 이제부터 여러분이 친구들의 마음을 맞춰보세요.

Before we start this activity, I will do some experiments to see if your **mind** goes with mine. Let me **guess** your feelings. You're hungry now. Am I right? You think it was too easy? Now, guess what my favorite sport is. It's not basketball. It's not soccer either. This is the last chance. My favorite sport is swimming. How did you know? Now, let's guess your friends' minds.

* 키워드: mind, guess

– 질문을 넣어서 PPT를 만들어 준비한다.
– 앞에 나온 학생과 모둠에게 화이트보드를 준다.

· 활동순서 ·

① 뽑힌 번호의 학생은 교실 앞으로 나온다.

I will pick two numbers from the plastic jar. No. 12 and 17, please come to the front.

② 화이트보드를 받고 자리에 앉는다.

Take this white board and have a seat.

③ PPT에 있는 질문을 읽고 답을 쓴다.

Read the question, "What is your favorite color?" on the PPT and write the answer on your white board without showing anyone.

④ 각 모둠원은 앞으로 나온 학생들의 마음을 추측하여 답을 쓴다.

Each of the groups guess what ○○, and ○○ wrote and write the answer on the board.

⑤ 똑같은 답을 쓴 모둠은 1점을 얻는다.

The group that writes the same answers will get a point.

Question 4

What's your favorite
subject(except P.E)?

예시 질문과 화이트보드에 답을 쓰는 학생들의 모습

- **이것만은 꼭 지켜주세요!**
  - 답은 하나만 쓴다.

    Write only one answer.
  - 쓴 답이 앞에 나온 사람 중 한 사람의 답과 일치해도 포인트를 받는다.

    You can get a point if you have the same answer as one of the two students in the front.

- **교사를 위한 수업 SECRET**
  - 문제를 이해하지 못해서 또는 영어로 쓸 줄 몰라서 못 쓰는 경우 교사가 도와준다.

 수업성찰

처음에 이 활동을 계획할 때는 모둠에서 한 명씩 나와 총 6명이 활동하게 하는 것이었다. 그러나 6명이 너무 많을 거라는 생각이 들어 2명으로 인원을 줄이게 되었다. 또 원래 계획은 활동할 사람을 지정하여 순서대로 나오게 하려고 했으나 무작위로 뽑는 것이 재미있을 것 같았다. 뽑히지 않아서 아쉬워하는 학생도 있었지만, 위에서처럼 2명을 나오게 하고 무작위로 뽑아서 활동하기를 잘 했다는 생각이 들었다.

09 서바이벌 스탠딩 게임

준비물	PPT		
활동대상	중·고학년	활동유형	모둠활동

활동난도: ★★★★☆

SURVIVOR
STANDING GAME

활동을 소개합니다!

이 활동의 시작은 일단 모든 학생들이 앉은 자리에서 일어나는 것이다. 그리고 모둠별로 마지막까지 가장 많은 사람이 일어나 남아 있는 모둠이 이기는 방식이다. 우선 교사가 무작위로 번호 하나를 뽑아서 PPT를 이용하여 문제를 내는데 대답을 잘하면 다른 팀원을 죽일 수도 있고, 죽었던 자기 팀원을 도로 살릴 수도 있다.

오늘도 재미있는 활동을 해봐요. 이름하여 서바이벌 스탠딩 게임. 이 활동에서는 서 있는 사람과 앉아 있는 사람 중 누가 이길 것 같아요? 맞아요. 서 있는 사람이 많은 모둠이 이기는 거예요. 그런데 답을 어떻게 알았어요. 제목을 보고 알았다고요. 대단해요. 어떻게 하는 게임인지 궁금하죠? 선생님이 자세히 안내해줄게요. 여러분, 살고 싶나요? 우리 살아남기 위해 최선을 다해봅시다.

Let's do a fun activity today. It's called, 'Survival Standing Game.' Who do you think will win in this activity? The ones standing or the ones sitting? That's right. The group with the most people standing at the end wins. But how did you know the answer? You knew it when you saw the title of the activity. Amazing! Do you want to know how to play this game? I'll show you the details. Do you want to **survive**? Let's try our best to be the last one standing.

* 키워드: Survival Standing Game, survive

  – PPT를 만들어 준비한다.

  – 학생들을 3모둠으로 나눈다.

· 활동순서 ·

① 자리에서 일어난다.

  Everyone stand up.

② 교사가 뽑은 번호를 확인한다.

  I will pick a number from here(the plastic jar.)*

③ 뽑힌 번호에 해당하는 사람은 PPT를 보며 질문에 답을 한다.

  If I pick your number, you have to answer the question shown on the screen.

④ 대답을 잘 한 경우 모둠원을 일으켜 세우기도 하고 앉히기도 한다.

  If you get the question right, you can either make other group members sit down or stand up; it is random.

⑤ 만약 대답을 잘 못한 경우는 자리에 앉는다.

  If you say the wrong answer or don't know the answer, you have to sit down.

⑥ 서 있는 사람이 많은 모둠이 이긴다.

  The group that has the most students standing at the end is the winner.

....
* the plastic jar은 1장의 넘버 볼을 담은 통을 말한다.

Unscramble:
day a erhet times.

Three times a day.

PPT의 한 장면과 학생들의 활동 모습

■ **이것만은 꼭 지켜주세요!**

    – 자기 모둠원이라도 도움을 줄 수 없다.

    You can't help anyone, even your group members.

■ **교사를 위한 수업 SECRET**

    – 3명을 일으켜 세울 경우 한 명은 자기 모둠에서, 또 다른 두 명은 다른 모둠에서라고
    안내하거나 해당 되는 달에 생일인 사람 모두 앉게 하거나 서게 하는 것도 재미있다.

🐘 수업성찰

활동 초기 "Choose two students to sit down."이라고 안내했을 때 과감하게 다른 모둠원의
이름을 불렀던 학생들이 "Choose three students to stand up. Two not from your group."
한 명은 자기 모둠에서 다른 2명은 다른 모둠에서 일으켜 세워야 했을 때 쉽게 결정을 내리지
못했다. 그러다가 "All students with birthdays in September sit down." 또는 "All students
standing in the front row sit down."이라는 말에 황당해했다. 학생들이 황당해하는 모습을
보니 왠지 더 재미있었다.

10 영어책은 내 친구

준비물	영어 이야기책, 활동지		
활동대상	중 · 고학년	활동유형	개별활동

활동난도; ★★★★☆

READ
BOOKS

활동을 소개합니다!

영어책 읽기의 장점은 이미 널리 알려져 있다. 그러나 현실적으로 볼 때, 영어 책을 가까이 두고 즐겨 읽는 학생은 그리 많지 않은 것 같다. 그래서 시간을 따로 내어 영어책과 친해지는 시간을 갖곤 하는데, 이때 그냥 무조건 읽으라고 하는 것보다는 읽은 내용을 부담스럽지 않은 선에서 간단하게 정리해보게 하여 책 읽기에 의미를 부여하면 어떨까? 이 활동은 의미 있는 책 읽기를 가능하게 해주는 데 도움을 주는 활동이다.

영어
수업 놀이

여러분 책 읽는 거 좋아해요? 얼마나 자주 책을 읽죠? 학원을 가고 학원 숙제를 해야 해서 책을 읽을 시간이 없다고요? 바빠서 책을 읽을 수 없다니 무척 안타깝네요. 그런 이유에서 오늘 선생님이 여러분에게 영어 책을 읽을 시간을 주려고 해요. 어때요? 선생님의 목표는 이 활동을 통해서 여러분이 영어책과 친해지도록 하는 거예요. 그럼 시작해볼까요?

Do you like **reading**? How often do you read books? You don't have time to read because you have to go to academy and do your homework? I'm sorry to hear that you are really busy. That's why I am going to give you some time to read books today. What do you think? My goal is to make you get closer to **English books** through this activity. Shall we start?

* 키워드: reading, English books

? 놀이 활동은 어떻게 진행할까요?

− 어학실에 구비된 짧은 이야기책 중에서 좋아하는 것을 고르게 한다.
− 학생들에게 활동지를 나눠준다.

· 활동순서 ·

① 북리포트 쓰는 방법에 대한 안내를 듣는다.

For those who finish reading the book, simply write down the book's main characters, new words, their meanings, and your opinions about the book.

② 책을 읽으며 또는 책을 읽은 후 북리포트를 작성한다.

Write the book report during or after reading.

③ 희망하는 학생은 북리포트를 발표한다.

Who wants to share your book report?

④ 새로 알게 된 영어단어를 말한다.

What new words have you learned?

⑤ 교사가 칠판에 쓰는 단어를 확인한다.

I will write the new words you say on the board.

⑥ 칠판에 쓴 단어 중 하나를 선택하고 공놀이를 한다.

Group 1, choose a word among the three words that are written on the board.

⑦ 교실에 전시한 북리포트를 감상한다.

I will display your book reports on the wall.

책을 읽으며 활동지를 작성하는 학생들의 모습

※ 이것만은 꼭 지켜주세요!

– 책 내용이 마음에 들지 않은 경우 2번만 바꿀 수 있다.

You have two chances to change your book.

(※이 규칙을 정해놓아야 책을 읽지 않고 계속 바꾸기만 하는 학생들이 생기지 않는다)

※ 교사를 위한 수업 SECRET

– 같은 책을 주고 북리포트를 쓰게 하면 수준이나 선호도에 따라 새로 알게 된 단어나 느낀 점 등이 달라 재미있다.

– 위에서처럼 학생들이 쓴 새로 알게 된 단어를 이용하여 공놀이를 할 수 있다.

 수업성찰

수업시간에 활용하는 영어동화책은 오늘 고르게 한 책처럼 짧으며 책 뒤편에 단어 풀이가 나와 있는 것이면 좋을 것 같았다. 재미있었던 에피소드라면 북리포트를 어떻게 써야 하는지 우리말로 설명을 해주었는데 'My name is'에 학생 본인의 이름 대신 책 주인공의 이름을 쓴 경우였다. 후속활동으로 책의 주인공이나 작가에게 편지나 이메일을 써보는 것도 흥미로운 활동이 될 것이다.

01 구깃구깃 종이 농구

준비물	이면지, 빈 통		
활동대상	저 · 중 · 고학년	활동유형	모둠활동

활동난도: ★★★☆☆

활동을 소개합니다!

꼭 농구공과 농구골대를 갖추고 있어야만 농구를 할 수 있는 것은 아니다. 이면지와 빈 통만 있으면 교실 안에서도 얼마든지 농구를 즐길 수 있다. 일명 '종이 농구'다! 학생들에게 이면지를 나눠주고 공을 만들기 전에 영어문장을 쓰게 하면 배운 표현을 복습할 수도 있어 일석이조다. 영어 쓰기를 다소 부담스러워하는 학생들도 이 활동을 적용하면 쓰기에 한층 편안하게 접근하는 모습을 보여준다.

여러분 농구에 대해 알아요? 그럼 선생님이 농구에 대해 쉬운 질문을 한 가지 할게요. 농구를 하려면 뭐가 필요할까요? 맞아요. 농구공과 골대가 필요하죠. 그럼 이번에는 선생님이 조금 어려운 질문을 해볼게요. 농구공과 골대 없이도 농구를 할 수 있는 방법이 있나요? 선생님의 답은 '네'예요. 어떻게 하는지 궁금하죠? 여기를 보세요. 선생님이 종이로 공을 만들어볼게요. 짠~ 금세 농구공이 만들어졌네요. 그 다음 공을 이 통 안으로 던질 거예요. 선생님이 먼저 공을 던져볼게요. 어때요? 여러분도 하고 싶죠? 그럼 시작해봅시다!

Do you know anything about **basketball**? Then, let me ask you an easy question about it. What do we need in order to play basketball? That's right. We need a basketball and a basketball hoop. Now, let me ask you a difficult question. Is there a way to play basketball without a basketball or a basketball hoop? My answer is yes. Aren't you curious to know how? Look here. I'll make a **ball out of paper**. Ta-da~ The ball was made quickly. We will throw the ball into this bucket. I'll throw the ball first. Do you want to play it? Let's get started.

* 키워드: basketball, ball out of paper

? 놀이 활동은 어떻게 진행할까요?

 － 빈 통을 준비해서 칠판 밑에 놓는다.
 － 학생들을 두 모둠으로 나눈다.

· 활동순서 ·

① 이면지를 받고 이름을 쓴다.
  Write your names on the used paper.

② 해당 단원에서 문장을 하나 골라 종이에 쓴다.
  Write a sentence from Lesson 8.

③ 종이를 구겨 종이공을 만든다.
  Make a paper ball with your paper.

④ 교사가 지시하는 곳에 줄을 선다.
  Stand where I tell you to stand.

⑤ 지정된 선에 서서 종이공을 빈 통 안으로 던진다.
  Throw your paper ball into the bucket from the starting point.

⑥ 공을 던진 사람은 자리에 앉는다.
  Return to your seat once you have thrown your paper ball.

⑦ 통 안의 종이공을 확인하고 포인트를 받는다.
  We will then count how many paper balls made it into the bucket.

문장을 이면지에 쓰고 공으로 만들어 던지는 모습

- **이것만은 꼭 지켜주세요!**

  – 공을 던질 때 라인을 넘지 않는다.

  Don't cross the line when throwing the ball.

- **교사를 위한 수업 SECRET**

  – 학습자의 수준에 따라 문장 대신 단어와 알파벳을 쓸 수도 있다.

  – 짬이 날 때 학습 마무리 활동으로 활용해도 좋다.

 수업성찰

알맞은 시작점을 찾기 위해 이 활동을 계획하면서 빈 통을 칠판 밑에 놓고 여러 번 던져보았다. 너무 쉽게 들어가도 학생들이 시시하다고 생각할 것이고, 너무 안 들어가면 실망하며 의욕을 잃을 터였다. 시시하지도 않고 실망스럽지도 않을 딱 적당한 곳을 시작점으로 정하고 나서 활동 시작! 24명 중 6명의 종이공이 통 안으로 들어갔다. 예상했던 결과에 만족스러웠다.

02 러닝 받아쓰기

준비물	문장이 적혀 있는 종이, 줄이 있는 빈 종이(모둠별)		
활동대상	중·고학년	활동유형	분단활동

활동난도: ★★★★☆

RUNNING DICTATION

활동을 소개합니다!

우리가 기존에 알고 있는 받아쓰기의 일반적인 방식은 강사나 교사가 단어나 문장을 불러주면 학생들이 이를 듣고 받아 적는 것이다. 그러나 여기에서 소개할 러닝 받아쓰기는 조금 다르다. 이 활동은 각 분단의 1번 학생이 2번 학생에게, 2번 학생은 3번 학생에게 자신이 읽은 문장을 말하게 된다. 자신이 직접 문장을 말하고, 이를 친구에게 쓰게 하는 동안 배움의 효과도 배가된다.

Hello, everyone~

여기 칠판을 보세요. 다 함께 읽어볼까요? 러닝 딕테이션! 조금 어려운 말이죠? '딕테이션'이 무슨 뜻일까요? 맞아요. 받아쓰기라는 뜻이에요. 여러분 받아쓰기 하는 거 좋아해요? 당연히 아닐 거라고 생각했어요. 선생님도 좋아하지 않아요. 하지만 러닝 받아쓰기는 여러분이 알고 있는 받아쓰기와는 조금 달라요. 뭐가 다른지 알고 싶죠? 여러분은 1번부터 10번까지 받아쓰지 않아요. 한 사람에 한 문장만 쓰면 돼요. 좋지요? 그럼 러닝 받아쓰기를 시작해볼까요?

Look at the blackboard here. Shall we read it all together? Running Dictation! It's a little difficult, right? What does **dictation** mean? That's right. It means 받아쓰기 in Korean. Do you like dictation? Of course not. I don't like it, either. But **Running Dictation** is a little different from just listening and writing. Do you want to know what's different? Each of you don't have to write from number 1 to 10. You only need to **write** one **sentence** per person. Sounds good, right? Let's start Running Dictation.

* 키워드: dictation, Running Dictation, write, sentence

놀이 활동은 어떻게 진행할까요?

— 분단의 인원수만큼 문장을 넘어서 활동지를 준비한다.

— 활동지를 간격을 두어 칠판에 붙인다.

— 줄이 있는 빈 종이를 분단의 2번 학생에게 준다.

· **활동순서** ·

① 교사가 말해주는 번호를 기억한다. 교사의 안내에 따라 해당하는 번호를 찾아 이동한다.

I will assign you with a number from 1 to 3 to make a new group. No.1 students, come here. No.2 students, over here. No.3 students over there.

② 자신의 활동 번호를 기억한다.

I will give you a new number for this activity. Please remember your numbers.

③ 각 그룹의 1번 학생은 교실 앞으로 가서 첫 번째 문장을 읽는다.

No.1 students from each group, run to the front and read the no.1 sentence.

④ 2번 학생에게 가서 읽은 문장을 말한다. 2번 학생은 들은 문장을 종이에 적는다.

Go to the no.2 student in your group and say the sentence you read. No.2 students write the sentence you hear.

⑤ 2번 학생은 3번 학생에게 종이와 연필을 준다.

No.2 students give the pencil and the paper to no.3 students.

⑥ 1번 학생이 한 것처럼 활동한다.

Do the same thing as no.1 students did.

⑦ 모든 학생이 활동을 마칠 때까지 계속한다.

Repeat this until all group members finish.

들은 문장을 쓰는 모습과 칠판으로 가서 문장을 읽는 모습

■ **이것만은 꼭 지켜주세요!**

— 문장이 기억이 나지 않는 경우에는 다시 칠판으로 간다.

You can run to the front again if you don't remember the sentence.

■ **교사를 위한 수업 SECRET**

— 빨리 끝낸 분단 순으로 점수를 주되(예를 들어 5-4-3점) 틀린 문장이 있는 경우에는 한 문장에 -1점을 준다.

— 만약 읽을 수 없는 학생이 있는 경우 도와줄 학생을 지정해주어 활동에 참여할 수 있게 배려한다.

 수업성찰

학기 중에 했던 활동이었는데 학생들의 반응이 뜨거워서 학기말에 다시 한 번 하게 되었다. 이 활동이 좋았던 건 무엇보다 학생들을 자리에서 일으켜 세운다는 점이었다. 그리고 이 활동에서 모든 학생들이 문장을 읽고 써야 했는데, 학생들을 활동에 적극적으로 참여하게 했다는 점에서 의미가 컸다.

03 스피드 라이팅

준비물	문장 8개로 이루어진 이야기		
활동대상	중·고학년	활동유형	분단활동

활동난도: ★★★★☆

활동을 소개합니다!

학생들은 대체로 쓰기 활동을 어려워하며 좋아하지 않는다. 이 활동은 어떻게 하면 쓰기에 재미있게 접근할 수 있을까 고민하다 생각해낸 것인데 경쟁이라는 약간의 긴장 요소를 첨가하여 쓰기를 좀 더 재미있게 즐길 수 있을 것이다. 우선 분단별(세 모둠)로 학생들을 구성하고 줄을 서게 한 후 줄의 맨 앞에 서 있는 학생에게 1번 문장을 쓰게 한다. 1번 학생이 쓰고 나면 바로 2번 학생이 2번 문장을 쓴다.

여러분 쓰는 활동 좋아해요? 안 좋아한다고요. 선생님도 그럴 거라고 생각했지만 오늘 준비한 활동은 쓰기예요. 힘들 것 같다, 재미없을 것 같다는 표정들이군요. 염려 말아요. 선생님이 누구예요? 재미없는 활동도 재미있게 만드는 사람이에요. 이 활동은 여러분이 알고 있는 재미없는 쓰기 활동이 아니에요. 여러분은 이 활동을 하는 동안 딱 한 문장만 쓰게 될 거예요. 그럼 재미있는 쓰기 활동을 시작해볼까요?

Do you like **writing** activities? You don't like it. I thought so, but I have prepared a **writing activity** today. Your face tell me that you think it's going to be hard and not fun. Don't worry. Who am I? I change boring activities into fun activities. This is not the typical boring writing activity that you know. You will only **write** one **sentence** during this activity. Let's start this fun writing activity.

* 키워드: writing, writing activity, write, sentence

 놀이 활동은 어떻게 진행할까요?

- A4용지에 분단의 인원수만큼 문장을 넣어 활동지를 만든다.
- 활동지를 인쇄하여 칠판에 붙인다.
- 학생들을 8명씩 세 모둠으로 구성한다.

• 활동순서 •

① 빈 줄과 함께 8개의 문장이 쓰인 활동지가 칠판에 붙어 있으며 목표는 각 문장을 정확하게 쓰는 것이라는 것을 확인한다.

Each group has a worksheet that is attached to the board. On the worksheet, there are eight sentences with blank lines underneath each sentence. Your goal is to copy each sentence correctly.

② 모둠원들과 한 줄로 선다.

Everyone stand in a line with your group members.

③ 교사가 "ready, go"라고 할 때 1번 학생은 칠판으로 달려간다.

No. 1 students go to the board when I say, "ready, go."

④ 1번 학생은 1번 문장을 쓰고 돌아와 자리에 앉는다.

No. 1 students copy the no. 1 sentence and return to your seats.

⑤ 2번 학생이 칠판으로 나가 2번 문장을 쓴다.

No. 2 students go to the board and copy the no. 2 sentence.

⑥ 활동을 먼저 마친 순서로 3점, 2점, 1점을 받는다.

The group that finishes writing first gets 3 points, the second group gets 2 points, and the third group gets 1 point.

영어 수업 놀이

쓸 차례를 기다렸다가 쓰는 모습

■ **이것만은 꼭 지켜주세요!**

 ─ 앞 사람이 쓴 문장을 수정할 수 없다.

  You are not allowed to correct the sentence written by the person before you.

 ─ 철자가 틀렸거나 문장부호를 빠뜨린 경우 1점씩 감점한다.

  If you have wrong spelling or wrong punctuation, then you will get -1 point.

■ **교사를 위한 수업 SECRET**

 ─ 활동지에 넣는 문장은 각각의 의미 없는 조각보다 하나의 유의미한 이야기이면 더 좋다(여기에서는 교과서의 읽기 자료를 활용함).

 ─ 종이를 칠판에 붙이지 않고 분단에 주고 쓰게 하는 방법도 있다.

 수업성찰

활동 방법을 설명하고 나니, 학생 한 명이 다음과 같은 제안을 했다. "종이를 분단에 주면 더 빨리 쓸 수 있을 것 같은데요." 바로 이런 게 학생과 교사의 관점 차이일까? 앉아서 쓰게 하면 더 편하고 빨리 쓸 수 있다는 걸 알지만, 학생들이 몸을 움직이면서 활동에 역동적으로 참여하길 원했기 때문에 위와 같이 계획했던 것이었는데 말이다.

04 릴레이 번역게임

준비물	활동지		
활동대상	중·고학년	활동유형	모둠활동

활동난도: ★★★★☆

TRANSLATING
RELAY

활동을 소개합니다!

번역! 꼭 통역사나 전문 번역가만 할 수 있는 건 아니다. 학생들도 얼마든지 도 전해볼 수 있는 재미있는 번역 활동을 소개한다. 이 활동은 스피드 라이팅과 조 금 비슷한데 문장을 그대로 옮겨 쓰는 것이 아니라 한글로 된 단어나 문장은 영 어로, 영어로 된 단어나 문장은 한글로 바꾸어 써야 한다는 것이 활동 포인트 다. 여기에서는 교과서 진도를 모두 끝내고 학기말에 학생들과 함께 실천했던 사례를 소개하고자 한다.

— Hello, everyone~

영어를 우리말로, 우리말을 영어로 바꾸는 사람을 뭐라고 부르는지 알아요? 맞아요. 통역사 또는 번역가라고 불러요. 오늘은 여러분이 통역사 또는 번역가의 일을 체험할 수 있는 활동을 준비했어요. 영어로 씌어 있는 것은 우리말로, 우리말로 씌어 있는 것은 영어로 바꿀 거예요. 여러분이 번역가니까요. 기대가 되나요? 어려울 것 같다고요? 지금까지 배운 것으로 활동지를 만들어 어렵지 않을 거예요. 한 번 도전해보세요. 여러분도 할 수 있어요.

Do you know what you call the people who change English into Korean and Korean into English? That's right. We call them interpreters or translators. Today, I have prepared an activity that allows you to experience work as an interpreter or a translator. You will change writing written in English to Korean, and Korean to English. You are a translator. Are you looking forward to it? You think it's going to be difficult? It won't be difficult because I made a worksheet with what you've learned so far. Give it a try. You can do it.

* 키워드: interpreters, translators, English to Korean, Korean to English

- 우리말과 영어로 단어와 문장을 넣어 활동지를 만든다.
- 복습할 시간(약 20분)을 준다.
- 활동지를 칠판에 간격을 두고 붙인다.
- 학생들을 8명씩 세 모둠으로 구성한다.

• 활동순서 •

① 모둠원들과 한 줄로 선다.
  Stand in a line with your group members.

② 교사가 준 자신의 번호를 기억한다.
  I will give you a number for this activity.

③ 교사가 "go"라고 하면 모둠 맨 앞에 서 있는 학생은 칠판으로 달려간다.
  The first person from each group, go to the board when I say, "go."

④ 활동지의 1번을 번역하고 돌아와 줄의 맨 뒤에 선다.
  Translate the no.1 and go to the back of the line.

⑤ 교사가 "go"라고 하면 2번 학생이 활동한다.
  The second row do the same thing when I say, "go."

⑥ 번역이 끝나면 모둠별로 활동지를 가지고 나간다.
  Come to me with your worksheets when your group is done.

⑦ 돌아다니면서 활동지를 훑어본다.
  I will put your worksheets on the wall. You should walk around and look at other groups' work.

학습지를 가지고 복습하는 모습과 활동 후 답을 확인한 것

■ **이것만은 꼭 지켜주세요!**

　－ 지정받은 번호만 번역한다.

　No.1 students translate only no.1 sentence.

■ **교사를 위한 수업 SECRET**

　－ 활동하기 며칠 전 복습을 해오라고 미리 안내하는 것도 좋다.

　－ 학생들의 수준이 낮은 편이 아니라면 한 개의 단원보다는 여러 단원을 마치고 이 활동을 계획하면 좋다.

 수업성찰

활동 전 20분을 주고 1단원부터 7단원까지 단어와 주요 표현을 공부하라고 했다. 기대했던 것보다 다들 열심히 공부를 했고, 시킨 것도 아닌데 알아서 짝과 묻고 대답하는 학생들도 있었다. 예상외로 "내가 너를 위해 그것을 고쳐줄게."라는 문장을 읽고 번역해야 할 때 '언제 이런 걸 배웠지?' 하며 난감한 표정을 짓는 학생들이 많았다. 기존에 배운 표현을 상기시키는 데 매우 유용한 활동이었다.

쓰기

05 잠자는 코끼리

준비물	PPT, 화이트보드, 마커, 지우개		
활동대상	중·고학년	활동유형	모둠활동

활동난도: ★★★★☆

SLEEPING
ELEPHANTS

활동을 소개합니다!

한창 장난기 많은 나이인 만큼 당연한 모습이지만, 수업을 하다 보면 종종 이곳
이 시장통 한가운데인지 교실인지 구분이 안 갈 만큼 소란스러워질 때가 많다.
그래서 가끔은 빠르게 분위기를 차분하게 진정시켜줄 조용한 활동을 찾게 되는
데, 그럴 때면 잠자는 코끼리가 제격이다. 방법은 단순하다. 다른 사람들이 고
개를 숙이고 있는 사이 모둠에서 한 명만 일어나서 단어나 구문을 조용히 읽으
면 되는 것이다.

오늘은 선생님이 교사와 학생들에게 인기가 아주 많은 활동을 준비했어요. 뭔지 궁금하죠? 이름하여 잠자는 코끼리 게임. 이 게임은 단어나 구 정도만 외우면 되기 때문에 특히 긴 문장을 암기하는 것을 어려워하는 학생들이 무척 좋아해요. 이 게임을 할 때 무엇보다 중요한 것은 협동이에요. 단 하나의 단어라도 빠지면 문장이 만들어지지 않거든요. 그렇다고 활동을 하면서 못하는 사람을 비난하면 안 돼요. 모둠의 점수는 기록할 예정이지만 보상은 즐거움이거든요. 보상이 뭐라고요?

Today, I have prepared a very popular activity for teachers and students. Do you want to know what it is? It's called, **Sleeping Elephants**. This game is especially popular among students who have trouble memorizing long **sentences** because all you have to do is memorize a **word** or a **short phrase**. The most important thing in this game is cooperation. If you miss a single word, you can't make a sentence, but you shouldn't blame people who couldn't memorize their parts. We're going to keep score, but the reward is having fun. Again, what's the reward?

* 키워드: Sleeping Elephants, word, short phrase, sentences

쓰기

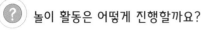 **놀이 활동은 어떻게 진행할까요?**

－ 해당 단원의 주요 표현을 넣어 PPT를 만든다.

－ 학생들을 4명씩 한 모둠이 되도록 구성한다.

－ 모둠의 학생들에게 번호를 지정해준다.

· 활동순서 ·

① 고개를 숙인다.

All students go to sleep.

② 교사의 말에 따라 모둠의 1번 학생은 고개를 들어 단어 또는 구문을 읽고 고개를 숙인다.

When I say "no.1 students wake up," no.1 students open your eyes and read the word or the phrase that's shown on the TV. Memorize it, and go back to sleep.

③ 같은 방법으로 4번까지 계속한다.

Do the same thing until no.4 students finish.

④ 모든 학생이 일어난다.

All students wake up.

⑤ 읽은 단어나 구문을 조합하여 문장을 화이트보드에 쓴다.

Write a sentence on your white board.

⑥ 문장을 맞게 쓰면 +1점을 얻는다.

If your sentence is correct, you will get +1 point.

2번 학생이 단어를 보는 모습과 화이트보드에 답을 쓰는 모습

▪ 이것만은 꼭 지켜주세요!

– 오직 자기 차례일 때만 일어날 수 있다.

You can wake up only when your number is called.

– 점수는 모둠의 화이트보드에 직접 쓰게 한다.

Write your scores on your white board in a small size.

▪ 교사를 위한 수업 SECRET

– 모둠 점수를 학생들에게 직접 기록하게 하면 한층 적극적인 모습을 이끌어낼 수 있을 뿐만 아니라, 교사의 수고를 덜 수 있어서 좋다.

 수업성찰

활동에 대해 설명하고 모두 고개를 숙이게 한 순간, 매번 소란스러웠던 어학실에 순간 정적이 흘렀다. "Wake up."이라는 교사의 말에 해당되는 학생이 한 명씩 고개를 들어 단어 또는 구문을 읽었는데, 개중에는 실실 웃는 학생도 있었고 짐짓 심각한 표정을 짓는 학생도 있었다. 다양한 학생들의 모습을 관찰하는 재미도 제법 쏠쏠했다.

06 참일까, 거짓일까?

준비물	PPT		
활동대상	고학년	활동유형	짝활동

활동난도 : ★★★★★

TRUE OR FALSE

활동을 소개합니다!

교사는 우선 참인 문장 3개와 거짓인 문장을 1개를 적은 PPT를 보여주며 학생들에게 꾸며낸 문장이 무엇인지 추측하게 한다. 학생들의 추측이 끝나면 사진 자료와 함께 보완 설명을 해주며 답을 보여준다. 교사의 시범이 끝난 다음에는 학생들에게 꾸며낸 문장 1개를 포함하여 문장 4개를 공책에 쓰게 한 후에 짝에게 어떤 문장이 거짓인지 맞추게 한다. 단순한 쓰기 능력을 넘어 상상력과 추리력까지 발휘할 수 있는 재미있는 활동이다.

우리가 할 활동이 뭔지 봐요. 참일까, 거짓일까! 어떻게 하는 활동일까요? 선생님이 문제를 낼 테니 참인지 거짓인지 맞춰보세요. 지구는 둥글다. 맞아요. 참이죠. 지구는 둥글어요. 그럼 이 문제는 어때요? 모든 자전거의 바퀴는 2개이다. 거짓이지요. 일반적으로 자전거 바퀴는 2개이지만 때에 따라서는 하나, 셋, 넷 그보다 더 많은 경우도 있으니까요. 이건 마지막 질문이에요. 선생님은 지난 주말에 영화를 보았다. 참일 수도 거짓일 수도 있어요. 답은 선생님만 알아요. 재미있겠죠?

Let's see what we're doing. **True** or **False**! How do we play? I will give you a question, so **guess** whether it's true or not. The earth is round. That's right. It's true. The earth is round. Then what about this question? All bicycles have two wheels. It's false. Usually there are two wheels, but sometimes there is one, and even three, four or more. This is the last question. I watched a movie last weekend. It could be true or false. Only I know the answer. It'll be fun, right?

* 키워드: True, False, guess

— 교사는 방학 때 자신이 했던 일 중 참인 문장 3개와 거짓인 문장 1개를 넣어 PPT를 만들어 준비한다.
— 학생들은 공책을 준비한다.

• 활동순서 •

① PPT의 문장을 보며 거짓인 문장을 찾는다.

Those sentences describe what I did during the last summer vacation, but one sentence is false.

② 1번이 틀렸다고 생각하면 손을 든다.

Who thinks no.1 is false? Raise your hand.

③ 4번까지 반복한다.

Do the same thing until no.4 sentence is read.

④ 방학 동안 한 일 3가지와 하지 않은 일 1가지를 넣어 문장을 쓴다.

Write four sentences; three true statements, and one false statement.

⑤ 짝과 가위 바위 보를 해서 누가 먼저 할지 정한 후 활동을 한다.

Do rock-scissors-paper to see who goes first. Work with your partners and have them guess which sentence is false.

⑥ 역할을 바꾸어 활동한다.

Switch the roles.

You Guess!

1. I went to Japan.
2. I came to school for six days during the break to work.
3. I went to America to visit my friends and brother.
4. I spent over $200 on my hair.

, I watched a movie with my ~~you~~ you. brother.

2. I went to my grandmother's house

3. I played games

(4) I went skating

원어민 교사의 예시 문장(PPT)과 학생들이 직접 쓴 문장

- **이것만은 꼭 지켜주세요!**
  - 4문장을 쓰되 한 문장은 꾸며낸 것, 즉 거짓이어야 한다.
    You should write four sentences, but one has to be false.

- **교사를 위한 수업 SECRET**
  - 문장을 쓸 때 어려운 단어는 한글로 써도 된다고 사전에 안내한다.
  - 학기 초에 자기소개를 할 때 이 활동을 활용해도 좋다.

 수업성찰

이 활동에 사용할 수 있는 주제는 매우 다양할 텐데 오늘은 여름 방학에 했던 일로 활동해보았다. 우선 학생들에게 공책에 네 개의 문장을 쓰게 하고 짝과 답을 맞춰보도록 했다. 후속활동으로 쓴 문장을 원어민 교사에게 점검받을 수 있는 기회를 주었다. 매주 월요일마다 주말에 한 일에 대해서 물어보는데도 현재형으로 말하는 경우가 많았기 때문이었다. 덕분에 반복적인 실수를 깨닫고 올바른 표현을 익히는 계기가 된 것 같았다.

쓰기

07 종이비행기를 쏴라!

준비물	이면지, 종이컵		
활동대상	저·중·고학년	활동유형	모둠활동

활동난도: ★★★☆☆

활동을 소개합니다!

뭔가를 던져서 맞추거나 쓰러뜨리는 활동은 언제 해도 학생들이 즐겁게 참여하는 활동 중 하나이다. 이 활동은 먼저 학생들에게 이면지를 나눠주고 다양한 주제, 예를 들어 방학 동안에 할 일에 대해 쓰게 한 후 종이비행기를 접어서 종이컵을 쓰러뜨리게 하는 것이다. 주변에서 아주 쉽게 구할 수 있는 이면지와 종이컵만으로도 얼마든지 즐겁고 신나는 시간을 만들어갈 수 있다는 것을 깨닫게 해준 활동이다.

Hello, everyone~

(종이비행기 노래를 잠깐 틀어주고)

선생님이 왜 종이비행기 노래를 틀어주었을까요? 맞아요. 우리가 지금 할 활동은 종이비행기 놀이예요. 여러분 혹시 종이비행기를 접어본 적 있어요? 그렇다면 날려보기도 했죠? 재미있었나요? 오늘 선생님과 종이로 비행기를 만들고 날리면서 놀 거예요. 단, 오늘은 공중에 비행기를 날리는 것이 아니라 목표물을 향해서 날릴 거예요. 재미있겠죠? 그럼 시작해봅시다.

(Turn on the paper airplane song for a while.)

Why did I play the paper airplane song? That's right. The activity we're doing right now is called the **Paper Airplane Game**. Have you ever folded up a **paper airplane**? If so, did you fly it in the air? Did you have fun? Today, we are going to make a plane out of paper and fly it. However, we're not flying it in the air; we're going to **aim** it towards the **target**. It sounds good? Let's get started.

* 키워드: paper airplane, Paper Airplane Game, aim, target

? 놀이 활동은 어떻게 진행할까요?

- 교실 앞 책상 두 개 위에 종이컵을 15개씩 쌓아놓는다.
- 이면지를 학생들에게 한 장씩 나누어준다.
- 방학에 할 일에 대해 이야기를 나눈다.

• 활동순서 •

① 교사의 질문(ex: 여름방학에 할 일)에 대답한다.
   OO, what will you do this summer vacation?

② 방학에 할 일 한 가지를 이면지에 쓴다.
   Write one thing you will do during the summer vacation.

③ 종이비행기를 접는다.
   Make an airplane with your paper.

④ 비행기 날리는 연습시간을 준다.
   Let's practice flying your paper airplane.

⑤ 학생들을 남녀 두 모둠으로 나눈다.
   I will divide the class into two groups; boys vs girls.

⑥ 선 뒤로 줄을 선다.
   Stand behind the line.

⑦ 선 뒤에서 종이컵을 향해 비행기를 날린다.
   Fly your airplane towards the cups.

⑧ 종이컵을 많이 쓰러뜨린 모둠이 이긴다.
   The group that hits and knocks down the most cups wins.

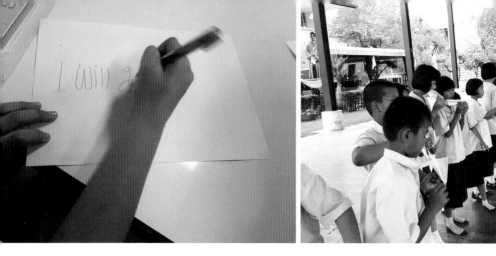

이면지에 방학에 할 일을 쓰고 종이비행기를 날리는 모습(태국에서는 운동장에서 활동함)

- **이것만은 꼭 지켜주세요!**
  - 비행기를 날릴 때는 사람을 향해 날리지 않는다.

    Don't aim your airplane at a person.

- **교사를 위한 수업 SECRET**
  - 단원을 끝내고 마무리 활동으로 활용하면 좋다.

 수업성찰

이면지를 나눠줄 때부터 뭔가 재미있는 활동을 할 거라는 것을 알아차린 학생 한 명이 종이를 구겨도 되는지 물었다. '녀석, 급하긴! 그래도 다행인 건 아직 구기지는 않았다. 미래에 할 일을 나타낼 때 사용하는 표현 'I will 동사원형 ~'을 다시 안내하고 문장 하나를 쓰라고 했다. 학생들의 질문에 대답해주면서 몇몇 학생의 문법상 오류를 수정해주었는데, 시간 관계상 모든 학생들이 쓴 문장을 보지 못한 점이 조금 아쉬웠다. 과제로 한 문장씩 미리 써 오게 하고 한 명씩 수정해주었으면 더 좋았을 걸 싶었다.

08 도전, 골든벨!

준비물	PPT, OX 안내지, 화이트보드, 마커, 지우개		
활동대상	중·고학년	활동유형	전체활동→개별활동

활동난도: ★★★★☆

활동을 소개합니다!

TV 프로그램으로도 유명한 골든벨은 주로 교사들이 한 단원을 끝내거나 아니면 여러 단원을 끝냈을 때, 학기말에 배운 내용을 복습시킬 필요가 있을 때 적용하면 좋은 활동이다. 골든벨은 문제를 듣거나 읽고 맞는 답을 맞히는 것으로 중간에 패자부활 문제를 제출하기도 한다. 여기에서는 골든벨을 하기 전 신체를 이용하여 OX 문제를 풀면서 긴장을 풀고 재미를 주고자 계획했던 활동을 소개하고자 한다.

Hello, everyone~

여러분 골든벨 해봤죠? 그럼 어떻게 하는지도 잘 알고 있겠네요. 오늘은 골든벨을 할 건데 재미있겠죠? (여기에서 보통 박수가 나오던데…) 여러분, 골든벨을 울리고 싶나요? 그렇다면 손을 높이 들어 흔들어봐요. 모두 골든벨을 울리고 싶군요. 이 뜨거운 열정~ 좋아요. 오늘 골든벨을 울리는 사람에게는 상품도 줄 거예요. 그럼 종소리 한 번 듣고 시작해봅시다!

Have you ever played the **Golden Bell**? Then you know how to play. We are doing it today. It will be fun, right? (Students usually clap here) Do you want to **ring** the golden bell? If you want to, then raise your hands high and shake them. Looks like everyone wants to ring the golden bell. I like this enthusiasm. Today's Golden Bell ringer will get a prize. Let's listen to the bell and start.

* 키워드: Golden Bell, ring

놀이 활동은 어떻게 진행할까요?

— PPT를 준비한다.

— 학생들에게 화이트보드, 마커, 지우개를 나눠준다.

— OX를 교실 뒤에 간격을 두고 붙여놓는다.

· 활동순서 ·

▸1단계 - ox 퀴즈

① 교실 뒤로 가서 선다.

Everyone will stand in the back.

② 문제를 잘 듣고 O 또는 X로 이동한다.

I will read a question. Listen carefully and move to an O or X.

③ 1명의 생존자가 남을 때까지 계속한다.

We will continue the activity until there is only one survivor.

▸2단계 - 골든벨 퀴즈

① 모두 자리에 앉는다.

Everyone sit down.

② 문제를 잘 듣고 답을 화이트보드에 쓴다.

Listen carefully and write the answer on your white board.

③ "up"이라는 말을 들으면 화이트보드를 들어올린다.

Hold up your white board when I say, "up."

④ 1명의 생존자가 남을 때까지 계속한다.

We will continue the activity until there is only one survivor.

OX로 나누어 이동한 모습과 답을 쓰고 화이트보드를 들어올린 모습

- **이것만은 꼭 지켜주세요!**
  - '올려'라는 말을 들을 후에는 답을 쓰지 않는다.
  Don't write the answer after I have said 'up.'

- **교사를 위한 수업 SECRET**
  - 활동이 빨리 끝날 수 있는 상황에 대비해 난도가 낮은 패자부활 문제를 준비해둔다.

 수업성찰

학생들에게 익숙한 골든벨. 그러나 할 때마다 좋아하는 것 또한 골든벨 활동이다. 오늘은 골든벨을 하기 전에 OX 퀴즈를 먼저 풀도록 계획했다. 학생들은 OX 퀴즈를 푸는 동안 교실 뒤를 돌아다녔다. 자신이 없는 학생은 잘하는 학생을 무작정 따라다니기도 했다. 하지만 그 와중에도 배움은 이루어진다고 믿었기 때문에 짐짓 못 본 척 했다. 무엇보다 OX는 골든벨을 위한 준비활동이었기 때문이다.

쓰기

09 재기발랄, 알파벳 삼행시

준비물	동기유발 동영상, A4용지, 색연필(네임펜), 스티커		
활동대상	고학년	활동유형	개별활동

활동난도 : ★★★★★

ACROSTIC
POEM

활동을 소개합니다!

행시(行詩) 또는 'Poetry Writing'이라고도 부를 수 있는 알파벳 시는 우리나라의 삼행시와 비슷하다. 즉 주어진 단어의 첫 글자를 이용하여 시 또는 짧은 이야기를 만드는 활동이다. 꼭 거창한 표현이 아니라도 알고 있는 단어 수준에서도 얼마든지 문장을 만들어낼 수 있다는 것을 알려줌으로써 학생들의 영어 자신감을 한층 북돋을 수 있다.

여러분 삼행시 어떻게 짓는지 알아요? '영어실'로 한번 지어봅시다. 여러분이 앞 글자를 말해주세요. 영: 영어를 잘하면, 어: 어디에서든 의사소통이 가능하고, 실: 실시간 통역도 할 수 있다. 이번에는 선생님이 앞 글자를 말할게요. 영: 영포자 되는 줄 알았는데, 어: 어느새, 실: 실력이 향상된 나! 그럼 이번에는 영어 단어 eat으로 만들어볼까요? E: E is for elephant, A: A is for alligator, T: T is for tiger. 어때요, 쉽죠? 이렇게 쉽게 만들 수도 있겠지만, 여러분의 수준에 맞게 시를 썼으면 좋겠어요.

Do you know how to make **acrostic poems**? Let's make it using the Korean word, '영어실'. Please tell me the first **letter**. 영: 영어를 잘하면, 어: 어디에서든 의사소통이 가능하고, 실: 실시간 통역도 할 수 있다. I'll tell you the first letter. 영: 영포자 되는 줄 알았는데, 어: 어느새, 실: 실력이 향상된 나! Now, shall we try it using the English word, eat? E: E is for elephant, A: A is for alligator, T: T is for tiger. It is easy, right? You can make it simple, but I hope that you can **write** a poem that fits your level.

* 키워드: acrostic poems, letter, write

쓰기

– 동기유발 동영상, 활동지, 스티커를 준비한다.

· 활동순서 ·

① 동기유발 동영상 자료를 함께 시청한다.
Do you like Exo? Let's watch a video clip named, EXO 화기애애.

② 활동지, 색연필, 네임펜을 나눠준다.
I will give you a worksheet, colored pencils, and permanent markers.

③ 주어진 철자를 이용하여 시를 쓴다.
Write a poem.

④ 알파벳 시를 벽에 게시한다.
I will put your poems on the wall.

⑤ 알파벳 시를 읽고 좋아하는 것을 골라 스티커를 붙인다.
Put a sticker on the poem you like the most.

⑥ 좋아하는 시와 이유를 말한다.
Tell me what poem you like and the reason.

▪ 이것만은 꼭 지켜주세요!
– 다른 사람의 시를 베끼지 않는다.
Don't copy others' poems.

갤러리 워크(Gallery Walk)와 학생들이 완성한 시

- **교사를 위한 수업 SECRET**

  - 영어 수준에 따라 글자 수를 줄여줄 수 있다.
  - 알파벳 시 짓기를 어려워하는 경우 쉬운 방법을 안내한다. 예들 들어 DAY라는 단어의 경우 D is for dog, A is for apple, Y is for yoyo.

 수업성찰

1학기에 BIRTHDAY, 영어 수준이 낮은 학생에게는 B-DAY를 주고 시를 지어보게 했다. 아예 시도해보지도 않고 어렵다며 투덜대는 학생도 몇몇 있었지만, 대부분의 학생들은 진지한 모습으로 시를 쓰고 지우기를 반복하며 한 줄 한 줄 성의껏 채워 나갔다. 학생들의 결과물을 보니 자신의 생각을 알파벳 시로 표현하려고 애쓴 모습이 역력했다. 2학기에는 할로윈 파티를 하기 전에 'HALLOWEEN' 또는 수준에 따라 'CANDY'로 알파벳 시를 지어 오라고 숙제로 냈는데 생각보다 좋은 시가 아주 많았다. 무엇보다 학생들이 알고 있는 영어표현을 밖으로 이끌어내기에 좋은 활동이었다.

쓰기

10 우리 학교는요…

준비물	활동지		
활동대상	고학년	활동유형	모둠활동

활동난도: ★★★★★

All ABOUT
SCHOOL

활동을 소개합니다!

학생들은 자신이 다니고 있는 학교에 대해 과연 얼마나 많이 알고 있을까? 그럼 교사는 학교에 대해 얼마나 많이 알고 있을까? 이 활동을 위해서는 교사의 사전조사가 꼭 필요하다. 다소 귀찮다고 생각할 수도 있지만, 교사의 수고가 전혀 아깝지 않은 것은 학생들이 모둠원들과 학교 건물을 돌아다니며 활동하는 사이에 교실 밖 영어표현을 배울 수 있고, 학교에 대한 다양한 정보도 얻게 되므로 여러모로 무척 유익한 활동이다.

Hello, everyone~

여러분은 이 학교를 몇 년째 다니고 있죠? 6년째라고요. 선생님은 여기에서 3년째 가르치고 있어요. 여러분이 선생님보다 학교에 대해서 아는 것이 더 많을 것 같군요. 그럼 학교에 대해 질문을 몇 가지 해보죠. 교장실은 어디에 있죠? 그건 너무 쉬운 질문이었군요. 학교의 꽃은 무엇인가요? 이것도 어려운 질문이 아니었어요. 그럼 이 건물에 있는 동쪽 계단은 모두 몇 개일까요? 올 2월에 졸업한 학생은 모두 몇 명일까요? 어렵지요? 오늘은 학교에 대해 좀 더 알아봐요. 재미있겠죠? 그럼 시작해볼까요?

How many years have you been attending this school? For 6 years? I have been teaching here for three years. I guess you **know** more about this school than I do. Let me ask a few questions about our **school**. Where is the principal's office? That was too easy. What is the school flower? It wasn't a difficult question. Then how many east stairs are there in this building? How many students graduated in February this year? It's hard, isn't it? Let's learn more about our school today. It sounds fun, doesn't it? Shall we start?

* 키워드: know, school

놀이 활동은 어떻게 진행할까요?

— 학교에 관한 내용으로 활동지를 만든다.

— 학생들을 4명씩 6모둠으로 구성한다.

— 활동하는 방법(동선 포함)과 안전에 대해 안내한다.

• 활동순서 •

① 모둠별로 활동지를 받는다.

I will give each group a worksheet.

② 주어진 시간이 10분이라는 것을 확인한다.

You have 10 minutes to walk around the school building and fill in the worksheet.

③ 어학실로 돌아와야 하는 시간을 확인한다.

You should come back to the English classroom by 00:00.

④ 교사와 함께 1층으로 가서 활동을 시작한다.

Let's all go to the first floor together and start there.

(어학실로 돌아온 후)

⑤ 활동지를 마무리한다.

Finish the worksheet.

⑥ 활동지를 끝내고 제출한다.

Hand in the worksheet when you are done.

▪ 이것만은 꼭 지켜주세요!

— 건물 안에서 활동한다.

Stay in this building for the activity.

— 다른 모둠과 답을 나누면 안 된다.

Don't share your answers with other groups' members.

— 뛰어다니거나 큰 소리로 말을 하지 않는다.

Don't run or yell.

교장실, 분실물 센터 등 학교 구석구석을 친구들과 함께 살펴보는 모습

※ 교사를 위한 수업 SECRET

- 활동 전 모둠원을 파악하여 영어를 잘 하는 학생들과 못 하는 학생들로 골고루 구성되어 있는지 확인한다.
- 활동지를 만들 때는 학생들의 이동방향, 즉 동선을 고려한다.
- 학생들이 쓴 새로 알게 된 단어를 이용하여 공놀이를 할 수 있다.

 수업성찰

안전에 대한 우려와 달리 학생들은 뛰지도 않았고 떠들지도 않았다. 다만 활동 결과물을 받고 보니 학생들의 동선을 고려하지 못한 점과 계단의 수가 중앙과 동쪽이 다르다는 것을 알게 되었다. 교실 개수를 묻는 질문은 어디까지 교실로 볼 것인가의 애매함으로, 노래 가사에 사용된 단어 수를 묻는 질문의 경우는 우리말 띄어쓰기의 모호성으로 애매했다는 것을 발견했다. 그래서 다음 활동을 위해 활동지를 약간 수정할 수밖에 없었다.

01 미니 그래머 레슨

준비물	유튜브 동영상의 이야기		
활동대상	고학년	활동유형	전체활동

활동난도: ★★★★★

활동을 소개합니다!

외국어를 배우는 입장에서 실수를 하는 것은 당연하다. 게다가 학생들은 실수를 통해 한층 성장해 나간다. 그러나 학생들이 비슷한 실수를 반복하는 경우에는 교사가 적절한 방법으로 피드백을 해줄 필요가 있다. 방법은 여러 가지가 있다. 예를 들어 학생들이 자신의 실수를 스스로 알아차리도록 단서를 제공하는 방법이 있고, 학생의 말을 듣고 바른 표현으로 고쳐서 말해줄 수도 있다. 여기에서는 직접적인 방법으로 문법 규칙을 설명하는 방법을 소개하고자 한다.

여러분은 영어를 배울 때 문법이 중요한 것 같아요? 문법이 중요하다고 또는 중요하지 않다고 생각할 수도 있어요. 선생님은 문법이 아주 중요한 것은 아니지만 문법적으로 많은 오류를 만들어 의사소통이 되지 않는다면 그땐 정말 필요하다고 생각해요. 그래서 문법 지식을 어느 정도 알고 있으면 말을 할 때도 분명 도움이 된답니다. 오늘은 선생님이 미니 레슨을 통해 문법 규칙을 가르치려고 해요. 미니 레슨을 하고 나서 여러분이 좋아하는 볼게임도 할 거예요. 좋아요? 그럼 시작해봅시다.

Do you think **grammar** is important when you learn English? You may or may not think so. I think that grammar isn't very important, but if you make a lot of grammatical errors and can't communicate, then it becomes necessary. Therefore, if you have some knowledge of grammar, it helps you even when you speak. Today, I'm going to teach you **grammar rules** through a **mini-lesson**. After the mini-lesson, we'll play a ball game that you love. Good? Let's get started.

* 키워드: grammar, grammar rules, mini-lesson

? 놀이 활동은 어떻게 진행할까요?

─ 쉽고 흥미로운 이야기를 준비한다.

· 활동순서 ·

① 이야기를 처음부터 끝까지 읽는다.
　 Let's read a story from the beginning to the end.

② 이야기를 다시 읽으며 과거형을 찾는다.
　 Can you find the word(s) with the past tense in this scene while reading
　 the story again.

③ 과거형의 현재형을 말하고 의미에 대해 답한다.
　 Do you know the present tense of this word?

④ 이야기가 끝날 때까지 2단계를 계속한다.
　 Continue the step ② until the end of the story.

⑤ 동사의 현재형에 맞는 과거형을 말한다.
　 Let's review the verb tenses. I will write some present tenses on the
　 board. You guys tell me the past tenses.

⑥ 후속활동 볼게임을 위해 그룹별로 동사의 과거형을 하나씩 고른다.
　 Group 1, choose a word from the list, group 2, and 3 do the same for the
　 ball game.

▪ **이것만은 꼭 지켜주세요!**

　 ─ 다른 사람이 말을 할 때는 경청한다.
　 Listen carefully when your classmates are talking.

현재형과 과거형에 대해 배우고 진행한 문법게임

■ **교사를 위한 수업 SECRET**

　－ 문법 용어, 예를 들어 과거형의 경우 우리말로도 소개를 한다.

　－ 다양한 후속활동(현재형과 과거형 분리 또는 연결 놀이 등)을 할 수 있다.

 수업성찰

생활영어를 접할 기회를 주고 학생들의 주말 이야기가 궁금해서 학기 초부터 주말에 있었던 일을 자주 묻곤 했는데 많은 학생들이 과거형이 아닌 현재형으로 대답했다. 처음에는 실수에 대해 단서를 주고 올바른 표현을 사용하여 다시 말해주는 방법으로 피드백을 했지만 생각보다 잘 고쳐지지 않아 미니 레슨을 하게 되었다. 이 방법 덕분에 학생들이 과거형을 쓰려고 의식적으로 노력하게 되었고, 시간이 어느 정도 지나자 더 이상 현재형으로 실수하는 학생은 거의 없었다.

준비물	PPT, 화이트보드, 마커, 지우개		
활동대상	고학년	활동유형	분단활동

활동난도: ★★★★★

GRAMMAR
DOCTOR

활동을 소개합니다!

타산지석이라고 했던가? 때로는 남의 실수를 통해 나의 문제를 돌아볼 수 있다. 이 활동은 영어로 쓰인 문장이나 표현을 보고 학생들에게 문법적 오류를 찾아서 바르게 수정하도록 하는 것이다. 여기에서는 유튜브 동영상이 담고 있는 오류를 모둠별로 찾아 수정하는 활동을 제시하고자 한다. 올바른 영어표현을 배울 수 있는 동시에 학생들의 집중력을 이끌어내기에도 좋은 활동이다.

우선 활동 이름을 좀 볼까요? 그래머 닥터! 닥터가 뭐예요? 여러분이 알고 있는 것처럼 닥터는 '의사'라는 뜻도 있지만 '박사'라는 의미도 있어요. 박사라면 어떤 사람을 말하는 걸까요? 맞아요. 박사는 어떤 분야에 대해 아주 잘 아는 사람을 말해요. 오늘은 여러분이 문법박사가 한 번 되어보세요. 여기 문법상, 철자상 오류를 담고 있는 유튜브 동영상이 있어요. 어디가 틀렸는지 찾아서 맞게 고쳐보세요. 선생님이 어려운 것에 대해서는 힌트를 줄게요. 그럼 시작해볼까요?

First, let's see the name of the activity. The **Grammar Doctor**! What's a doctor? As you know, a doctor is a '의사', but it is also a '박사'. What kind of person is a doctor? That's right. A doctor is someone who is an expert at a specific field. Today, you will be grammar doctors. Here's a video on YouTube that contains **grammatical and spelling errors**. I'll give you a hint on difficult ones. Shall we start?

* 키워드: Grammar Doctor, grammatical and spelling errors

🅠 놀이 활동은 어떻게 진행할까요?

   ー 문법이나 철자 오류를 담아 PPT를 만든다.

   ー 학생들을 4명씩 한 모둠이 되게 구성한다.

   ー 모둠별로 화이트보드와 마커, 지우개를 준다.

· 활동순서 ·

① 문장을 읽고 문법상, 철자상의 오류를 찾는다.

   Read the sentence and find errors in grammar and spelling.

② 오류를 수정하여 화이트보드에 쓴다.

   Correct the errors and write them on your white board.

③ 화이트보드에 쓴 답이 맞는지 확인한다.

   Please check your answers when I show them.

④ 틀린 답은 빨강색 마커로 수정하고 다시 쓴다.

   Correct and rewrite the wrong answers using a red marker.

⑤ 화이트보드를 지우고 다음 문장을 기다린다.

   Erase your white boards and be ready for the next sentence.

▪ 이것만은 꼭 지켜주세요!

   ー 찾기 어려운 오류의 경우 교사의 단서를 참고한다.

   I will give you some clues if you are struggling to find the errors.

David has square face. He has big nose. He has a moustache.	David has a square face. He has a big nose. He has a mustache.
She has long lengs and long arms. She has triangle face. Martha has small black eyes. She has straight nose. Martha has black short hair.	She has long legs and long arms. She has a triangular face. Martha has small dark eyes. She has a pointy nose. Martha has short black hair.

유튜브 동영상 원본의 예시와 이를 보고 학생들이 오류를 수정한 것

▪ 교사를 위한 수업 SECRET

－ 단서를 주어도 찾지 못하는 오류의 경우 우리말로 힌트를 준다.

－ 여기에서는 PPT를 보여주면서 모둠으로 활동했지만, 활동지를 만들어서 개인별로 활
동하게 해도 된다.

 수업성찰

그림 그리기 활동을 위해 사용했던 유튜브의 자료를 다시 활용해서 오류를 수정하는 시간을
가졌다. 학생들에게 문법적 오류를 찾게 했더니 이외라고 반응하며 유튜버가 어떻게 틀릴
수가 있느냐고 했다. 그래서 우리처럼 영어를 외국어로 배우는 사람이 만든 자료라서
그렇다고 설명을 해줬다. 그렇게 때문에 유명한 검색 사이트나 유튜브에 있는 인터넷 자료를
무조건 신뢰하면 안 되는 이유를 덧붙여 말해주었다.

03 스피드 그래머 라이팅

준비물	동사의 현재형 리스트		
활동대상	고학년	활동유형	모둠활동

활동난도: ★★★★★

활동을 소개합니다!

영어를 배울 때 꼭 익혀야 할 문법 규칙들이 있다. 이 활동은 학생들이 꼭 알아
야 할 문법 규칙을 재미있는 활동을 하면서 자연스럽게 배울 수 있게 도와준다.
여기에서는 미니 그래머 레슨으로 배웠던 과거형과 현재형을 예시로 제시하고
자 한다. 시제뿐만 아니라 다른 문법 규칙을 가르칠 때도 이 활동을 이용하면
학생들이 문법을 재미있게 배울 수 있다.

우리 이 활동을 시작하기 전에 지난번에 배운 문법 규칙을 확인해봅시다. Is의 과거형은 무엇인가요? 그럼 eat의 과거형은? 여러분이 잘 기억하고 있어서 선생님이 정말 기쁘네요. 오늘은 동사의 현재형과 과거형을 가지고 재미있는 게임을 해봐요. 이름하여 스피드 그래머 라이팅! 이 활동에서 가장 중요한 것은 무엇인 것 같아요? 맞아요. 속도와 문법, 둘 다 중요해요. 그럼 시작해볼까요?

Before we start this activity, check out the **grammar rules** we learned last time. What is the past tense of is? What is the past tense of eat? I'm very happy that you remember well. Today, let's play a fun game using the present and past tense of verbs. It is called, **Speed Grammar Writing**! What is the most important thing in this activity? That's right. Speed and grammar. Both are important. Shall we start?

* 키워드: grammar rules, Speed Grammar Writing

‒ 동사의 현재형 리스트를 인쇄하여 칠판에 붙인다.

‒ 학생들을 두 모둠(남녀)으로 나누고 출발선에 세운다.

‒ 남자 모둠에게는 빨강색 마커, 여자 모둠에게는 파랑색 마커을 준다.

· 활동순서 ·

① 각 모둠의 1번 학생은 칠판으로 걸어가 1번 동사의 과거형을 쓴다.

No. 1 students go to the board and write the past tense of the first word.

② 과거형을 쓴 후 마커를 모둠의 다음 사람에게 건네고 자신이 속한 모둠 줄의 맨 뒤로 가서 선다.

After writing, give your marker to next person in your group and go to the back of the line.

③ 마커를 받은 2번 학생은 칠판으로 걸어가 2번 동사의 과거형을 쓴다.

No. 2 students go to the board and write the past tense of the second word.

④ 동사리스트의 과거형을 다 쓸 때까지 활동을 계속한다.

This activity continues until all the blanks are filled.

⑤ 활동이 끝난 후 교사와 동사의 과거형을 확인한다.

Let's check the past tense of the words.

과거형 (남자 모둠)	동사의 현재형	과거형 (여자 모둠)
	go	
	eat	
	play	
	buy	
	is	
	am	
	watch	
	read	
	send	
	talk	
	meet	

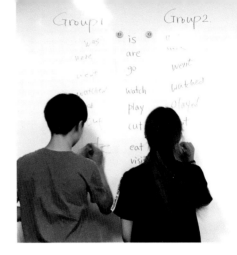

활동에 사용한 동사의 현재형 리스트와 실제 활동 모습

▪ 이것만은 꼭 지켜주세요!

– 출발선 앞으로 나오지 않는다.

Wait behind the starting point.

– 1번 학생은 현재형 동사 1번의 과거형만 쓸 수 있다.

No.1 students are allowed to write only no.1 word.

– 모둠원이 쓴 답을 수정할 수 없다.

You are not allowed to correct the word written by the person before you.

▪ 교사를 위한 수업 SECRET

– 앞서 제시한 동사의 현재형 리스트를 큰 사이즈로 인쇄 또는 판서한다.

 수업성찰

남녀로 모둠을 나누면 더 몰입해서 활동하는 경향이 있는데, 오늘도 예외는 아니었다. 얼마나 열심히 참여하던지 순식간에 시간이 지나가버렸다. 스피드 문법 라이팅 활동에 몰입하는 동안에 익힌 동사 과거형은 아마도 오랫동안 학생들의 기억 속에 남아 있을 것 같았다.

04 사이트 워드로 문장 만들기

준비물	Sight Word Card, 활동지		
활동대상	고학년	활동유형	모둠활동

활동난도: ★★★★★

활동을 소개합니다!

우리말처럼 영어에도 아주 자주 등장하는 단어들이 있다. 이를 가리켜 사이트 워드(Sight Words)*라고 하는데, 이 활동은 학생들을 4명씩 모둠으로 구성한 후 사이트워드 카드를 5장(단어 10개) 나눠주고 10개의 단어가 모두 들어가도록 문장을 하나씩 만들어보라는 것이다. 활동이 끝난 후에는 교사가 모둠이 만든 문장을 칠판에 적으며 맞는지 묻고, 만약 맞지 않다면 고쳐야 할 부분이 무엇인지 묻는다.

Hello, everyone~

우선 활동 이름이 뭔지 볼까요. 사이트 워드와 문장! 사이트 워드가 뭘까요? 사이트 워드는 말과 글에서 굉장히 자주, 반복적으로 나오는 단어를 말해요. 예를 들어 어떤 단어가 있을까요? 나, 너, 우리, 가다, 오다 등이 있어요. 여러분이 아주 잘 알고 있는 단어들이지요? 오늘은 이렇게 쉽고 반복적으로 사용되는 단어들을 이용해 문장을 만들어볼 거예요. 할 수 있겠지요? 그럼 시작해볼까요?

First, let's see what the name of the activity is. **Sight Word** and **Sentence**! What is a sight word? A sight word is a word that is used very often in writing and speech. What are some examples of sight words? I, you, we, go, come, etc. These are words that you know very well, right? Today we will try to **make a sentence** using these easy, common words. Can you do it? Shall we start?

* 키워드: Sight Word, Sentence, make a sentence

....

* Sight Words는 often also called high frequency sight words, are commonly used words -위키피디아 (wikipedia).

- 1번부터 10번까지 빈칸으로 된 활동지를 만든다.
- 학생들을 4명씩 6개의 모둠으로 구성한다.
- 사이트 워드 카드를 모둠에 5장씩 무작위로 나눠준다.

◦ 활동순서 ◦

① 활동지를 받는다.
I will give you a worksheet.

② 단어 하나를 이용하여 하나의 문장을 만든다.
Make a sentence using a word.

③ 문장을 활동지에 정리한다.
Write the sentence on the worksheet.

④ 문장 10개가 만들어질 때까지 활동을 계속한다.
This activity continues until ten sentences are made.

⑤ 각 모둠의 1번 학생은 활동지와 카드를 교사에게 제출한다.
No. 1 students come to me with the cards and the worksheet.

⑥ 교사가 쓴 모둠 1의 문장을 읽고 틀린 부분을 찾는다.
I will type the sentences group 1 made. Other groups, find the mistakes and correct the sentences.

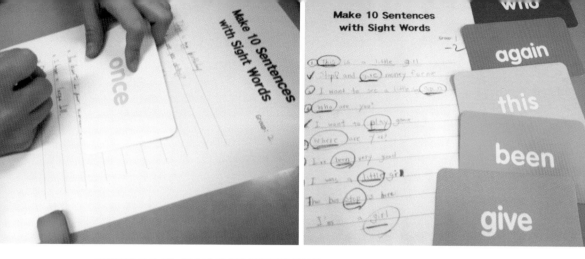

문장을 만들어 쓰는 모습과 완성된 활동지와 카드들

■ 이것만은 꼭 지켜주세요!

– 단어는 한 번만 사용할 수 있다.

You can use each word only once.

■ 교사를 위한 수업 SECRET

– 사이트 워드 카드가 없는 경우 유튜브의 동영상(The Sight Word Song)이나 인터넷을 이용한다.

– 문장을 쓸 때는 컴퓨터의 메모 기능을 활용하면 편리하다.

– 개인에게 카드 한 장씩 나눠주고 문장 두 개를 만들어보라고 할 수도 있다.

 수업성찰

처음에는 시간제한을 두었지만, 활동하는 모습을 보니 이것이 오히려 방해가 될 거라는 생각이 들었다. 중요한 건 주어진 단어 10개를 활용하여 문장을 만드는 것이었다. 활동이 끝나고 모둠 1이 쓴 문장 중 오류가 있는 것을 컴퓨터 메모지에 쓰고 찾아보자고 했다. 오류를 수정하는 동안 실수한 것을 스스로 깨닫고 안타까워하는 모둠 1의 학생들! 모둠 1의 틀린 문장을 고치고 모둠 2,3,4,5,6이 쓴 문장도 위와 같은 방법으로 고쳐보았다.

05 움직이는 문법 퀴즈

준비물	4지선다형 문법 문제		
활동대상	고학년	활동유형	전체활동

활동난도: ★★★★★

활동을 소개합니다!

언어를 배우는 데 있어서 문법은 필요하지만 솔직히 별로 재미있는 부분은 아니다. 안 그래도 학생들이 재미없고 복잡하다고 생각하는 문법을 지루한 활동지만 반복해서 풀게 하면 영어에 대한 흥미만 더욱 떨어뜨릴 수 있다. 뭐든 즐겁게 배워야 지치지 않고 오래가는 법! 그래서 생각해낸 것이 몸을 움직이며 문법 규칙을 배우는 것이다. 이 활동을 위해서는 시험지도 연필도 필요 없다. 번호를 고르고 교실을 맘껏 누비며 걸어 다니면 된다.

Hello, everyone~

오늘 선생님이 조금 바보 같은 질문을 해볼게요. 문법 좋아하는 사람 있어요? 그럼 문법 문제를 풀고 싶은 사람은요? 이런! 한 명도 없군요. 사실 문법이 복잡하고 어렵죠. 그런데 오늘 선생님이 준비한 건 문법 관련 활동이에요. 슬퍼하지 말아요. 다행히 선생님이 문법을 재미있게 가르치는 방법을 찾아냈어요. 뭔지 궁금하죠? 이 방법은 활동지나 연필 없이, 몸으로 배우는 거예요. 재미있겠죠? 그럼 시작해볼까요?

Today, I am going to ask a silly question. Does anyone like **grammar**? Who wants to answer grammar questions? Oops! Not a single person. Actually, grammar is complicated and difficult. But today, I have prepared an activity related to grammar. Don't be sad. Fortunately, I found a fun way to teach grammar. Do you want to know what it is? It's a way to learn without a worksheet or a pencil; you are going to **learn** with your body. It'll be fun, right? Shall we start?

* 키워드: grammar, learn

문법

— 학생들을 교실 뒤에 세운다.

· 활동순서 ·

① 문제를 잘 듣는다.
I will read a question.

② 문제를 듣고 주어진 시간 안에 코너로 이동한다.
Listen carefully and move to a corner in the given time.

③ 틀리게 답을 한 학생은 의자에 앉는다.
If you have a wrong answer, go back to your seat.

④ 패자부활 문제를 푼다.
This is a question for those who are siting. If you answer correctly, you can join the activity again.

⑤ 반복한다.
Repeat it!

⑥ 1명의 생존자가 있을 때까지 활동을 반복한다.
We'll continue until there is only one survivor left.

※ 참고 사이트 1: http://www.stickyball.net/esl-games-and-activities.html?id=577
※ 참고 사이트 2: http://a4esl.org/q/h/mc006-ck.html

이 활동을 위해 위 사이트에 탑재된 34개의 Easy Questions를 그대로 활용했으나 다음의 3가지는 수정·보완했다.
　1) a,b만 있는 예시는 a,b,c,d로 늘려 만들었다.
　2) a,b,c,d,e,f까지 있는 예시는 a,b,c,d로 줄였다.
　3) 틀리게 표시된 답은 맞게 고쳤다.

How often do you play tennis?
a. On Tuesday.
b. For two hours.
c. Almost every day.
d. With John.

Where do you usually eat lunch?
a. Sandwich.
b. With Jane.
c. At 12:00.
d. In the cafeteria.

문법 퀴즈 예시와 학생들이 이동하는 모습

▪ 교사를 위한 수업 SECRET

- 학생들의 수준을 고려하여 OX로 변형하여 활동할 수 있다. 단, OX로 답이 나오게 문제를 내야 한다.
- 어려운 단어를 넣어 문제를 만든 경우는 우리말로 단서를 제공한다.
- 패자부활 시킬 쉬운 문제를 준비한다.
- 영어를 특별히 잘 하는 학생의 경우는 다른 학생이 이동한 후 마지막에 움직이게 하는 방법도 있다.
- 배움보다 학생평가가 목적이라면 이 활동은 권하고 싶지 않다.

 수업성찰

코너를 정하고 이동한 후에는 다른 코너로 갈 수 없다는 것과 뛰기, 밀기, 소리 지르기는 안 된다는 규칙을 안내했는데 그건 염려였다는 생각이 들었다. 학생들이 질서 있게 코너로 이동했다. 다만 몇몇 학생이 영어를 잘 하는 학생 한 명을 따라다니는 것을 확인했다. 학생들도 그것을 알아차렸는지 은지(가명)을 마지막에 이동하게 하는 건 어떠냐고 제안했고 은지는 학생들이 이동하고 5초 후에 이동했다. 재미있었던 일은 마지막까지 살아남은 학생은 은지가 아니었다.

06 '0' 사인

준비물	PPT, 화이트보드, 지우개, 마커		
활동대상	고학년	활동유형	개별활동

활동난도: ★★★★★

활동을 소개합니다!

때로는 용어가 복잡한 설명을 대신해주기도 하지만, 잦은 용어의 사용은 자칫 역효과를 불러오기 십상이다. 특히나 학습자의 나이가 어릴수록 문법 용어를 사용해서 문법 규칙을 설명하는 것은 좋지 않다. 영어에 대한 흥미를 떨어뜨릴 수 있기 때문이다. 그렇다고 자주 틀리는 실수나 오류를 뻔히 알면서 지도하지 않을 순 없을 것이다. 그래서 생각한 것이 이 활동인데, 방법은 2개의 단어 중 맞는 것을 고르고 틀리면 해당 문장을 낙서하듯 써보는 것이다.

돌아보면 선생님은 여러분과 자주 영어로 이야기를 했던 것 같아요. 그 때 여러분과 이야기를 나누면서 생각했던 건 학기말에 여유 시간이 있 으면 문법 규칙을 활용한 의미 있는 활동을 해보자는 것이었죠. 왜냐하 면 여러분이 영어로 말할 때 종종 실수를 했거든요. 특히 전치사를 어 려워했어요. 전치사는 on, in, in front of, under, behind, from, to, at 이런 것들이에요. 들어봤죠? 오늘 여러분에게 필요한 건 단 하나 잘 찍 는 기술이에요. 자, 그럼 시작해봅시다!

Looking back, I think I talked to you very often in English. As we talked, I thought about some activities we can do at the end of the semester, involving **grammar rules**. The reason is that you often made common mistakes when you were talking in English. You guys struggled especially with the prepositions. **Prepositions** are these: on, in, in front of, under, behind, from, to, at, etc. You have heard of them, right? All you need for this activity is a good answering skill. Let's begin!

* 키워드: grammar rules, Prepositions

– 선택형 문장을 담은 PPT를 만든다.

– 화이트보드, 지우개, 마커를 학생 수만큼 준비한다.

· 활동순서 ·

① 화이트보드 한 면에 'O'를 크게 그린다.

Draw a big 'O' in the middle of the white board.

② 교사가 보여주는 문장을 읽는다.

Read the sentence shown on the screen.

③ 맞는 단어를 하나 골라 O 안에 쓴다.

Choose the correct word and write it in the O.

④ 교사가 "up"이라고 하면 화이트보드를 들어 올린다.

Hold up the white board when I say, "up".

⑤ 답을 확인한다.

Check the answer.

⑥ 답이 틀린 경우에는 그 문장을 낙서하듯 화이트보드 한 면에 쓴다.

If your answer is wrong, quickly and effortlessly write the sentence on the empty space on the white board.

⑦ 계속한다.

Repeat it.

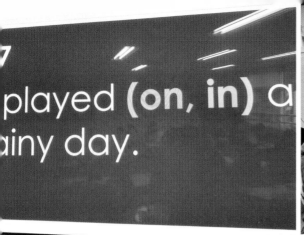

샘플 문장을 보여주는 장면과 'O' 사인을 든 모습

■ **이것만은 꼭 지켜주세요!**

- "Up" 이후에 쓰거나 고친 답은 무효이다.

  The answer written or corrected after "up" will not be counted.

■ **교사를 위한 수업 SECRET**

- 문장을 OX 형태로 만들고 OX로 표시하라고 할 수도 있다.

 수업성찰

학생들은 쓰는 것을 별로 좋아하지 않는다. 특히나 문법 규칙을 배우면서 쓰라고 하면 싫어할 게 뻔했다. 그래서 재미있게 쓰게 하는 방법은 없을까 하는 고민 끝에 떠올린 것이 바로 이 활동이었다. 왜냐하면 학생들은 화이트보드에 뭔가를 쓰거나 그리는 것을 좋아했기 때문이다. 특히나 화이트보드에 낙서를 하듯 마음대로 쓰면서 희열을 느낄 수도 있을 거라고 생각했다. 실제로 이 활동을 하는 동안 학생들은 마음 가는 대로 문장을 쓰며 즐거워했다.

07 쌤의 그래머

준비물	PPT, 화이트보드, 마커, 지우개		
활동대상	고학년	활동유형	모둠활동

활동난도: ★★★★★

활동을 소개합니다!

요즘에는 언어를 배우는 목표를 의사소통에 초점을 맞춘다. 즉 영어를 사용할 때 표현의 정확성보다는 유창성에 초점을 둔다는 뜻이다. 그래도 문법 규칙을 제대로 알고 사용할 수 있다면 의사소통에 도움이 되는 것은 당연지사다. 이 활동은 학생들이 자주 틀리는 표현을 모아 퀴즈 형태로 제시한 것이다. 참고로 이 활동의 이름을 Sam's Grammar라고 붙인 이유는 원어민 교사의 이름을 줄여 'Sam'이라고 부르기 때문이다.

오늘은 사만다 선생님이 1년 동안 영어를 가르치면서 여러분이 가장 많이 틀린 영어표현을 모아 문제를 만들어서 가지고 왔어요. 사만다 선생님이 어떤 문제를 만들었는지 궁금하죠? 하지만 문제라고 해서 단원평가처럼 시험지로 풀지는 않을 거예요. 사만다 선생님과 선생님은 복잡하고 어려운 것도 재미있게 가르치려고 항상 노력하고 있는 거 알고 있죠? 자, 그럼 기대를 가지고 즐겁게 시작해볼까요?

Today, teacher Sam has prepared some sentences that has some common **grammatical mistakes** that you've made the most in the past year. Aren't you curious? Don't worry; it won't be in a test form. You know that teacher Sam and I are always trying to use fun activities to teach complicated and difficult topics, like **grammar rules**, right? Now, let's have fun with high expectations.

* 키워드: grammatical mistakes, grammar rules

문법

놀이 활동은 어떻게 진행할까요?

– 학생들이 자주 실수하는 표현을 넣어 PPT를 만든다.

· 활동순서 ·

① 화면에서 보여주는 샘플 문장을 읽는다.

Read the sample sentence shown on the screen.

② 틀린 부분에 대해 생각하고 고쳐 말할 수 있다면 손을 든다.

Think about what is wrong and raise your hand if you can correct it.

③ 실제 문장을 보고 모둠원들과 틀린 부분에 대해 이야기한다.

Look at the sentence and talk with your group members about what is wrong.

④ 틀린 부분을 고치고 맞는 문장을 화이트보드에 쓴다.

Find the errors and write the correct sentence on the white board.

⑤ 교사가 "up"이라고 말하면 화이트보드를 들어올린다.

When I say "up," hold up the white board.

⑥ 답을 맞힌 모둠은 1점을 얻는다.

The group with the correct sentence gets a point.

■ **이것만은 꼭 지켜주세요!**

– 화이트보드에 쓸 때는 문장 전체를 쓴다.

When you write a sentence on the white board, you need to write the whole sentence correctly.

틀린 문장을 보여준 모습과 화이트보드에 답을 쓴 모습

■ **교사를 위한 수업 SECRET**

– 다 함께 모둠활동에 참여하게 만들려면 협력을 잘 하는 모둠에게 포인트를 주는 방법
  도 있다.

 수업성찰

교과서 진도를 끝내고 학기말에 무슨 활동을 할까 고민하다가 코티칭을 하고 있는 원어민교사에게
우리 학교 학생들이 가장 많이 틀리는 문법(단, 과거형을 여러 번 했기 때문에 제외하라고 함)을 가지고
한 시간 가르쳐보자고 했다. 그런데 모둠활동으로 서로 협력할 수 있음에도 불구하고 기대
정답률이 낮았다. 그래서 생각보다 힌트를 많이 주게 되었다. 이 활동을 하고 느낀 점은 문법
규칙을 알고 바르게 사용하는 것은 쉽지 않기 때문에 다양한 방법으로 자주 접하게 하는 것이
무엇보다 중요하다는 것이었다.

문법

08 피구공 문법놀이

준비물	피구공, 문법 문장카드		
활동대상	저·중·고학년	활동유형	모둠활동

활동난도: ★★★☆☆

DODGEBALL
GRAMMAR GAME

활동을 소개합니다!

초등학생들에게 좋아하는 과목을 꼽으라고 하면 단연 체육이다. 그만큼 학생들은 가만히 앉아서 학습을 하는 것보다 몸을 움직이면서 자유롭게 배우는 것을 좋아하고 배움의 효과 또한 크다. 반면 어른과 마찬가지로 문법은 어려워하고 좋아하지 않는다. 이 활동은 학생들이 좋아하지 않는 문법을 좋아하는 체육활동을 하면서 익히도록 구성해본 것이다. 참고로 교사가 교실 뒤에서 활동을 진행하는 상황이다.

여러분이 제일 좋아하는 과목은 체육이에요. 선생님 말이 맞죠? 그럼
문법은 어때요? 셀 수 있는 명사, 셀 수 없는 명사, 셀 수 없는 명사 앞
에는 'many'가 아니라 'much'를 사용해야 한다. 주어가 3인칭 단수이
고 동사의 시제가 현재일 때 일반 동사에 s를 붙인다… 문법 규칙은 싫
다고요? 하지만 문법은 필요해요. 오늘 선생님이 문법 규칙을 여러분이
제일 좋아하는 체육 활동을 하면서 익힐 수 있도록 준비했어요. 뭔지
궁금하죠? 자, 그럼 활동 이름과 순서를 안내할 테니 잘 들어보세요.

Your favorite subject is **P.E.**(physical education) Am I right?
How about grammar then? There are countable nouns, and
uncountable nouns; for uncountable nouns, much should be
used instead of many. When the subject is a singular third-
person and the verb's tense is present, put 's' on a regular
verb… You may be tired of grammar, but we need them.
Today, I have prepared a **grammar lesson** that requires some
physical activities. Do you want to know what it is? I'll tell you
the name and directions of the activity, so listen carefully.

* 키워드: P.E., grammar, grammar lesson, physical activities

문법

    — 칠판 앞에 책상을 놓고 그 위에 문법 문장카드를 올려놓는다.

    — 학생들을 두 모둠으로 구성한다

    — 교사는 교실 뒤에 서서 학생들을 일정한 간격으로 줄을 세운다.

· 활동순서 ·

① 맨 앞에 서 있는 학생은 피구공을 받는다.

    Students in the front row will get the ball.

② 교사가 "go"라고 말하면 공을 머리 위로 전달한다.

    You should pass the ball over your head when I say, "go."

③ 줄의 맨 뒤의 학생은 책상 위의 문법 문장카드 하나를 들고 교사에게로 간다.

    The last person in the row come to me with a grammar sentence card.

    The cards have sentences like, what (do, does) your father do?

④ 맞는 단어를 고르고 문장을 말한다.

    Choose the correct word, and say the sentence.

⑤ 맞게 말을 한 경우 1점을 얻는다.

    You can get a point if you say it correctly.

⑥ 문장을 말한 후 줄의 맨 앞에 선다.

    Stand in the first row of the line after you say the sentence.

피구공 전달하는 모습과 문장카드를 잡는 모습

▪ 이것만은 꼭 지켜주세요!

- 공을 떨어뜨린 경우 그 시점부터 다시 한다.

  If you drop the ball, you should start again from that point.

- 공을 건너뛰면 안 된다. 모든 모둠원의 손을 거쳐야 한다.

  Don't skip anyone. Everyone has to hold and pass the ball.

▪ 교사를 위한 수업 SECRET

- 공 전달 방법은 다양하게 변형할 수 있다(예: 다리 사이로 전달하기)
- 문법 문장카드 대신 알파벳을 놓으면 저학년도 가능한 활동이다.

 수업성찰

피구공을 한두 번 전달해보고 방법을 익힌 학생들은 앞사람과 간격을 최대한 좁히면서 두 손을 번쩍 들어올렸다. 그 찰나를 이용해 빠르게 카메라에 담고 "go"를 말하니 공이 순식간에 앞으로 이동해갔다. 지금이 영어시간인지, 체육시간인지 구분이 안 될 정도로 소란스러워지긴 했지만 학생들이 즐겁게 참여하는 모습에 교사도 덩달아 신이 난 하루였다.

09 골라 쓰는 문법 릴레이

준비물	활동지		
활동대상	중·고학년	활동유형	모둠활동

활동난도: ★★★★☆

활동을 소개합니다!

릴레이는 이미 이 책에서 여러 번 소개를 한 것으로 기억한다. 릴레이 방식의 활동을 자주 소개하는 이유는 별다른 준비 없이 간단하게 적용할 수 있으면서도 학생들이 좋아하기 때문이다. 이번에는 문법 릴레이 활동을 소개하고자 하는데 방법이 지금까지 소개한 것과는 조금 다르다. 즉 1단계는 문장에서 맞는 단어를 고르고 2단계에서는 맞는 단어를 넣어서 문장을 1번부터 한 번씩 쓰는 것이다.

Hello, everyone~

올해 선생님하고 여러 종류의 릴레이를 해봤는데 생각나는 것 있어요? 그래요. 번역 릴레이와 워터 릴레이가 있었죠. 재미있었죠? 오늘 선생님이 준비한 활동도 릴레이예요. 하지만 오늘 할 릴레이는 지금까지 했던 릴레이와 조금 달라요. 무엇보다 2단계로 구성되어 있어요. 1단계는 맞는 표현을 고르는 것이고, 2단계는 맞는 표현을 넣어 문장을 쓰는 거예요. 이 활동이 여러분이 영어를 사용할 때 바른 표현을 사용할 수 있도록 도와줄 거예요. 자, 그럼 시작해볼까요?

We've done various kinds of **relay** activities this year. Do you remember anything? Yes, there was a translation relay and a water relay. Were they fun? Today's activity is also a relay, but it is a bit different from the previous relays we've done. It's made up of two steps. Step 1 is to choose the **correct expressions**. Step 2 is to **write sentences** using the correct expressions. This activity will teach you how to use proper expressions. Now, shall we start?

* 키워드: relay, correct expressions, write sentences.

문법

— 선다형 문장을 준비한다. 예를 들면 I like to play with (they, them.)이다.

— 칠판에 활동지를 적당한 간격을 두고 붙인다.

— 8명씩 세 모둠으로 구성하고, 모둠별로 줄을 세워 번호를 지정해준다.

· 활동순서 ·

▶**1단계 - 맞는 단어 고르기**

① 교사가 "go" 하면 각 모둠의 첫 번째 학생이 칠판으로 간다.

The no.1 student from each group, go to the board when I say, "go."

② 1번 활동지의 1번에 맞는 단어를 고르고 돌아와 줄의 맨 뒤에 선다.

Choose and circle the correct word for no.1 of the worksheet and return to the back of the line.

③ 교사가 "go" 하면 2번 학생이 활동한다.

The no.2 students do the same thing when I say, "go."

▶**2단계 - 문장 쓰기**

① 교사가 "go" 하면 각 모둠의 첫 번째 학생이 칠판으로 간다.

The no.1 student from each group, go to the board when I say, "go."

② 2번 활동지의 1번 문장을 쓰고 돌아와 줄의 맨 뒤에 선다.

Copy the no.1 sentence on your blank sheet, and return to the back of the line.

③ 출발신호와 함께 2번 학생이 활동한다.

The no.2 students do the same thing when I say, "go,"

④ 활동이 끝나면 교사와 답을 확인한다. 활동이 끝나고 활동이 끝난 순서에 따라 3-2-1 포인트를 받는다. 맞은 개수만큼 포인트를 받는다(틀린 개수만큼 마이너스 포인트를 받는다).

Let's check the answers. You will be given 3-2-1 points according to the order in which the activity is completed. I will give you points for the correct answers.(I will give you minus points for the wrong answers.)

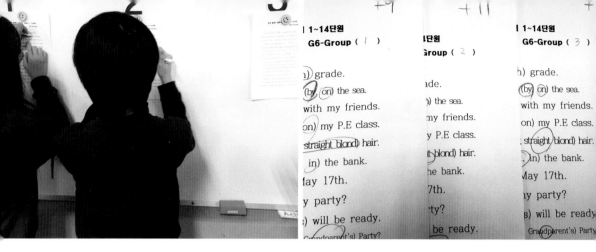

활동 모습과 맞는 단어를 고른 모습

■ **이것만은 꼭 지켜주세요!**

– 1번 학생은 1번 문장만 쓴다.

No.1 students write only no.1 sentence.

■ **교사를 위한 수업 SECRET**

– 맞은 개수만큼 포인트를 줄지, 틀린 개수만큼 마이너스 포인트를 줄지 정한다.

 수업성찰

학기말에 몇 시간의 여유시간이 생겼다. 다른 해 같았으면 영화를 보여주며 시간을 때웠을 텐데 올해는 지난번 번역 릴레이에 학생들이 재미있게 참여했던 기억을 살려 문법 릴레이를 계획해보았다. 문장은 학생들이 배운 교과서에서 가지고 온 것이지만, 평소 학생들의 성취도보다 많이 틀렸다. 학생들은 생각보다 많이 틀린 것에 대해 스스로도 다소 어이없는 표정이었다. 이 일을 계기로 근거 없는 자신감보다 겸손한 마음으로 꾸준히 영어를 배우기를 바란다.

문법편

10 다섯고개

준비물	다섯 문장 만들어 오기(학생), 교사의 예시 문장		
활동대상	고학년	활동유형	개별활동

활동난도 : ★★★★★

활동을 소개합니다!

여기에서는 'Do you know anything about it?'이라는 단원을 배울 때 활용했던 자료를 보여주고자 한다. 우선 학생들에게 과제로 자신이 좋아하는 것(인물 포함, 물건, 동물, 곤충 등)에서 하나를 정하고 퀴즈 형태로 문장 5개를 영어로 적어 오라고 안내한다. 퀴즈를 낼 때 주의할 점은 스무고개 놀이처럼 답의 단서와 가장 먼 것부터 먼저 말해야 한다는 것이다. 학생이 써온 문장에 대해 피드백을 해줌으로써 문법적 오류를 발견하고 배울 기회를 제공하면 더욱 효과적이다.

여러분 다섯고개라는 말 들어봤어요? 그럼 다섯고개를 해본 사람 있어요? 다섯고개는 학교에서 학생들이 하는 흔한 활동 중 하나죠. 선생님이 다섯고개에 관한 동영상을 잠깐 보여줄게요. (동영상 시청 후) 여러분도 다섯고개 퀴즈를 만들 수 있겠지요? 영어로는 어려울 것 같다고요. 그래요. 쉽지 않을 수 있어요. 하지만 사전과 인터넷을 이용하면 할 수 있을 거예요. 한 번 도전해보는 게 어때요? 좋은 경험이 될 거예요. 그리고 친구들에게 퀴즈를 내는 것도 재미있을 거예요. 그럼 선생님이 보기를 보여줄게요.

Have you ever heard of the word 다섯고개? Then, has anyone tried playing 다섯고개? 다섯고개 is one of the most common activities students do in school. I'm going to show you a video of 다섯고개. (After watching the video clip) Can you make your own Daseotgogae quiz? You think it will be difficult in English. Yes, it may not be easy. But you can do it using the dictionary and the Internet. Why don't you give it a try? It'll be a good experience and it will be fun to quiz your friends. Now, let me show you an example.

* 키워드: 다섯고개, Daseotgogae quiz

문법

– 교사는 퀴즈 샘플을 만든다.

· 활동순서 ·

▶1단계 – 학교에서

① 답을 아는 경우 손을 들고 말한다.
If you know the answer, raise your hand and say it.

② 예시 문장을 보며 활동에 대해 듣는다.
Let me show you example sentences that I wrote to explain the activity. (① They are plants. ② They are as small as your thumb. ③ Some grow as big as a tree. ④ They grow in very dry places.)

③ 답에 근접한 문장이 나오는지 인지한다.
Are you getting closer to the answer?

④ 마지막 문장을 잘 듣는다.
Here is the last sentence of this quiz. (⑤ They have sharp and thin leaves.)

⑤ 답을 확인한다. 다음 시간에 할 일이 무엇인지 인지한다.

The answer is cacti. In our next class, you will get a chance to quiz your classmates.

▶2단계 – 집에서

⑥ 동·식물, 물건 등 좋아하는 주제를 정한다.
First, choose a topic you like for your quiz. For example, animals, plants, things, etc.

⑦ 사전을 이용하여 문장을 쓴다.
Use a dictionary to help you write your sentences.

⑧ 5문장을 쓰고 너무 빨리 답을 주지 않도록 배열한다.
Make five sentences and arrange them in a way that won't give away the answer too early.

⑨ 퀴즈의 제목과 답을 쓴다.
Write the title and the answer.

❖ 예시로 사용한 동영상의 이름은 "웰리와 함께하는 다섯고개"이다.

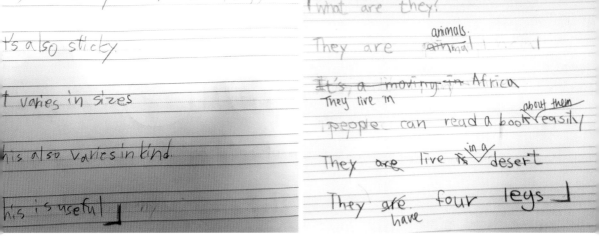

학생이 써온 문장과 피드백을 해준 모습

- **이것만은 꼭 지켜주세요!**
  - 인터넷에서 예시를 베끼지 않는다.

  Don't copy the examples from the Internet.

- **교사를 위한 수업 SECRET**
  - 시간을 고려하여 발표는 하고 싶은 학생만 시켜도 되고 활동 시간을 연장하여 모두에게 발표할 기회를 줄 수도 있다.

 수업성찰

학생들이 발표하는 동안 한두 문장을 읽었을 때 답이 나오는 경우가 있었다. 준비해온 다섯 문장이 아까우니까 답이 나와도 준비한 문장을 끝까지 읽고 들어가면 좋겠다고 했지만, 퀴즈를 내는 학생이나 듣는 학생이나 의미가 없었는지 답이 나오면 곧바로 자리로 돌아갔다. 재미있었던 건 00가 낸 퀴즈의 정답이 'tape'였는데, 필자를 포함하여 누구도 답을 생각하지 못했다는 것이었다. 가끔 "조금 더 큰 소리로 발표하자, 조용히 하자!"라는 말로 거들었지만, 학생들이 알아서 집중하며 퀴즈에 적극 참여했다. 학생들이 주인공이 되어 수업을 진행하다 보니 바빴던 나의 입은 잠시나마 쉴 수 있었다. 이 활동은 무엇보다 학생들이 주도적으로 진행했다는 점에서 의미가 컸다.

01 오싹 감탄 할로윈 파티

준비물	PPT, 가면 도안 자료, 끈, 할로윈 소품		
활동대상	저·중·고학년	활동유형	전체활동

활동난도: ★★★☆☆

HALLOWEEN

활동을 소개합니다!

할로윈은 오랫동안 우리나라에서는 비교적 잘 알려지지 않은 행사이고 혐오스러운 문화라고 해서 다소 부정적인 평가를 받기도 했다. 하지만 미국, 캐나다, 유럽 등에서 할로윈은 분명 중요한 날이다. 영어를 배우는 입장에서 영어의 기반이 되는 영미문화를 잘 알면 영어 학습에 분명 도움이 될 것이다. 할로윈을 별로 좋아하지 않더라도 학생들과 즐거운 수업시간을 만들고 싶다면 한번쯤 행사를 계획해볼 만하다.

영어
수업 놀이

여러분 오늘이 무슨 날인지 알아요? 예, 맞아요. 10월 31일, 할로윈이지요. 여러분은 할로윈하면 떠오르는 단어가 뭐예요? 사탕, 호박, 분장… 우리나라에서는 할로윈을 특별한 날로 생각하지 않는 편이지만, 영어를 사용하는 나라의 사람들은 할로윈을 즐긴답니다. 여러분도 할로윈을 즐기고 싶나요? 할로윈을 즐기고 싶다면 선생님이 하나 둘 셋을 하면 'trick or treat'을 외쳐보세요. 준비되었나요? 하나 둘 셋!

Do you know what day it is today? Yes, that's right. It's **October 31st**. It's **Halloween**. What words come to your mind when you think about Halloween? Candy, pumpkin, costumes … I don't think Halloween is a special day in Korea, but people in English-speaking countries enjoy it. Do you want to enjoy Halloween with me? If you want to, shout **trick-or-treat** when I say one, two, three. Are you ready? One, two, three!

* 키워드: Halloween, October 31st, trick-or-treat

놀이 활동은 어떻게 진행할까요?

 － 할로윈 가면 도안을 찾아 두꺼운 종이에 인쇄한다.
 － 할로윈 소품을 구입하여 준비한다.

• 활동순서 •

① 할로윈에 대해 배우자는 교사의 말에 집중한다.
  Let's learn about Halloween.

② 할로윈 가면 만드는 방법에 대한 안내를 듣는다.
  I will tell you how to make a Halloween mask.

③ 여러 종류의 가면 도안 중 하나를 고른다.
  Which mask do you like? Choose one.

④ 가면 도안을 꾸미고 오린다.
  Decorate your Halloween masks and cut them out.

⑤ 끈으로 가면 끝과 끝을 묶는다.
  Tie your masks with these strings, like this.

⑥ 마스크와 할로윈 복장을 하고, 사진을 찍으러 교실 뒤편으로 간다.
  Wear your masks and Halloween costumes, and go to the back of the classroom for photos.

할로윈에 대해 배우는 모습과 실제 학생들이 분장한 모습

■ **이것만은 꼭 지켜주세요!**

– 할로윈 소품으로 친구를 괴롭히지 않는다.

Don't hit or bother your classmates with the Halloween props.

■ **교사를 위한 수업 SECRET**

– 가면을 만들 때 투명 테이프를 붙이고 구멍을 뚫으면 튼튼하게 만들 수 있다.

 수업성찰

올해는 교육청 예산을 지원받아 교실을 화려하게 꾸미고 사탕도 넉넉하게 준비했다. 드디어 할로윈 파티 날! 중학년들까지는 어학실로 들어서며 환호성을 질렀는데, 고학년은 예상보다 차분했다. 가면을 만든 후 삼지창을 들고 장난을 쳤지만 사진을 찍자라는 말에는 어쩐지 시큰둥한 표정이었다. 비록 시큰둥해 보였지만 웬걸, 나중에 물어보니 가장 기억에 남는 활동으로 많은 학생들이 할로윈을 꼽았다.

02 추수감사절에는…

준비물	동기유발용 노래 영상, PPT, A4용지, 색칠도구		
활동대상	저 · 중 · 고학년	활동유형	전체활동

활동난도: ★★★☆☆

THANKSGIVING

활동을 소개합니다!

추수감사절(Thanksgiving Day)은 우리나라의 명절로 치면 추석과 가장 비슷한데, 북미 지역을 대표하는 명절이자 국경일이다. 미국의 경우 11월 넷째 주 목요일, 캐나다는 10월 둘째 주 월요일로 정해져 있다. 추수감사절(Thanksgiving Day)도 영어를 가르치면서 빠뜨릴 수 없는 주제 중 하나로 노래로 동기를 유발하고 퀴즈를 포함하여 추수감사절에 관한 소개가 끝나면 칠면조를 간단히 그리는 활동까지 한 시간 정도 소요된다.

추수감사절에 대해 들어봤어요? 영어로는 'Thanksgiving'이라고 불러요. 추수감사절에 뭐하는지 알아요? 가족들이 모여 칠면조를 먹으면서 즐거운 시간을 보내요. 우리나라에도 추수감사절이 있나요? 우리나라에는 추수감사절은 없지만 추수감사절과 비슷한 명절이 있죠. 뭔지 알아요? 추석이에요. 우리는 추석에 뭐하죠? 다른 나라 사람들처럼 가족이 모여 조상께 차례를 지내고 송편을 먹으면서 행복한 시간을 갖죠. 오늘은 북미의 큰 명절인 추수감사절에 대해 배워봅시다. 좋지요?

Have you heard of **추수감사절**? In English, it is called, 'Thanksgiving.' Do you know what people do on Thanksgiving? Families get together and have a good time eating turkey. Do we have Thanksgiving in Korea? There is no Thanksgiving in Korea, but there is a holiday similar to Thanksgiving. Do you know what it is? It's Chuseok. What do we do on Chuseok? Just like people from other countries, families gather together to pay their respects to their ancestors and have a happy time eating Songpyun. Today, let's learn about Thanksgiving, a big holiday in North America. Sounds good, right?

* 키워드: 추수감사절, Thanksgiving, turkey

? 놀이 활동은 어떻게 진행할까요?

– 동기유발용 노래를 준비한다(여기에서는 Nicole Westbrook의 'It's Thanksgiving'을 활용).

– 퀴즈를 넣어 PPT를 만든다.

– A4용지를 준비한다.

· 활동순서 ·

① 추수감사절에 대해 배운다.

Let's learn about Thanksgiving.

② 퀴즈 문제에 답을 알면 손을 들고 응답한다.

What is not a Thanksgiving food?

③ 칠면조 그리는 방법에 대한 안내를 듣는다.

I will tell you how to draw a turkey using your hands.

④ A4용지를 받고 이름을 쓴다.

Take a piece of paper and write your name on it.

⑤ 칠면조를 그리고 감사한 것 4가지를 생각하여 쓴다.

Draw a turkey and on the fingers, write 4 things you are thankful for.

■ 이것만은 꼭 지켜주세요!

– 엄마, 아빠, 여동생, 형을 나열하는 대신 가족이라고 쓴다.

Don't write that you are thankful for your mom, dad, brother, and sister.

They should be written as one thing: Family.

– 매직을 사용할 때는 책이나 파일을 받친다.

Put your papers on top of a book or a file while using permanent markers.

색칠하기 전의 칠면조와 학생들이 완성한 칠면조

■ **교사를 위한 수업 SECRET**

– 감사한 것에 대해 쓸 때 고학년의 경우 엄마, 아빠, 여동생, 형과 같은 단어를 단순히 나열하지 않도록 안내한다.

– 동기유발용으로 허니컴보드에 추수감사절하면 떠오르는 단어를 쓰게 하는 방법도 있다. 이때 추수감사절의 상징인 칠면조(turkey)는 빼고 쓰라고 하면 좋다.

 수업성찰

추수감사절 전, 미국에서 온 원어민교사에게 칠면조를 그리는 방법을 넣어 PPT 준비를 부탁했다. 원어민교사는 칠면조 그리는 방법은 물론 추수감사절 바로 뒷날에 있는 어마어마한 세일, 즉 블랙프라이데이(Black Friday)에 대한 좋은 동영상도 함께 넣어 PPT를 준비했다. 학생들은 퀴즈를 즐겁게 풀면서 추수감사절에 대해 배운 후 자신의 손가락을 이용하여 칠면조를 그렸다. 칠면조의 깃털에 감사한 것을 쓰면서 영어표현(I am thankful for ~)도 배우고 감사한 것에 대해 다시 한 번 생각할 수 있었다.

03 나만의 크리스마스카드

준비물	PPT, 카드 도안, 색칠도구, 크리스마스를 위한 영어 문구		
활동대상	중·고학년	활동유형	전체활동→개별활동

활동난도: ★★★★☆

CHRISTMAS

활동을 소개합니다!

들은 바에 따르면 미국은 추수감사절(Thanksgiving Day)이 끝나면 곧이어 크리스마스를 준비한다고 한다. 크리스마스(Christmas)는 영어를 가르칠 때면 대표적인 문화 행사의 하나로 빼놓지 않고 꼭 포함하게 되는데, 무엇보다 다양한 활동을 계획할 수 있는 장점이 있다. 여기에서는 크리스마스의 의미를 소개하고 관련 단어를 익힌 후에 입체 카드를 만드는 활동 위주로 소개하고자 한다.

크리스마스는 무슨 날이에요? 예수님이 태어난 날이에요. 크리스마스 좋아해요? 왜 좋아해요? 산타가 선물을 주니까 좋아요? 그럼 산타는 정말 있는 걸까요? 산타가 있다고 믿는 사람도 있고 안 믿는 사람도 있어요. 선생님이 팁을 한 가지 줄까요? 산타가 있다고 믿는 한 여러분은 선물을 받을 수 있어요. 선생님이 아는 어떤 사람은 20살까지 산타를 믿었는데 그때까지 선물을 받았다고 해요. 오늘은 산타를 위해 입체 카드를 만들고 편지를 쓸 거예요. 활동을 하는 동안 멋진 캐럴과 함께 행복한 기분에 젖어보세요. 메리 크리스마스!

What is **Christmas**? Yes, today is Jesus' birthday. Do you like Christmas? Why do you like it? Because Santa gives you a gift? Then do you believe that Santa is real? Some of you believe that Santa is real and some don't. Let me give you a tip. You can get a gift as long as you believe in Santa. I know someone who believed in Santa and got presents until he was 20. Anyway, we will make a **pop-up card** and **write a letter to Santa**. I will play enjoyable carols, so just enjoy the pleasant mood while you are making the card. Merry Christmas!

* 키워드: Christmas, write a letter to Santa, pop-up card

- 크리스마스와 입체 카드 만드는 방법을 넣어 PPT를 만든다.
- 카드 도안을 인쇄해둔다.
- 크리스마스카드를 쓸 때 이용되는 영어 문구를 준비한다.

· 활동순서 ·

① 크리스마스에 대해 배운다.
   Let's learn about Christmas.

② 교사의 다양한 질문에 적극적으로 응답한다.
   When is Christmas? What do people do on Christmas?

③ 산타에게 편지 쓰는 방법을 배우고 쓴다.
   I will tell you how to write a letter to Santa.

④ 카드 만드는 방법을 보고 만든다.
   I will show you how to make a pop-up card.

⑤ 질문이 있으면 묻고 교사의 도움이 필요하면 요청한다.
   Do you have any questions? Ask me if you need my help.

■ 이것만은 꼭 지켜주세요!
- 한쪽에는 산타에게 편지를 쓰고 한쪽에는 쓰고 싶은 사람에게 편지를 쓴다.
   Write a letter to Santa on the right side of the card, and write a letter to a person of your choice on the left side of the card.

카드에 쓴 편지와 학생이 완성한 팝업 카드

■ 교사를 위한 수업 SECRET

  – 40분 수업으로 편지 쓰기와 카드 만드는 활동을 끝낼 수 없으므로, 한 시간은 편지쓰기를 하고 한 시간은 입체 카드의 안쪽을 만들고 꾸미도록 수업을 계획하는 것이 좋다.

 ### 수업성찰

크리스마스에 대해 소개하기 전에 관련된 노래를 들었다. (약 5분) 그리고 원어민 교사가 크리스마스에 대해 소개를 하고 관련된 단어를 그림과 함께 보여준 후 퀴즈를 냈다. 간단히 지나간 것 같은데 어느새 남은 시간이 20분 남짓이었다. 시간 부족을 깨닫고 그날은 어디까지만 활동할지 결정했어야 하는데 6학년이니까 끝낼 수 있다고 막연히 기대하며 재촉했다. 하지만 몇 명의 학생이 카드 안에 들어갈 도안을 오릴 수 있을 정도였다. 그래서 다음 반부터는 쓰는 것까지만 오늘 하고 입체 카드는 다음 시간에 만들기로 결정했다. 시간을 배분한 결과 교사는 활동을 편안하게 안내할 수 있었고, 학생들은 차분하게 카드를 만들 수 있었다.

04 딱지 치고, 문장 읽고

준비물	색종이, 참고사이트		
활동대상	중 · 고학년	활동유형	짝활동

활동난도: ★★★★☆

활동을 소개합니다!

딱지치기는 딱지를 바닥에 내려놓고 다른 딱지로 바닥에 놓인 딱지를 쳤을 때 뒤집히면 그 딱지를 가져가는 놀이이다. 하지만 여기에서 소개할 딱지치기는 우리가 기존에 알고 있던 놀이 방식과 조금 다르다. 즉 뒤집힌 딱지를 서로 뺏고 뺏기는 대신 스티커를 주고받는 것이다. 그러면 한 개의 딱지로도 오랫동안 놀 수 있다.

선생님은 어렸을 때 딱지를 접어 딱지치기를 하며 놀았어요. 여러분은 어때요? 여러분도 딱지치기를 하면서 놀아요? 하긴 요즘은 딱지 이외에도 놀 거리가 많죠. 오늘은 딱지를 접어 딱지치기를 하면서 놀아봐요. 어때요? 재미있겠죠? 딱지 접는 방법은 알고 있나요? 선생님이 딱지를 잘 접는 방법을 보여줄게요. 선생님을 잘 따라 해봐요.

When I was young, I made **Ttakji** and played with them. How about you? Do you **play with Ttakji**? These days, there are more ways to play than with Ttakji. Let's make and play with Ttakji together today. What do you think? It'll be fun, right? Do you know how to **make a Ttakji**? I'll show you. Try to follow me.

* 키워드: Ttakji, play with Ttakji, make a Ttakji

— 색종이와 스티커(개인당 10개씩)를 준비한다.
— 저학년의 경우 딱지를 접는 방법에 대한 PPT나 동영상을 준비한다.

· 활동순서 ·

① 색종이로 딱지 1개를 만든다.

Make a Ttakji with some origami papers.

② 배운 문장을 딱지 뒷면에 적는다.

Write a sentence from the lesson in the back of your Ttakji.

③ 짝과 가위 바위 보를 하고 이긴 사람이 딱지를 칠 기회를 갖는다.

Do rock-scissors-paper with your partner and the winner gets to go first.

④ 만약 딱지를 뒤집는다면 뒷면의 문장을 읽는다.

If you hit and flip over your partner's Ttakji, you need to read the sentence that's in the back.

⑤ 문장을 읽을 수 있다면 스티커를 한 장 받는다.

If you read the sentence, you can get your partner's Ttakji.

⑥ 만약 문장을 읽지 못하면 딱지를 원래대로 놓는다.

If you can't read the sentence, put the Ttakji back as it was.

⑦ 활동 후 다른 사람을 만나러 간다.

Walk and meet another player after the first around.

※ 딱지 접는 법의 참고 사이트: https://www.youtube.com/watch?v=URcTO6S7u04

딱지를 접고 문장을 쓴 것과 딱지치기를 하는 모습

▪ 이것만은 꼭 지켜주세요!

- 번갈아가면서 딱지를 친다.

  You should take turns in hitting.

- 영어 문장을 읽지 못하는 경우 교사에게 도움을 요청한다.

  If you can't read the sentences, ask me for help.

▪ 교사를 위한 수업 SECRET

- 학습자 수준에 따라 알파벳이나 단어를 활용해도 좋다.

 수업성찰

활동을 하기 전에 학생들에게 딱지치기를 왜 하는지 물었더니 추억을 만들어주려고,
선생님이 딱지를 치고 싶어서라고 대답했다. 듣고 싶은 말은 "재미있는 활동을 하면서 영어를
익히도록 하기 위해서였다."라고 하니 그제야 알겠단다. 우선 딱지 접는 방법을 간략하게
보여주고 접어보라고 했다. 처음에는 얇게 접어야 유리할 것 같다고 하던 몇몇 학생들이
전략을 바꾸었는지 종이를 덧대어 두껍게 접었다. 영어를 읽지 못하는 학생을 도와주는 동안
짝활동이 끝난 학생들은 벌써 모둠에서 딱지치기를 하고 있었다.

05 신나는 워터 릴레이

준비물	통 4개, 스펀지 2개, 물		
활동대상	중·고학년	활동유형	모둠활동

활동난도: ★★★★☆

활동을 소개합니다!

어름방학 직전은 폭염이 몰려와 날씨가 무척 덥고, 불쾌지수도 상당히 높다. 이때 물놀이를 하면 참 좋을 거라는 생각에 떠올린 것이 바로 '물'과 '릴레이'를 조합한 활동이었다. 교사의 입장에서는 야외에서 활동을 해야 하고, 도구도 준비해야 하기 때문에 다소 번거로운 활동이기는 하지만, 학생들이 너무나 좋아하며 참여하는 모습을 보면 일 년에 한 번 정도는 꼭 시도해볼 만한 활동이라는 생각이 든다.

오늘 날씨가 많이 덥죠? 오늘처럼 더운 날 뭐가 생각나요? 얼음, 수박, 아이스크림, 물… 그럼 이렇게 더운 날 무슨 놀이를 하면 좋을까요? 맞아요. 시원한 계곡이나 바다에 가서 놀면 좋겠네요. 하지만 우리는 학교를 떠날 수 없어요. 그래서 선생님이 시원한 물놀이를 준비했죠. 자다 함께 읽어볼까요? 워터 릴레이! 재미있겠지요? 그럼 시원한 놀이를 시작해봅시다.

The weather is really hot today, right? What comes to your mind on a **hot day** like today? Ice, watermelon, ice cream, water… Then, what kind of games should we play on a hot day like today? That's right. I wish we can go to the beach or a cool valley and play, but we can't leave the school. So, I have prepared a **water game** to cool you down. Shall we read it all together? **Water Relay**! It'll be fun, right? Let's start the game.

* 키워드: water game, Water Relay, hot day,

놀이 활동은 어떻게 진행할까요?

– 밖으로 나가기 전에 활동 방법과 규칙을 안내한다.

– 시작지점에 물이 담긴 통 2개, 반환점에 빈 통 2개를 놓는다.

– 학생들을 2모둠으로 나누고 출발선에 각각 세운다.

· 활동순서 ·

① 첫 번째 줄에 서 있는 학생 두 명은 스펀지를 받는다.

The students in the first row, take the sponge.

② 교사가 "go"라고 하면 스펀지에 물을 묻힌 후 빈 통으로 달려간다.

Dip the sponge into the water bucket and run to the empty bucket as I say, "go."

③ 빈 통에 물을 짜고 돌아온다.

Squeeze the water out and run back.

④ 다음 사람에게 스펀지를 전달하고 줄 뒤에 가서 선다.

Give the sponge to the next person and go to the back of the line.

⑤ 스펀지를 받은 사람은 물을 묻히고 달려간다.

The student who gets the sponge, dip it in water and run.

⑥ 물이 없어질 때까지 활동을 반복한다.

Repeat until the water buckets are empty.

⑦ 물을 많이 채운 모둠이 이긴다.

The winning group is the group that has more water in the second

물을 짜고 돌아오는 모습과 빈 물통을 향해 달리는 모습

▪ 이것만은 꼭 지켜주세요!

- 스펀지를 받는 즉시 활동을 할 수 있다.

  You can run as soon as you get the sponge.

- 친구들에게 물을 뿌리지 않는다.

  Don't spray water to your classmates.

▪ 교사를 위한 수업 SECRET

- 물이 없어질 때까지 활동을 반복할 경우 물의 양을 고려해야 한다.

수업성찰

날씨가 더워지기 시작할 즈음, 워터 릴레이라는 활동을 소개했다. 그런데 방학 바로 몇 주 전부터 더위가 너무 심해 도저히 밖으로 나갈 엄두를 낼 수 없는 상황이 되었고, 곧이어 방학을 했다. 나는 잠시 까맣게 잊고 있었는데, 개학날 학생들이 어학실에 들어오면서 워터 릴레이는 대체 언제 할 거냐고 먼저 묻는 게 아닌가? 활동을 하고 나서 아쉬웠던 점은 학생들에게 영어 문장을 읽고 달리라고 요구한 것이었다. 일 년에 한 시간 정도는 영어 없이 운동장을 그냥 신나게 뛰게 해주는 것도 좋았을 거라는 생각이 들었다.

06 드리블 더 볼

준비물	농구공, 콘		
활동대상	중·고학년	활동유형	남녀 모둠활동

활동난도: ★★★★☆

DRIBBLE
THE BALL

활동을 소개합니다!

'공'을 활용한 수업 놀이는 학생들에게 매번 큰 호응을 불러일으키는 활동 중 하나이다. 이번에 소개하는 활동은 농구공을 바닥에 튀기면서 반환점까지 갔다가 돌아와야 한다. 그러나 사전 활동(Warming up activities)으로 교사와 공 던지고 받기, 공 튀기기, 달리면서 공 주고 받기, 달리면서 공 튀기기 등에 이어 다양한 방법으로 드리블 연습을 하고 본 활동을 할 수 있다.

Hello, everyone~

오늘 날씨 어때요? 정말 좋네요. 미세먼지가 없어서 하늘도 정말 맑죠? 이렇게 날씨가 좋은 날 밖에 나가서 논다면 어떨까요? 신나겠네요. 오늘은 선생님이 운동장 놀이를 준비했어요. 왠지 알아요? 여러분이 지금까지 잘 해주어서 선생님이 주는 선물이에요. 앞으로도 여러분이 지금처럼 잘해주면 선생님이 더 재미있는 놀이를 준비할 거예요. 어때요? 좋지요? 그럼 밖으로 나가고 싶은 사람은 바르게 앉아볼까요? 선생님이 밖으로 나가기 전 활동에 대해 설명을 해야 하거든요.

How is the weather today? It's really nice. The sky is very clear with no fine dust. How would you feel if we can play outside on such a good day like today? You will be excited. Today, I have prepared a game that we can **play on the playground.** Do you know why? It's a gift from me because you have been doing very well. If you continue doing well, I will prepare more **fun games** in the future. How does it sound? Good? Then, if you want to go outside, why don't you sit with your backs straight? I need to explain the activity before we go outside.

* 키워드: play on the playground, fun games

❓ 놀이 활동은 어떻게 진행할까요?

- 밖으로 나가기 전 활동 방법과 규칙에 대해 설명한다.
- 시작점을 정하고 반환점에 콘을 세운다.
- 학생들을 2모둠으로 나누고 출발선에 각각 세운다.

• 활동순서 •

① 주어진 시간 동안 드리블 연습을 한다.
I will give you some time to practice dribbling.

② 첫 번째 줄에 서 있는 학생 두 명은 공을 받는다.
The students in the first row, take the ball.

③ 공을 가진 사람은 공을 튀기며 콘까지 갔다 온다.
You need to run to the cone while dribbling the ball, and return.

④ 공을 다음 사람에게 준다.
Give the ball to the next person and go stand in the back of the line.

⑤ 공을 받은 그 다음 사람이 출발한다.
The next student who get the ball can start to run.

⑥ 활동을 계속한다.
Repeat it.

▪ 이것만은 꼭 지켜주세요!

- 공을 주시해라.
Keep an eye on the ball.

열심히 공을 튀기며 뛰어가는 모습과 반환점을 돌아오는 모습

- **교사를 위한 수업 SECRET**

  – 학생들의 연령 등을 고려하여 반환 지점을 정한다.
  – 학생들의 이해를 돕기 위해 드리블(dribble)에 관한 동영상을 보여주는 것도 좋다.

 수업성찰

콘을 어디로 정할까 물었더니 콘을 들고 있었던 학생 몇 명이 게양대를 지나 100미터 달리기의 끝 지점까지 달려갔다. 그건 너무 멀다 싶어 게양대 근처에 놓자고 했더니 많은 학생들이 너무 가깝다며 아우성이었다. 그래서 절충한 지점이 750미터 정도, 맑은 가을 하늘 아래 학생들이 달리는 모습이 사뭇 진지했다. 아쉬웠던 건 영어 문장을 읽고 드리블을 하라고 해서 활동의 흐름이 자주 끊어졌다는 것과 드리블 게임 전 연습할 시간을 충분히 주고 놀게 해주었더라면 더 좋지 않았을까 싶다. 그런 이유에서 연습시간을 활동순서에 포함했다.

07 달걀 속 보물찾기

준비물	단어카드, 모형 달걀, 지퍼백 또는 작은 바구니, 활동지		
활동대상	저 · 중 · 고학년	활동유형	모둠활동

활동난도: ★★★☆☆

활동을 소개합니다!

보물찾기의 사전적 정의는 종이에 여러 가지 물건의 이름을 적고 이를 군데군데 숨겨놓은 다음, 각각의 종이를 찾은 사람에게 해당되는 물건을 상품으로 주는 놀이이다. 여기에서는 단원 3개를 끝내고 단어카드를 넣은 달걀을 무작위로 나누어주고 활동한 것을 소개하고자 한다. 단, 활동 순서는 밖에서 단어를 찾는다는 것을 전제로 작성한 것이다.

——————————————————————————— Hello, everyone~

여러분 보물찾기 좋아해요? 모두 좋아하는군요. 선생님도 학교에 다닐 때 보물찾기를 좋아했어요. 보물찾기를 해본 사람 손을 들어볼까요? 언제 해봤어요? 그때 어떤 보물을 찾았나요? 보물을 찾았을 때 기분은 어땠나요? 선생님도 보물을 찾으려고 뛰어다니던 생각이 나네요. 오늘은 보물찾기를 할 건데, 우선 선생님이 여러분에게 보물을 잘 찾는 방법에 대해 몇 가지 알려줄게요. 잘 들어보세요.

Do you like **treasure hunts**? Everyone likes it. I also liked it when I was a student. Raise your hand if you've ever played treasure hunt? When did you try it? What treasure did you find? How did you feel when you found the treasure? I remember the time I ran around looking for a **treasure**. We will play treasure hunt today! First, I'll tell you how to find the treasures. Listen well.

* 키워드: treasure hunt, treasure

? **놀이 활동은 어떻게 진행할까요?**

- 단어카드를 만들어 모형 달걀에 넣고 운동장 곳곳에 숨긴다.
- 4명씩 한 모둠이 되도록 구성하고, 모둠에 지퍼백이나 작은 바구니를 나눠준다.
- 규칙과 활동장소를 안내한다.

• 활동순서 •

① 교사와 밖으로 나가 활동을 시작한다.

Let's all go outside together and start there.

② 주어진 시간 (10분) 동안 달걀을 찾는다. 찾은 달걀을 바구니에 담는다.

Find the eggs that are hidden around the playground in given time. Put all the eggs you found into the yellow baskets.

③ 어학실로 돌아온다. 활동지를 받는다.

Get back to the English room. I will give you a worksheet.

④ 달걀 안의 단어카드를 이용하여 영어문장을 만든다.

Make sentences using the words that are inside the plastic eggs.

⑤ 활동지를 교사에게 제출한다.

Hand in your worksheet to me when you are done.

■ 이것만은 꼭 지켜주세요!

- 단어카드는 한 번만 사용할 수 있다.

You can use a word card only once.

- 정해진 장소 외에는 돌아다니지 않는다.

Don't go outside the activity area.

- 모둠원들과 함께 활동한다.

You should work with your group members.

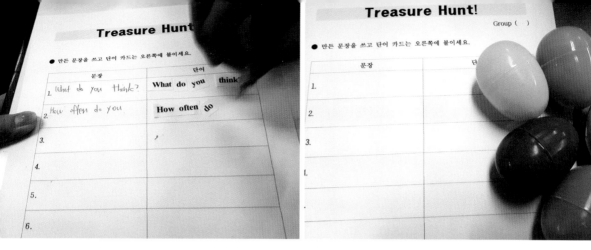

보물찾기용 문장을 만드는 모습과 실제 활동지와 달걀

■ 교사를 위한 수업 SECRET

- 안전을 고려하여 교사가 활동 장소를 지정하고, 장소를 안내할 때는 지도나 그림을 활용해본다.
- 야외 활동이 부담스러우면 카드를 무작위로 나눠주고 문장을 만들게 응용하는 방법도 있다.
- 모형 달걀이 없는 경우에는 단어카드를 이용한다.

 수업성찰

다소 번거롭더라도 밖에 달걀을 숨겨놓고 단어를 찾게 하고 싶었다. 그런데 10월이 되니 갑자기 찬바람이 불어왔고, 조금 포근한 날에는 미세먼지 때문에 야외활동이 꺼려졌다. 그래서 모둠에게 단어카드를 넣은 달걀을 무작위로 주고 고르게 했다. 학생들이 활동을 하는 것을 관찰해보니 'I think it is good.'이라는 문장을 만들어야 하는데 둘로 나눠서 두 문장을 만들고 있었다. 그래서 추가 설명한 부분은 'it is good'처럼 소문자로 문장을 시작해도 괜찮다고 안내해주었다. Twice a day 같은 경우는 문장이 아니지만 포인트를 주었다. 원래 이 활동을 계획할 때는 주어진 시간(예를 들어 10분) 안에 문장이나 영어표현을 만들라고 하고 싶었으나 시간제한은 의미가 없는 것 같아서 생략했다.

08 감동의 캘리그래피

준비물	캘리그래피 도안, 네임펜, OHP필름, 클립		
활동대상	중·고학년	활동유형	개별활동

활동난도: ★★★★☆

CALLIGRAPHY

활동을 소개합니다!

캘리그래피(calligraphy)란 서예의 한 분야로 아름다운 손글씨, 즉 손으로 글자를
아름답게 쓰는 기술을 말한다. 특별히 정해진 형식이 있는 것은 아니며, 일상 속
여러 가지 재료들을 이용해서 나름대로 재미있고 다양한 느낌의 글씨로 표현하
면 된다. 요즘에는 캘리그래피가 매우 잘 알려져 교실에서도 많이 실천하는 활
동 중 하나인데, 수업시간에 영어 버전으로 도전해보는 것도 의미 있다고 본다.
글자에 담긴 메시지를 더욱 돋보이게 하는 캘리그래피를 해보자!

여러분 캘리그래피 들어본 적 있어요? 해본 적은요? 그럼 영어로는 해 봤나요? 오늘 선생님이 여러분을 위해 영어 버전으로 캘리그래피를 준비했어요. 선생님이 여기 있는 문장을 읽어볼게요. "꿈을 이루고 행복하고 밝은 날들 되기를 바란다." 정말 멋진 말이죠! 이것은 선생님이 여러분에게 진심으로 하고 싶은 말이에요. 캘리그래피를 하는 동안 선생님의 사랑을 느껴보세요. 글자를 다 쓴 사람은 좋아하는 그림을 그려 넣어도 좋아요. 아마 더 멋진 캘리그래피가 될 거예요. 자, 그럼 시작해 봅시다.

Have you ever heard of **calligraphy**? Have you ever done it? If you have, have you ever done it in English? Today, I have prepared an English version of calligraphy. I will read this sentence. "Dear my students, may your dreams come true and your days be happy and bright." What a nice message! This message is actually what I want to tell you guys. Feel my love while you are doing this activity. **Draw some pictures** when you are done writing the sentence. It will look nicer with some pictures. Let's get started.

* 키워드: calligraphy, draw some pictures

? 놀이 활동은 어떻게 진행할까요?

- 캘리그래피 도안을 만들어 복사해놓는다.
- OHP 필름, 클립, 네임펜을 준비한다.
- 보여줄 캘리그래피 샘플을 준비한다.

• 활동순서 •

① 캘리그래피 샘플을 감상한다.

I will show you an example of calligraphy.

② 캘리그래피 도안, OHP 필름과 네임펜을 받는다.

I will give you a calligraphy worksheet, an OHP film, and a marker.

③ 클립으로 도안과 OHP 필름을 고정시킨다.

Secure the worksheet and the OHP film with a clip.

④ 글자를 따라 쓰고 그림이나 이미지를 그려서 넣는다.

Trace the letters and draw pictures or images.

⑤ 갤러리투어를 하면서 다른 사람의 작품을 감상한다.

Enjoy other people's work during the gallery tour.

▪ 이것만은 꼭 지켜주세요!

- 매직을 사용할 때는 책이나 파일을 받친다.

Put your papers on top of a book or a file while using permanent markers.

캘리그래피 활동 모습과 학생이 완성한 작품

■ **교사를 위한 수업 SECRET**

　　─ 원한다면 자신만의 글씨체로 써도 된다고 안내한다.

 수업성찰

보통은 학생들이 활동지를 받을 때 고맙다는 말을 하지 않는다. 그런데 오늘 캘리그래피 활동지와 필름을 가져가는 학생들의 입에서 "감사합니다."라는 말이 꽤 여러 번 나왔다. 도입에서 "이 문구("Dear my students, may your dreams come true and your days be happy and bright.")는 선생님의 마음이에요. 여러분의 꿈을 응원할게요."라는 말을 해서 그런 것 같았다. 같은 활동지를 주더라도 교사가 어떤 말을 하느냐에 따라 학생들의 태도도 이처럼 달라진다는 것을 실감했다. 참고로 이 활동을 하는 데 20분 정도가 소요되었다.

09 나만의 타이포그래피 세상

준비물	좋아하는 영어단어 3개, 모눈종이, 사인펜		
활동대상	중·고학년	활동유형	개별활동

활동난도: ★★★★☆

TYPOGRAPHY

활동을 소개합니다!

타이포그래피(typography)의 사전적 정의는 미적 가치를 위해 글자를 이용한 모든 디자인을 의미한다. 예를 들면 다양한 서체를 이용한 포스터 디자인이 해당되는데, 글자를 중심으로 화면을 구성한 모든 그래픽 디자인을 타이포그래피라고 할 수 있다. 여기에서 소개하는 활동은 교과서 진도를 끝내고 학기말에 무슨 활동을 할까 고민스러울 때 활용하면 좋다. 무엇보다 학생들이 무척 집중해서 진지하게 임하는 모습을 볼 수 있을 것이다.

여러분 좋아하는 영어 단어 있어요? 그 단어를 좋아하는 이유는 뭐예요? 선생님이 여러분에게 좋아하는 영어 단어가 있는지 물어보는 건 오늘 좋아하는 영어 단어를 이용해서 타이포그래피를 할 거라서 그랬어요. 타이포그래피에 대해 들어본 적 있어요? 타이포그래피, 생소하죠? 타이포그래피는 글자를 이용한 디자인을 말해요. 정해진 특별한 틀은 없어요. 자유롭게 그리고 즐겁게 타이포그래피를 만들면 되요. 타이포그래피를 하는 동안, 여러분이 디자이너예요.

Do you have a favorite English word? Why do you like that word? I ask you this question because you will use your favorite English words to make a **typography** today. Have you ever heard of typography? For some of you, it may sound unfamiliar. A typography is a **design using letters**. There's no set frame. Have fun and feel free to design it in any way when you are making it. While you're making typography, you're a designer.

* 키워드: typography, design using letters.

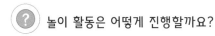 **놀이 활동은 어떻게 진행할까요?**

— 교사는 모눈종이와 사인펜을 준비한다.

• 활동순서 •

① 교사가 좋아하는 영어 단어 3개와 그 이유를 듣는다.
Dreams, come, true are my favorite words.

② 좋아하는 영어 단어를 생각한다.
What are your favorite words in English? Think about them.

③ 좋아하는 단어를 공책에 쓴다.
Write your favorite words in your English notebooks.

④ 좋아하는 단어와 그 이유를 발표한다.
Present and talk about your favorite words and reasons.

⑤ 샘플을 본다.
This is an example of typography.

⑥ 교사가 나눠주는 모눈종이와 사인펜을 받는다.
Take this worksheet and markers.

⑦ 좋아하는 단어를 쓰고 꾸민다.
Write your favorite words anywhere you would like.

⑧ 벽에 붙이고 갤러리 투어를 하면서 다른 사람의 작품을 감상한다.
Place your work on the wall and see others' work.

타이포그래피 활동 모습과 갤러리 투어를 하는 아이들

- **이것만은 꼭 지켜주세요!**

    – 매직을 사용할 때는 책이나 파일을 받친다.

    Put your papers on top of a book or a file while using permanent markers.

- **교사를 위한 수업 SECRET**

    – 좋아하는 단어를 3개 쓰라고 하되 타이포그래피를 할 때는 1개의 단어만 사용할 수도 있다.

    – 희망자에게만 좋아하는 단어와 그 이유를 발표시킬 수도 있다.

 수업성찰

이 활동을 할 때 무엇보다 중요한 것은 좋아하는 단어의 수준이나 깊이가 아니고 아이디어라는 생각이 들었다. 이 활동을 하면서 난감했던 점은 몇몇 학생이 5분도 안 되어 성의 없게 활동을 마친 경우다. 이럴 때 뭘 하라고 해줘야 할지에 관한 아이디어가 필요하다고 생각했다.

10 나의 롤모델은요~

준비물	인물 사진, 네임펜, OHP 필름, 클립		
활동대상	중 · 고학년	활동유형	개별활동

활동난도: ★★★★☆

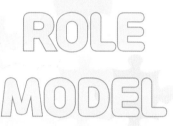

활동을 소개합니다!

이 활동은 "What do you want to be?" 또는 "I want to be a ○○"와 관련된 주제를 가르칠 때 활용하면 좋다. 학생들은 이 활동을 통해서 자신의 역할모델이 누구인지 찾게 되고, 자신의 꿈과 미래에 대해 생각해볼 기회를 갖게 된다. 여기에서는 좋아하는 인물과 좋아하는 이유를 발표한 후 역할모델을 그리고 갤러리 투어까지의 전 과정을 소개하고자 한다.

오늘은 선생님이 좋아하는 사람을 소개하는 것으로 수업을 시작해볼까 해요. 선생님은 오프라 윈프리를 무척 좋아해요. 오프라 윈프리가 누군지 아는 사람 있어요? 오프라 윈프리는 미국에서 아주 유명한 쇼 진행자였어요. 하지만 선생님이 그녀를 좋아하는 진짜 이유는 오프라 윈프리는 자신의 재산을 좀 더 좋은 세상을 만드는 데 사용했기 때문이죠. 예를 들면 아프리카에 학교를 세운 거요. 오프라 윈프리는 자선사업가와 봉사활동가로도 유명한 사람이에요. 여러분이 좋아하는 사람은 누구인가요? 여러분이 좋아하는 인물과 이유에 대해 나누고 역할모델 그리기 활동을 시작할게요.

Today, I'm going to start this class by introducing someone I like. I love Oprah Winfrey. Does anybody know who Oprah Winfrey is? Oprah Winfrey was a very famous show host in the U.S. The reason why I like her is that she used her wealth to make a better world. For example, she built a school in Africa. Oprah Winfrey is famous for being a philanthropist and a volunteer. Who is your **favorite person**? Let's **share** your favorite person with reasons and start **drawing**.

* 키워드: favorite person, share, drawing

놀이 활동은 어떻게 진행할까요?

　－ 학생들은 좋아하는 인물 사진을 가지고 온다.
　－ 교사는 OHP 필름, 클립과 네임펜을 준비한다.

· **활동순서** ·

① 좋아하는 역할모델과 이유에 대해 발표한다.
　 Present your role model and the reason why you like him/her.

② OHP 필름, 클립, 네임펜을 받는다.
　 I will give you an OHP film, a clip, and a marker.

③ 인물 사진 위에 OHP 필름을 올려놓는다.
　 Put an OHP film on top of the picture of your role model.

④ 클립으로 사진과 OHP 필름을 고정시킨다.
　 Secure your picture and OHP film together with a clip.

⑤ 네임펜을 사용하여 인물 사진을 그리고 색을 칠한다.
　 Draw and color your role model using permanent markers.

⑥ 완성한 작품은 벽에 붙인다.
　 Place your work on the wall when you are done.

⑦ 갤러리 투어를 하며 다른 학생들의 역할모델을 감상한다.
　 Walk around to see others' work.

역할모델을 발표하고 색을 칠하는 모습

- **이것만은 꼭 지켜주세요!**
  - 영어로 발표하게 하되 필요한 경우에는 우리말을 사용해도 된다.

    Present in English but you can use Korean when needed.

- **교사를 위한 수업 SECRET**
  - 역할모델을 인쇄하지 못하는 학생이 있는지 파악하여 프린트를 해준다.

 수업성찰

이 활동을 위해 과제로 2주 전부터 자신의 꿈과 관련하여 좋아하는 인물을 찾고, 그 인물이 좋은 이유를 생각해본 후, A4용지에 인쇄해서 가지고 오라고 안내했다. 활동 당일, 어느 반의 경우는 모든 학생들이 과제물을 가지고 와서 발표를 끝냈다. 시간을 많이 주었으니 다들 숙제를 해올 줄 알았는데, 어떤 반은 학생 절반 정도가 숙제를 해오지 않았다. 솔직히 화가 많이 나서 벌칙으로 이번 숙제의 의미에 대해서 5줄 정도 쓰라고 했다. 한 번에 통과를 한 학생이 없는 것을 보았을 때 쉬운 벌칙은 아니었던 모양이다. 나의 바람은 단 한 가지였다. 이 활동을 통해 학생들이 자신의 역할모델을 찾는 시간을 갖고 자신의 꿈과 미래에 대해 생각해보는 것이었다.

참고자료

[문헌자료]

공창수, 《초등 영어 수업놀이》, 지식프레임, 2018.

김단해, 《교실영어표현사전》, 로그인, 2008.

김진철 외, 《초등 영어 교수법》, 학문출판, 2002.

김진철 외, 《초등 영어 교재론》, 학문사, 2000.

김현섭, 《수업 성장》, 수업디자인연구소, 2016

나승빈, 《나쌤의 재미와 의미가 있는 수업》, 맘에 드림, 2018.

박기오, 《초등 영어 수업을 위한 꿀팁 55》, 미래와경영, 2019.

박용호, 《영어 수업 대박나다》, 성우, 2007.

서준호, 《교실놀이백과 239》, 지식프레임, 2014

승광은, 《나는 어떻게 교사로 성장했는가》, 올림, 2017.

인천광역시교육청, 《Fun English Island Camp for Teachers》, 2008.

인천교육과학연구원, 《영어수업설계와 지도기법》, 1997.

인천북부교육지원청, 《Bukbu English Summer Camp》, 2006.

최섭, 《좋은 수업 만들기》, 이비락, 2018.

터닝포인트, 《수업 나눔》, 에듀니티, 2018.

하건예, 《교사, 교육전문가로 성장하다》, 행복한미래, 2018.

한지혜, 《영어 수업 놀이 111》, 미래와경영, 2018.

Bonnie P. Murray and Bonnie Murray, The New Teacher's Complete Sourcebook, 2002

Chip Wood, Yardsticks, 2009.

Gail E. Tompkins, Literacy for the 21st Century, 2009.

Mary Beth Forton, Deborah Porter, Rules in School (Strategies for Teachers), 2003

Mary Lou Brandvik and Katherine S. McKnight, The English Teacher's Survival Guide, 2011.

Responsive Classroom, The First Six Weeks of School, Center for Responsive Schools, Inc, 2015.

[참고 사이트]

https://www.youtube.com/watch?v=eBeWEgvGm2Y&list=PLF6D01726A970C905 〈파워티칭전략〉

https://www.youtube.com/watch?v=0LDArAJf7-c 〈Good-bye 송〉

https://www.youtube.com/watch?v=iaiexEwMp7g 〈Hello 송〉

https://www.youtube.com/watch?v=Y5kYLOb6i5I 〈컵타 기본동작〉

https://www.youtube.com/watch?v=nv1nK_irDL0 〈When I am Gone by Mariana Rios〉

https://www.youtube.com/watch?v=YpwMRwwjdII 〈Marry You by 보인고컵타〉

https://www.youtube.com/watch?v=QYmrookn70k 〈Uptown Funk by 가평초〉

https://www.youtube.com/watch?v=SjvYCJLh1Zg 〈Call Me Maybe by 관양고〉

https://www.youtube.com/watch?v=uosT2EGc_bs 〈Arirang by 강남 난타 연구소〉

https://www.youtube.com/watch?v=e4F-uubIN7Y 〈Moves Like a Jagger by 동백중〉

https://www.youtube.com/watch?v=2muk3DJimsA 〈Cups! Halloween Special〉

https://www.youtube.com/watch?v=yFPZo3eCUUg 〈We Will Rock You by 한민고등학교〉

https://www.youtube.com/watch?v=97X-MF8Bl2Q 〈I don't wanna live forever by Taylor Swift〉

https://www.youtube.com/watch?v=HcymDWWXA2s 〈독도는 우리 땅 by 성연중학교〉

https://www.youtube.com/watch?v=CaePHaV_iUk 〈Baby Shark (Dance)〉 https://www.youtube.com/watch?v=0SG16_kWpe0 〈Just Dance 2014 YMCA〉

https://www.youtube.com/watch?v=URfwmrnv2Ys 〈abc pop dance〉

https://www.youtube.com/watch?v=3blcf82Ck8A 〈Kung Fu Fighting〉

https://www.youtube.com/watch?v=S6AL0UZJGbk 〈Abba You Can Dance Dancing Queen〉

https://www.youtube.com/watch?v=sC0JxUqCdXo 〈Just Dance 2018 - Let It Go〉

https://www.youtube.com/watch?v=_QV1xD8Fvf0 〈Just Dance Eye Of The Tiger〉

https://www.youtube.com/watch?v=dpY4ZTV7Fm0 〈Just Dance 4 What Makes You Beautiful〉

http://en.origami-club.com/abc/ 〈알파벳 접기〉

https://www.youtube.com/watch?v=x49aTZM_OOE 〈알파블럭스 ABC〉

https://www.youtube.com/watch?v=CWYuggn-Pvk 〈알파블럭스 풀 에피소드〉

https://www.youtube.com/watch?v=ezmsrB59mj8 〈ABC Song & ABC Phonics Song〉

https://www.youtube.com/watch?v=l4WNrvVjiTw 〈If you are happy song〉

https://www.youtube.com/watch?v=q0kQOrqU5So 〈어떻게 생겼을까요?〉

https://youtu.be/d5TJHN3ZM1A 〈BIRTHDAY HAUL! What I Got For My Birthday 2016〉

https://www.youtube.com/watch?v=GuCXKVtana8 〈Birthday Expectations Vs. Reality!〉

http://www.stickyball.net/esl-games-and-activities.html?id=577

〈문법 퀴즈에서 활용〉

http://a4esl.org/q/h/mc006-ck.html 〈문법 퀴즈에서 활용〉

https://www.youtube.com/watch?v=URcTO6S7u04

〈딱지접는 방법〉

※ 활용한 워킹 음악: Milky Chance-Down By The River(FlicFlac Edit)

삶과 교육을 바꾸는
맘에드림 출판사 교육 도서

독자 여러분의 소중한 원고를 기다립니다

맘에드림 출판사는 독자 여러분의 소중한 원고를 기다리고
있습니다. 원고가 있으신 분은 momdreampub@naver.com으로
원고의 간단한 소개와 연락처를 보내주시면 빠른 시간에 검토해
연락을 드리겠습니다.

교사는 수업으로 성장한다

박현숙 지음 / 값 12,000원

그동안 교사는 수업에서 아이들을 만나지 못해왔다. 관계와 만남이 없는 성장의 결손을 낳았다. 이 책에서는 교사, 학생, 학부모, 지역사회가 공동체로서 서로 관계를 맺을 때에만 배움은 즐거운 활동으로서 모두가 성장하는 삶의 일부가 될 수 있음을 보여준다.

수업 딜레마

이규철 지음 / 값 14,000원

이 책을 관통하는 키워드는 '사람'이다. 저자의 노하우를 전수하는 것이 아니라, 수업 속에서 딜레마에 맞닥뜨려 고통 받고 있는 선생님들의 고민, 신념을 담고, 그것을 이겨내기 위한 한 분 한 분의 마음을 담고 있다. 이 책은 다시 한 번 교사로 잘 살아보고 싶은 도전을 하게 한다.

엄선생의 학급운영 레시피

엄은남 지음 / 값 14,000원

34년 경력의 현직 교사가 쓴 생동감 넘치는 학급운영 지침서. 초등학교에서 아이들은 문자와 숫자를 익히는 것보다 학교와 교실에서 낯설고 모험적인 사건을 겪으면서 더 많은 것을 배운다. 이 책은 초등학교에서 교과서 지식보다 더 중요한 학교생활과 학급문화를 만드는 담임교사의 역할을 다룬다.

수업 디자인

남경운, 서동석, 이경은 지음 / 값 15,000원

서울형 혁신학교의 대표적인 수업 혁신을 담은 이야기. 아이들이 서로 협력하면서 배우는 수업을 목표로 삼은 저자들은 공동 수업설계를 대안으로 제시한다. 아이들은 서로 '옥신각신'하며 함께 문제에 도전할 때 수업에 몰입하고 배우게 된다. 이 책은 이러한 수업을 어떻게 만들어가는지 잘 보여준다.

땀샘 최진수의 초등 수업 백과

최진수 지음 / 값 21,000원

초등학교에서 20여 년간 아이들을 가르쳐온 저자가 초등학교 수업에 대해서 기록하고 연구하고 실천하며 쌓아온 경험을 바탕으로 초등학생들과 수업을 함께하는 방법을 담고 있다. 초등학교 교사가 아이들을 가르칠 때 알아야 할 가장 기본적이면서도 가장 중요한 모든 것을 다루고 있다.

교실 속 비주얼씽킹

김해동 지음 / 값 14,500원

이 책은 비주얼씽킹 기본기부터 시작하여 교과별 수업, 생활교육, 학급운영 등에 비주얼씽킹을 응용하는 방법을 설명하고 있다. 특히 교사들이 초등학교 1학년부터 고등학교 3학년까지 국어, 수학, 영어, 과학, 사회 등 모든 교과 수업에 비주얼씽킹을 활용할 수 있도록 수업 지도안을 상세하면서도 간결하게 제시하고 있다.

수업, 놀이로 날개를 달다

박현숙, 이응희 지음 / 값 13,500원

교육계에서 최근 가장 중요한 과제로 삼고 있는, OECD의 여덟 가지 핵심 역량(DeSeCo)에 따라 여러 놀이들을 분류해서 설명하고 있다. 이 책의 저자들은 수업이 놀이를 만났을 때 어떻게 핵심 학생들의 핵심 역량이 강화되는지 이야기하고 있다.

수업 코칭

이규철 지음 / 값 15,500원

가르치는 일을 함으로써 학생들의 배움을 돕는 교사들에게 수업은 시간적으로도, 공간적으로도 학교에서 자신이 하는 일의 중심을 이룬다. 그래서 수업에 관한 고민은 교과를 가리지 않고 교사들에게 일반적으로 드러난다. 이 책은 그중에서도 '수업 코칭'이라는 하나의 흐름을 다룬다.

교사들이 함께 성장하는 수업

서동석, 남경운, 박미경, 서은지,
이경은, 전경아, 조윤성 지음 / 값 15,000원

이 책은 배움 중심 수업을 위해 서로 다른 여러 교과 교사들이 수업을
디자인하고 연구하는 '수업 모임'에 관해 다룬다. 수업 모임 교사들은 함께
교과 수업을 디자인하고, 참관하고, 발견한 내용을 공유하고 평가하는
피드백을 통해 수업을 개선해간다.

땀샘 최진수의 초등 학급 운영

최진수 지음 / 값 19,000원

이 책의 저자는 학급운영의 출발은 아이들을 '가르치는 대상'에서
'존중받는 존재'로 바라보는 것에서 시작해야 한다고 이야기한다. 또한
아이들과 함께하면서 교사는 성장한다. 이러한 성장은 교사 스스로
자신을 되돌아보고 성찰할 때 비로소 이루어지며, 그 결과 올바른
학급운영이 이루어진다고 이 책은 말한다.

얘들아, 하브루타로 수업하자!

이성일 지음 / 값 13,500원

최근에는 교사 위주의 강의 수업에서 학생 위주의 참여 수업으로 많은
변화가 이루어지고 있다. 이는 4차 산업혁명 시대를 살아가야 할 학생들을
위해서는 당연한 것이다. 교실에서 실제로 질문하고, 토론하는 하브루타
참여 수업의 성과를 담은 이 책은 수업을 통하여 점점 성장해가는
아이들의 모습을 보여준다.

핵심 역량을 키우는 수업 놀이

나승빈 지음 / 값 21,000원

이 책은 [월간 나승빈]으로 유명한 나승빈 선생님의 스타일이 융합된
놀이책이다. 이 책은 교실에 갇혀 넘치는 에너지를 발산하지 못하는
아이들과, 단순한 재미를 뛰어넘어 배움이 있는 수업을 고민하는
선생님을 위한 것이다. 본문에서는 수업 속에서 실천이 가능한 다양한
놀이를 제시하고 있다.

교실 속 비주얼 씽킹 (실전편)

김해동 · 김화정 · 김영진 · 최시강,
노해은 · 임진묵 · 공세환 지음 / 값 17,500원

전 편이 교과별 수업, 생활교육, 학급운영 등에 비주얼씽킹을 응용하는
방법을 이론적으로 설명했다면, 《교실 속 비주얼씽킹 실전편》은 실제
초 · 중 · 고학생을 대상으로 수업을 진행한 교사들의 활동지를 담았다.

수업 고민, 비우고 담다

김명숙 · 송주희 · 이소영 지음 / 값 15,500원

이 책은 수업하기의 열정을 잃지 않고 수업 보기를 드라마 보는 것만큼
재미있어 하는 3명의 교사가 수업 연구에 대한 이론적 체계가 아닌,
현장에서의 진솔한 실천 과정을 순도 높게 녹여낸 책이다. 이 속에는
자신의 교실을 용기 있게 들여다보며 묵묵히 실천적 연구자로 살아가는
선생님들의 고민과 성장이 담겨 있다.

색카드 놀이 수학

정경혜 지음 / 값 16,500원

몸짓과 색카드로 초등학교 1학년부터 6학년까지 배우는 수와 연산을 익힐
수 있도록 가르치는 방법을 다룬다. 즉, 색카드, 수 놀이, 수 맵, 몸짓 춤,
스토리텔링, 놀이가 결합되어 아이들이 다양한 감각을 통해 몸으로 수학의
개념과 원리를 터득하게 하는 것이다. 놀이처럼 수학을 익히면서 개념과
원리를 터득해나갈 수 있다.

처음부터 다시 시작하는 수업

민수연 지음 / 값 13,500원

1년 동안 아이들과 교사가 함께 행복한 교실을 만들어나간 기록들이 담겨
있다. 교육의 본질과 교사의 역할, 교육관과 인간 본성에 관한 철학적
고민부터 구체적 방법론, 아이들의 참여와 기쁨에 이르기까지 교육과
관련된 다양한 요소가 버무려져 마치 한 편의 드라마 같다.

영화 만들기로 창의융합 수업하기

박현숙 · 고들풀 지음 / 값 13,000원

창의융합 수업의 좋은 사례로서 아이들과 영화를 만든 이야기를 담았다. 시나리오, 콘티, 촬영, 편집과 상영까지 교과의 경계를 넘나드는 영화 만들기 수업 속에서 아이들은 다양한 역량을 발휘하며 훌쩍 성장한다. 학생들과 영화 동아리를 운영한 사례들도 담겨 더욱 깊이 있는 노하우를 얻을 수 있다.

톡?톡! 프로젝트 학습으로 배움을 두드리다

최미리나 · 이성준 · 김지원 · 조수지 · 심혜민 지음 / 값 19,500원

이 책은 학생들이 흥미를 느끼는 주제로 탐구 활동을 진행해 배움의 진정한 즐거움을 발견하고, 나아가 한층 더 깊은 탐구로 이어지는 선순환이 가능한 프로젝트 수업을 위한 거의 모든 것을 다룬다. 이 책을 통해 의미 있는 프로젝트 수업을 만들어갈 수 있는 다양한 아이디어를 얻을 수 있을 것이다.

주제와 감수성이 살아나는 공감 수업

김홍탁 · 강영아 지음 / 값 16,000원

교육의 본질은 수업이며, 학생들은 수업에서 삶을 배워야 한다. 저자들은 그 연결 고리를 '공감'으로부터 찾아냈다. 역사와 정치, 민주주의를 관통하는 주제가 살아 있는 수업, 타인과 사회를 공감하는 수업을 통해 아이들은 성숙한 민주시민으로 성장해나갈 것이다.

나쌤의 재미와 의미가 있는 수업

나승빈 지음 / 값 21,000원

이 책의 저자는 '재미'와 '의미'를 길잡이 삼아 수업의 길을 뚜벅뚜벅 걸어가고 있다. 책 속에서 제안하는 다양한 재미있는 활동들을 통해 학생들을 좀 더 적극적으로 배움의 세계로 초대하고, 학생들은 자유롭게 생각을 펼쳐나갈 것이다. 아울러 그러한 생각들은 깊이 있는 토론을 통해 의미 있게 확장해나갈 것이다.

하브루타로 교과 수업을 디자인하다
이성일 지음 / 값 14,500원

다양한 과목별 하브루타 수업 사례를 담은 책. 각 교과 수업에 활용할 수 있도록 한 하브루타 맞춤 수업 안내서다. 책 속에는 실재 교실에서 하브루타를 적용한 수업 사례들이 교과목 별로 실려 있다. 각 사례마다 상세한 절차와 활동지를 담아서 누구나 수업에 바로 적용하고 쉽게 따라할 수 있도록 했다.

하브루타 수업 디자인
김보연 · 교요나 · 신명 지음 / 값 16,000원

이 책은 수업하기의 열정을 잃지 않고 수업 보기를 드라마 보는 것만큼 재미있어 하는 3명의 교사가 수업 연구에 대한 이론적 체계가 아닌, 현장에서의 진솔한 실천 과정을 순도 높게 녹여낸 책이다. 이 속에는 자신의 교실을 용기 있게 들여다보며 묵묵히 실천적 연구자로 살아가는 선생님들의 고민과 성장이 담겨 있다.

프로젝트 수업으로 배움에 답을 하다
김 일 · 조한상 · 김지연 지음 / 16,500원

몸짓과 색카드로 초등학교 1학년부터 6학년까지 배우는 수와 연산을 익힐 수 있도록 가르치는 방법을 다룬다. 즉, 색카드, 수 놀이, 수 맵, 몸짓 춤, 스토리텔링, 놀이가 결합되어 아이들이 다양한 감각을 통해 몸으로 수학의 개념과 원리를 터득하게 하는 것이다. 놀이처럼 수학을 익히면서 개념과 원리를 터득해나갈 수 있다.

초등 온작품 읽기
로고독서연구소 지음 / 값 15,500원

1년 동안 아이들과 교사가 함께 행복한 교실을 만들어나간 기록들이 담겨 있다. 교육의 본질과 교사의 역할, 교육관과 인간 본성에 관한 철학적 고민부터 구체적 방법론, 아이들의 참여와 기쁨에 이르기까지 교육과 관련된 다양한 요소가 버무려져 마치 한 편의 드라마 같다.

초등 상담 새로 고침

심경섭 · 김태승 · 박수진 · 손희정 · 김성희 ·
김진희 · 남민정 · 박창열 지음 / 값 16,000원

학교 현장에서 아이들의 부적응이나 문제행동을 고민하지 않는 교사는
거의 없다. 이 책은 이러한 문제에 대한 해결책을 찾는 교사의 상담 지혜를
다룬다. 특히 문제 상황에 따른 원인을 분석하고 명확한 가이드라인을
제시한다. 이는 교실 현장에서 발생하는 거의 모든 문제 상황에 적용될 수
있다.

교사의 말하기

이용환 · 정애순 지음 / 값 15,000원

이 책은 말하기 기술을 연마하기에 앞서 말하고자 하는 상대에 주목해야
함을 강조한다. 그리고 무심코 내뱉은 말 한 마디로 학생들이 얼마나 큰
상처를 입을 수 있는지 경계한다. 아울러 교사의 말이 학생을 성장시키고
나아가 교사 자신까지 성장시키는 엄청난 힘을 발휘한다는 것을
강조한다.

생각하는 교실, 철학하는 아이들

한국 철학적 탐구공동체 연구회 지음 / 값 16,000원

공동체의 유지와 발전을 위해서는 합리적일 뿐만 아니라 합당한 판단을
할 수 있는 시민이 필요하다. 이것은 구성원들의 고차원적 사고와 숙의를
통해서만 달성될 수 있다. 철학함은 생각과 숙의의 기반이 된다. 이 책은
모든 학교 수업을 통해 아이들이 철학하는 역량을 어떻게 키울 수 있는지를
보여준다.

교실 속 유튜브 수업

김해동 · 김수진 · 김병련 지음 / 값 15,500원

교실에서 이뤄지는 유튜브 수업은 학생들을 단지 미디어 수용자에서
참여자로, 소비자에서 생산자로 자리매김할 기회를 준다. 이 책은 이를
위한 충실한 안내자로서 주제, 유튜브, 스토리, 촬영, 편집, 제작, 홍보에
이르기까지 거의 모든 과정을 다룬다.